做個有溫度的人

溫度如何影響我們的生活、行為、健康與人際關係

漢斯・羅查・艾澤曼——著

洪慧芳——譯

Hans Rocha IJzerman

HEARTWARMING

HOW OUR INNER THERMOSTAT MADE US HUMAN

目次

第一章

熱飲、電熱毯與孤獨

溫度與人際關係

謝爾頓走進自家公寓的客廳，看到好友李奧納德與霍華德窩在那裡，現場氣氛緊繃。

「怎麼了？」他問道。

「霍華德今晚要睡這裡，他跟老媽吵架。」李奧納德解釋。

「你幫他倒一杯熱飲了嗎？」

李奧納德一臉不解地瞪著謝爾頓看，霍華德則是癱坐在沙發上，不發一語。

「李奧納德！這是社交禮儀，朋友鬱卒時，你應該幫他倒杯熱飲，比如熱茶之類的。」

「來杯茶確實不錯。」霍華德坦言。

謝爾頓是美劇《宅男行不行》（*The Big Bang Theory*）的主角之一，網路迷因「以熱飲安撫朋友」可能就是源自於他。不過，認為身體溫暖與精神支持是相通的人，肯定不只他一個。[1]幾個世紀以來，詞曲家與詩人把愛與關懷跟暖心的溫度連結在一起，孤獨與背叛則令人心寒。芭芭拉．史翠珊（Barbra Streisand）唱道：「回到家，渾身暖洋洋。」巴西樂團 Jota Quest 也高唱：「愛是溫暖心靈的暖流。」披頭四樂團（Beatles）聲稱幸福是「一把溫暖的槍」（a warm gun），這句歌詞諷刺地扭曲了《史努比》漫畫家查爾斯．舒茲（Charles M. Schulz）的名言「幸福是一隻溫暖的小狗」（a warm puppy）。

我們的日常用語也充滿類似的譬喻。我們以「溫暖、熱情」（warm）來形容有愛心、反應熱烈的人。我們作客時，可能獲得「熱情接待」或「冷眼對待」。波蘭人可能mówi ciepło（熱情地談論）某人；在法國，大家有時會用battre froid a quelqu'un的說法（字面意思是「冷對某人」），意思是「故意冷落某人」。

早在一九四六年，現代社會心理學之父阿希（Solomon Asch）的實驗就發現，描述一個人時，加入「熱情」或「冷淡」等字眼，會明顯改變別人對那個人的看法。別人可能認為你很聰明、技巧高超、很堅毅，但那不重要，重要的是你究竟是熱情還是冷漠。阿希發現，一般人認為熱情的人是慷慨大方、善於社交、溫厚良善的。冷漠不僅表示你缺乏上述特質，大家也會覺得你展現出相反的特質：小氣、疏離、刻薄。[2]阿希認為，冷熱之別是社會觀感的基礎。然而，科學研究經過多年才揭開一個事實：這種根本特質不是簡單的語言學或人為譬喻的產物。我們是在「生理上」，真實感受到人際關係中的「冷暖」。

現在把時間快轉到二十一世紀。二〇〇八年，研究人員在耶魯大學的宏偉建築中做了一項簡單的實驗。一位自願參與的大學生走進心理系大廳，她在那裡遇到一名女性研究助理，說要帶她去四樓的實驗室做實驗。那位助理的手上拿了很多東西：一杯咖啡、一個寫字板、兩本課本。她們兩人一起走向電梯。

在電梯裡，研究助理請那個學生暫時幫她拿著杯子，好讓她在寫字板上隨手記下一些東西。不久，電梯門打開，她們一起走了出來。那位學生不知道的是，實驗的第一部分已經結束了。一旦進入實驗室，研究人員會請她讀一段文字，那段文字是描述一個虛構的人「某甲」，某甲是聰明、熟練、勤奮、堅定、務實、謹慎的。學生的任務是針對十種性格特徵，為某甲打分數，其中五種性格特徵在語義上與「熱情」或「冷淡」有關。

這項實驗總共有四十一位大學生參與，他們不知道的是，研究人員已經把他們分成兩組。在電梯裡，其中一半人被要求拿著的，是從當地咖啡館買來的熱咖啡；另一半的人是拿冰咖啡。這個小差別就足以影響學生對某甲的觀感，相較於拿著冰咖啡的人，拿著熱咖啡的人明顯覺得某甲比較「熱情」。對心理學家來說，這種發現是突破性的。那表示，身體實際感受到溫暖，確實可能增加心理或社交上的溫暖印象。3

這個實驗就此敞開了研究的閘門（包括我自己的研究）：研究溫度與社交性之間的關聯。如果暫時拿著一杯熱飲，就足以讓我們覺得某人比較善於交際、值得信賴，那是否也能讓我們覺得自己跟他比較親近呢？不是身體上的親近，而是心理上與社交上的親密——就像我們說「親近的朋友」或「親近的家人」那種親近？我決心找出答案。

電梯裡拿咖啡的實驗做完一年後，我和荷蘭烏特勒支大學（Utrecht University）的指導教授一起發表了我們的變化版本。我們設計了一個實驗室的研究，當實驗人員忙著在筆電上安裝問卷時，她會請參與者幫忙拿著一個杯子。半數參與者是握著裝熱茶的杯子，另一半是握著裝冰茶的杯子（幾年前，冰咖啡在荷蘭還不是常見的飲料，我們擔心荷蘭人覺得冰咖啡很怪，所以改用茶。荷蘭人比較熟悉熱茶與冰茶）。無論是在電梯裡、還是在實驗室裡，讓人拿著一杯熱飲或冷飲，都會影響參與者對他人的看法。

接下來，是我們實驗的下一步。我們請參與者看一份基本的評估量表，那是畫在一張紙上的幾個簡單的文氏圖（Venn diagram）。[4]每個文氏圖是由兩個圓圈組成。在量表的左端，兩個圓圈幾乎沒有接觸；在量表的右端，兩個圓圈幾乎完全重疊。在這兩個極端之間，兩個圓圈的重疊面積持續增加。我們請參與者假設其中一個圓圈代表他本人，另一個圓圈代表實驗人員。我們想知道參與者畫出的兩個圓圈是否有重疊；如果有重疊，重疊比例是多少？我們已經知道，人際關係更好（更投入、更忠誠、更融洽）的人，通常會把圓圈畫得比較重疊。在我們的實驗中，拿過熱飲的人所畫的圓圈，比拿過冷飲的人所畫的重疊更多。我們因此推論，熱飲組覺得他們自己與實驗人員的自我更融合。簡言之，他們感覺自己與實驗人員更親近了，只因為實驗人員給了他一杯熱飲，而且不用喝下肚，只要拿著就好。

後來，我們又繼續做相關的實驗，結果發現，參與者甚至會開始使用更多的詞彙來描述自己與他人的親近感。這項研究是這樣運作的：在烏特勒支大學，我們不是請參與者握住熱杯或冷杯，而是請他們待在一個暖氣房（攝氏二十二至二十四度）或冷氣房（攝氏十四至十八度）裡。接著，讓他們觀看一段西洋棋的紅棋與白棋移動的影片。我們請參與者描述他們看到的情況時，一位待在暖氣房的參與者提到：「我看到一個紅棋跟在其他棋子後面，後來吃掉那些棋子。她先吃下左邊的第二棋子，然後吃掉右邊的棋子。接著，她往後移動，又吃下一個棋子。之後，她往前移動，又吃下一個棋子。」一個待在冷氣房的參與者說：「小兵與皇后去冒險，但皇后不喜歡他，自己走了。這對白方不利，她的行為引發了衝突與問題。小兵只是個蠢蛋，他放任皇后消失，後來大家都很不滿，連驕傲的國王與小兵都很不滿。」不管是待在冷氣房還是暖氣房，參與者都很容易採用擬人化的敘述。不過，待在暖氣房的參與者使用較多的動詞來描述看到的情況，待在冷氣房的參與者比較喜歡用形容詞。[5]

究竟只是譬喻，還是生理需要？

語言的譬喻及謝爾頓所說的「社交禮儀」，讓我們常以玩笑心態來看待身體冷熱與社交冷熱之間的關係，那種輕忽的態度往往有礙、而不是有助於深入探索與思考。即使是發展心理學家或熟悉發展假設的門外漢，也可能覺得我們觀察的結果是「顯而易見」或「不證自明」的。嬰兒時期，父母照顧我們的時候，我們學到了溫度與關愛之間的關聯。之後，我們在一生中反覆地同時體驗心理與生理上的溫暖，又會持續強化這些連結。想想新生兒依偎在母親的臂彎裡，喝飽了奶，感到安全，免受風寒。這種連結很容易就流入我們的語言與譬喻中，因此我們稱那些充滿愛心的人「古道熱腸」，稱那些冷漠的人「冷若冰霜」。後來，當我們觸摸溫暖的東西時，即使是熱騰騰的咖啡那樣平淡無奇的東西，也會喚起一些跟信任、包容、關愛有關的理性與感性聯想。把暖呼呼的杯子捧在手心裡，就像感受到慈父慈母的撫摸一樣。

以「關聯」來解釋這種現象之所以吸引人，部分原因在於這聽起來很符合常識，而常識是生活中的寶貴資產。我們沒有那麼多時間與精力去探索及深思遇到的每件事情、煩惱每個決定，然後還努力去證明它合情合理。常識是一種經驗法則，它讓我們對生活中的多數事情有足夠的瞭解或想像，足以應付日常大小事。穿越車水馬龍的街道之前，注意左右來車是一種常識；過馬路只需要這點經驗法則就夠了，沒必要站在街角盤算活著穿越馬路的機率，只要看看左右兩邊即可。

然而，科學研究沒那麼急著完成，愛因斯坦有句名言：「常識是十八歲以前累積的各種偏見。」[6]科學並不排斥常識，但要放眼常識以外、常識底下、常識旁邊的一切。以生理溫度與心理溫度之間的關聯為例，新的實驗資料不斷湧入期刊。這些研究的數量與內容都顯示，人生早期的學習與譬喻還不足以解釋所有的關聯。

在多倫多大學的一項研究中，研究人員請五十二名大學生玩一種名叫Cyberball的電腦遊戲[7]——心理學家喜歡用這種遊戲來讓參與者感到孤立。這個遊戲的運作如下：研究人員告訴你，你將玩一種線上遊戲，你會和另兩名對象一起拋接一顆虛擬的球，那兩人隱身在某處的兩台電腦之後，你不認識他們，他們也不認識你。遊戲很簡單，它沒有《魔獸世界》（*World of Warcraft*）的視覺效果，畫面上只是陽春的小人物在扔球。研究人員沒告訴你的是，「另兩人」其實不存在，它們是軟體的一部分；它們存在的唯一目的，只是為了讓你產生歸屬感或孤立感。如果實驗者要讓你產生孤立感，「他們」只會拋球給你一、兩次，然後就忘了你的存在；他們兩人會自己玩在一起，讓你鬱悶地盯著螢幕看。然而，如果實驗者要讓你產生歸屬感，另兩人在遊戲中會不斷向你拋球。

在多倫多大學的那個實驗裡，幾位參與者在Cyberball遊戲中遭到孤立後，研究人員請他們去做另一項據稱不相關的研究（這裡給各位一個小建議：心理學家告訴你「另一個」研究「不相關」時，絕對不要信以為真）。在這項研究中，研究人員請參與者以零到七分來評鑑食物，零分是「超想吃」，七分是「超不想吃」。他們準備的食物包括熱咖啡、熱湯、蘋果、餅乾、可樂等等，也就是說，有熱食、也有冷食，有鹹食、也有甜食。

實驗結果的分析，顯現出一個清晰的型態。在遊戲中遭到忽視而感到孤立的人，比那些經常接到球的人更喜歡熱食。然而，談到他們有多想吃對照組的食物時（例如可樂或蘋果），被忽視的參與者和被接納的參與者並沒有差異。所以，下次你覺得伴侶很疏離又突然很想喝熱茶或熱湯時，這種情況下的饑餓感可能與體溫調節比較有關，而不是跟消化系統有關；溫暖的擁抱也許更能滿足你的渴望。

你和朋友大吵一架後，如果突然想啟動恆溫器，那也很正常。多倫多大學的同一團隊做了另一個相關的實驗，他們請Cyberball遊戲的參與者估計室溫（據稱是維修人員問參與者的）。有些人猜室溫是攝氏十一度，有些人猜室溫接近攝氏四十度。遭到忽視的參與者所臆測的平均溫度，比獲得接納的那群所臆測的平均溫度低。兩群人臆測的平均溫度差了近攝氏三度；遭到忽視使學生的體感更冷。[8]

在一些評論者的眼中，多倫多大學的那項研究結果好到令人難以置信。順道一提，當時我也做了實驗，研究社交溫度與實體溫度之間的關聯，但那時我還沒準備好發布研究結果。後來，我對研究結果比較有信心了。我的結果和多倫多的研究結果是一致的，我發現，參與者覺得自己和其他人不同時，會覺得周遭溫度較低；當參與者覺得自己和其他人相似時，就會覺得周遭溫度較高。當參與者讀到有關「熱情者」（即忠誠、友好、樂於助人）的描述時，也會覺得室溫較高一些。

在波蘭的濱海城市索波特（Sopot），我與同事招募了八十名學生來進行實驗，請他們讀一篇短篇故事。有些人讀的是男子馬克的故事，另一些人讀的是女子瑪塔的故事。在一些版本中，故事描述馬克與瑪塔是有愛心、體貼入微、忠誠、友善的人，是所謂的「熱情者」，但我們刻意不提到「熱」或「暖」的字眼。在另一些版本中，故事描述馬克與瑪塔是能幹、有創意、講究精確、有效率的人——都是正面的描述，但那些形容都沒有「熱」

或「暖」的暗示。學生讀完故事後，我們刻意說那個房間剛整修過，校方想瞭解大家的使用心得，請他們評估室溫是多少。那些讀到瑪塔或馬克很有愛心又忠誠的人所估的室溫，比另一組高了攝氏兩度（攝氏二十一度對比攝氏十九度）。[9]你想節省暖氣費用嗎？也許你該找個「熱情」的室友。

像馬克與瑪塔這種實驗，使溫度與社交性之間的關聯變得更難用常識來解釋。根據前面的常識理論，這些實驗理當證明兩者之間毫無關聯，因為譬喻只有單向的效果。也就是說，實體溫度（例如熱杯子）可以啟動「熱情性格」之類的譬喻，使人聯想到信任與關愛；但是，想著信任與關愛並不會讓我們感覺實體溫度較高，譬喻並沒有這種效果。譬喻可以把具體的東西變得抽象，但無法反過來運作。[10]由此可見，還有其他因素在發揮作用，但那究竟是什麼呢？

我們需要更多線索。我和同事開始投入另一項實驗，那個實驗是這樣的：我們要求參與實驗的學生坐在狹小的隔間裡，面對著執行Cyberball遊戲的老舊電腦螢幕。每個學生把慣用手（大多是右手）放在滑鼠上，另一隻手的食指連上一條線圈，那條線圈是接上一個測量皮膚溫度的感應器。在經典的Cyberball情境中，我們隨機讓每個參與者覺得自己在遊戲中獲得接納或遭到孤立。

分析那些資料後，我們看到一個明確的型態出現了：感覺自己遭到孤立的人，手指較冷，皮膚溫度平均降了攝氏〇．三八度。不僅如此，在後續的研究中，我們為那些感到孤立的參與者提供了熱茶，光是握住杯子三十秒，他們就感覺好多了。在溫暖了冰冷的手指後，他們表示自己沒那麼難過或在意了。11

由此可見，謝爾頓的說法很有道理，但那絕對不只是「社交禮儀」而已。多倫多大學的研究和我們的研究都顯示，溫度對社交性的影響是雙向的。實體溫度會影響人們對社交冷暖的觀感，想著社交冷暖也會影響實體溫度。這種雙向性讓我們第一次意識到，社交體溫調節的意義遠不止於譬喻。社交冷暖的觀感與實體冷暖之間的關聯，至少在某種程度上一定與生物學有關。

使發展與演化加溫

°C

人體產生的一些激素（例如催產素與血清素），與我們襁褓時期開始依附父母及調節體溫的方式有關。母親的撫摸會刺激催產素的分泌，大家常把催產素狹隘地誤解成「擁抱激素」，但在其他物種的身上，它也和實體溫度有關，體溫升高會促進催產素的分泌。[12]經基因改造而缺乏催產素受體的老鼠，難以調節體溫。[13]一般認為血清素與感覺良好有關，（有時）也與社交上較友善及「熱情」有關。[14]身體產生的激素會受到體溫的影響，研究顯示，生活在炎熱環境中的老鼠，腦幹中會發育出較多分泌血清素的神經元。[15]此外，使用功能性磁振造影（fMRI，藉由偵測血流變化來測量大腦活動）的研究顯示，攸關社交行為及攸關溫度調節的大腦區域，彼此有很多重疊。[16]

隨著新的研究結果不斷湧現，我覺得結論越來越明晰了：催產素與血清素系統等生物機制的介入，意味著我們可能已經演化到「社交冷暖深受實體冷暖影響」的地步。對無助的新生動物來說（比如人類的新生兒），除了讓父母照顧以外，沒有別的方法可以保持溫暖，所以「調節溫度」這種非常基本的神經機制同時掌控著我們的社交關係，也就不足為奇了。這表示我們在研究中看到的效果，不只是語言譬喻或謝爾頓所謂「社交禮儀」的結果。催產素不只是一種「擁抱激素」，血清素也不只是一種「讓人感覺良好的激素」，[17] 兩者對於調節我們的代謝或能量相關資源都很重要，尤其是那些與溫度有關的資源。

在這些生物系統正常運作之下，若動物能依偎在一起以節約能量，就可以減少能量流失到周遭環境中，從而保留體溫。這使得動物能根據其社交資本，以預測其未來體溫。企鵝知道，只要周圍有許多可靠的企鵝，牠就不需要燃燒寶貴的自體脂肪儲量，也不至於凍死或餓死。從演化的觀點來看，那些不善於預測自身社交資本的企鵝，比較難存活下來以繁衍與傳下基因。在物競天擇的遊戲中，牠們是輸家，企鵝基因庫因此得以汰弱擇強。

人類有效地以這種類似企鵝的老派生物學為基礎，不斷演化，我們在這種基礎上添加更抽象、更具「社交性」的概念（例如信任、友誼、愛）。這種人類生物學演化的一個結果，就是「warmth」（溫暖）一詞在語言上演化成一種社交概念（如信任、友誼、愛）的譬喻，這些概念其實在生物學上與身體溫暖有關聯。人類是社交性很強的生物，社會主要是透過語言來定義，以至於我們集體忘了體溫與信任、友誼、愛等社交概念之間的原始關聯；如今，我們只知道它們與冷熱的譬喻之間有關聯，而這種譬喻變成一種方便的表達方式。然而，我們的大腦就像企鵝一樣，仍是一種結合氣象預測與社交資本預測的機器。無論我們是否意識到這點，大腦都會不斷評估社交線索，以告訴身體：不久的將來，我們可能會覺得多熱或多冷。

問題是，我們不是企鵝。在二十一世紀人類複雜的生活中，依賴社交溫度與實體溫度之間這種古老的關聯，可能會對我們的人際關係產生嚴重的後果。如果我們沒有意識到自己正被什麼引導，情況會更糟。

冷冰冰的法庭

°C

一九八九年四月十九日的夜晚，年輕女子梅里（Trisha Meili）在紐約市的中央公園裡慢跑。幾個小時後，有人發現她失去意識，慘遭強姦與毆打，體溫降至攝氏二十六度。她被緊急送往哈林區的大都會醫院，醫生震驚地發現她失血多達七五％。慘遭襲擊後，她花了十二天才恢復知覺，而且失去了多數記憶。警方很快就逮捕到五名來自哈林區的年輕人，其中四人是黑人，一人是拉美裔，並以強姦與謀殺未遂罪起訴。如今，媒體稱此案為「中央公園五人案」（Central Park Five），這五人的審判是從一九九〇年八月開始。

《紐約時報》描述三名被告——薩拉姆（Yusef Salaam）與麥克雷（Antron McCray）皆十五歲、山塔那（Raymond Santana）十四歲——受審的情況：「冰冷的法庭為審判定下了基調。」事實上，那篇報導的標題正是〈冷冰冰的法庭〉（Cold, Cold Court）。[18]陪審團經過十天的審議，做出裁決：判定這些青少年犯下強姦、襲擊、搶劫、暴亂罪。另兩名被告理查森（Kevin Richardson）與懷斯（Korey Wise）在十二月分別受到審判與定罪。這五人被判六至十三年不等的有期徒刑。不過，故事並未就此結束。二〇〇一年，已經因謀殺罪入獄的雷耶斯（Matias Reyes）坦承，他襲擊了那名跑者，而且是獨自一人幹的，沒有同夥。DNA證據證實了他的供詞，那五名青少年坐了冤獄。

在其中三名被告的審判中，記者特別提到「冷冰冰的法庭」，那是否影響了裁決與判刑？關於這點，我們無從判斷。在這個案例中，種族偏見可能遠比周遭溫度來得重要。不過，研究顯示，這裡不能排除室溫的影響。事實上，室溫的影響可能不小，更不該忽略。

二〇一四年，德國做了一項實驗，研究人員讓一百三十三位志願參與實驗的大學生看八名嫌犯的大頭照，請他們猜測每個人犯了什麼罪。參與者所不知道的是，他們所在的實驗室有三種溫度。有人是坐在溫度調高至攝氏二十六．一度的房間裡，有人在二十三．三度的溫和房間裡，有人則是在溫度調低至十九．四度的房間裡。研究結果顯示，坐在冰冷「法庭」裡的人更有可能嚴苛地評判罪犯，他們臆測的八種罪行會促成較長的刑期。在冰冷的房間裡，他們大多臆測那些人犯了綁架與謀殺罪；在溫度較溫和的房間裡，他們大多臆測那些人是因為持有毒品與逃稅而被捕。[19]

萬一你必須面對陪審團，至少你會希望你是在一個比較溫暖的法庭裡（中央公園五人案的前三位被告顯然沒獲得這樣的待遇）。不過，我們也必須承認，對於「法庭」溫度效應，我們尚未得出一個真正令人信服的解釋。

儘管如此，在德國的其他研究中，研究人員要求男性參與者在暖天或冷天比較自己與他人。在其中一項研究中，半數男性參與者看到明顯陽剛的打赤膊身軀，另一半的參與者則看到明顯比較纖弱的男性身軀。接著，研究人員問參與者可以做幾下伏地挺身，或手臂張開舉起一升的啤酒可以舉多久。在暖天測試時，這些男性參與者的自我評估會較為接近他們剛剛比較過的那張照片（無論他是比較哪種標準）。如果他看到的是充滿男子氣概的壯男，他可能會表現得像全盛時期的阿諾．史瓦辛格（Arnold Schwarzenegger）。如果他看到的是弱不禁風的男子，他往往也會那樣看待自己；但冷天不會出現這種投射效應。[20]

因此，在較溫暖的情境中，人比較容易和陌生人同化；在較冷的情境中，我們比較會想到跟自己較為親近的人，所以比較不會考慮到陌生人。綜合以上所述，這些結果暗示了為什麼人們在較冷的情境中可能對嫌犯抱持負面想法，他們在比較自己和嫌犯時，可能心想：「他跟我不一樣。」而且，在較冷的情境中，他們可能會想到心愛者「溫暖」的愛，那又會導致他們覺得犯罪與威脅更可怕、更駭人。

依附類型的影響

°C

無論我們是以社交冷熱來判斷一個人的性格，還是以法律上有罪或無罪來決定一個人的命運，溫度都會影響我們的「判決」，這也與我們如何建立人際關係有關。依附理論試圖描述人際關係的動態，多數心理學家認為，我們在童年時期發展出不同種類的「依附類型」。卓越的發展心理學家鮑比（John Bowlby）與安斯渥（Mary Ainsworth）提出三種主要的發展類型：安全型依附（孩子覺得他們可以依靠父母時，就會形成這種依附）、焦慮矛盾型依附（這與父母不一致的反應有關）、焦慮迴避型依附（這與母親毫無反應的行徑有關），後來又補充了一型：混亂型依附（結合矛盾型依附與迴避型依附）。[21]父母必須注意的一大關鍵面向是：孩子是否覺得太冷或太熱。

我自己的研究也顯示，溫度對行為的影響跟依附類型有關。以下是我與同事做的一個實驗：我們邀請六十位幼稚園的孩子到阿布考德（Abcoude）一所學校的教室（阿布考德是阿姆斯特丹南方附近的一個荷蘭小鎮）。首先，我們測試這些孩子的友誼依附類型，我們問他們類似下面的問題：「你覺得你很容易和其他孩子變成好朋友嗎？」、「沒有好朋友的話，你感覺如何？」。我們想確定這些小孩知道，我們想從他們身上獲得什麼答案。為了幫助他們瞭解我們如何以量表來回答問題，我的學生蘭斯卓（Emma Landstra）設計了額外的問題，讓孩子先練習他們有強烈意見的主題，例如：「你多喜歡球芽甘藍？」他們是以數字量表作答，但以箭頭表示，這樣孩子比較懂得怎麼回答（見圖）。

接下來是玩小遊戲的時間。研究人員把一些孩子帶到一間低溫的房間，那裡的恆溫器是設在攝氏十五到十九度之間；其他孩子則是被帶到溫度舒適的房間，那裡的室溫約為攝氏二十一到二十六度。我們給每個孩子十個大小相同的貼紙或二十個氣球，並問他會給「隔壁」某個不認識的小孩幾個。我們事先提到，隔壁那個孩子完全沒有貼紙或氣球。其實隔壁的孩子並不存在，但這些參與實驗的小孩並不知道這點。

← ? →

很討厭	討厭	不喜歡	不知道	有點喜歡	喜歡	非常喜歡
01	02	03	04	05	06	07

我們分析所有的資料時，發現那些在溫暖房間、有安全依附感的孩子，會給隔壁的孩子較多的貼紙，平均近三張；而待在低溫房間、有安全依附感的孩子平均只給一・五張。對沒有安全依附感的孩子來說，室溫並不重要，無論他們是待在溫暖或寒冷的房間，他們分享的數量基本上都一樣，大約只有一張。[22]

我們對這個結果並不訝異。依附與溫度有很強的關聯，例如，安斯渥發現，那些缺乏安全依附感的嬰兒，其母親通常會表現出厭惡身體親密接觸的跡象。[23]我們也知道，那些獲得貼身懷抱的新生兒，皮膚溫度與核心溫度之間的差異較小。[24]似乎只有當我們在生命初期體會過身體溫暖和關心他人是相伴而生，而且我們又緊緊依附彼此時，身體溫度與心理溫度之間的生物關聯才會啟動。

首先，這涉及「先天結構」，亦即基因組成。此外，這也涉及後天學習。[25]幼兒通常會學到，表達需求可以促使父母以滿足其需求的方式來回應。在溫度需求方面，說出「媽咪，我好冷」，可能會因此獲得母親的擁抱、多拿到一條毯子，或調高臥室裡恆溫器的溫度。這種在人生初期的學習中所形成的生理、身體、情感連結，會持續一輩子。每當我們體會到實體溫度舒適地上升時，就會啟動社交親密、友誼、信任等概念；相反的，當我們感到心寒時（例如遭到拒絕或背叛），會覺得周遭的實體溫度比實際低，這很可能是因為我們的皮膚溫度下降了。此外，人類是複雜的動物，背後的真正原因可能更加複雜。

那麼，我們究竟知道什麼呢？我們的大腦變成了「氣象預報機」，可以預測社交溫度。朋友與家人可以相信嗎？我們需要幫忙時，能指望他們給我們溫暖、讓我們遠離危險的寒冷嗎？在尚未發明中央供暖系統及特大號的電毯以前，這種社交氣象預報可能是攸關生死的事。

中央供暖系統的「可疑勝利」

一七七九年，在巴黎市中心莫特萊里街的一間房間裡，工人畢凱（Louis Bequet）與妻子及五個孩子擠在家裡唯一的床上睡覺，也就是說，七人依偎在一張床墊上。這種苦命現象是革命前的法國、乃至於整個歐洲的常態，而且還詳細記錄在巴黎市的檔案中。仔細翻閱那些檔案會發現，十八世紀很少巴黎人獨享一張床。睡在搖籃或小床上的嬰兒不到一〇%，僕人都是和其他僕人一起睡在同一張床上，而且他們往往是互不相識的陌生人。整體來說，在一六九五年到一七一五年間，巴黎平均是二・三個僕人同睡一張床。

這種擠得像沙丁魚罐的睡法，確實有一個好處。法國史學家羅奇（Daniel Roche）在《巴黎人》（*Le peuple de Paris*）中寫道：「身體接觸可產生溫暖，舒適是一種身體課題。」人體每小時約散發三三〇焠（Btu，英制熱單位）的能量，那相當於典型一百瓦鎢絲燈泡所散發的能量。在巴黎比較溫和的冬天裡，想讓一間約一百平方英尺（約二・八坪）的小臥室保持溫暖，每小時需要約一千一百瓦。所以，即使畢凱一家七口擠一張床，也不足以維持臥室的溫暖，但他們散發的體熱可以減少六〇%以上的空間供暖需求，這只有計算實體熱度而已，還不算依偎在一起的社交與情感溫暖的效應。然而，我們確實知道，人類以外的動物緊緊依偎在一起時，可以節省讓體溫上升所需的能量多達五三%。夜裡，畢凱一家的房裡即使沒有壁爐，他們擠在一起睡覺可能還是很舒適。[26]

在過去幾個世紀裡，同床共眠是人類的常態。十九世紀中葉，在愛爾蘭圖拉霍貝格利（Tullaghobegley）的鄉下地區，依然可以看到九人擠一床的現象。不過，男女有別，女人睡覺時朝一個方向，男人睡覺時是朝另一個方向，一個人的腳是放在兩個異性的頭之間。[27]他們溫暖地依偎在一起，像企鵝一樣，所以溫暖與社交之間以及舒適與信任之間的實體連結，是完全合情合理的。然而，在現代，這種實體連結大致上已經被打斷了，至少成人是如此，因為中央供暖系統出現了。

中央供暖系統從出現到普及，經歷了很長的時間。據我們所知，中央供暖系統是古希臘發明的，並且在羅馬進一步發展，例如，龐貝城裡，保存完好的史塔比恩浴場（Stabian Baths）是所謂的火炕供暖系統——類似現代的地板供暖系統，以小柱子把地板撐高六十八到八十九公分，讓爐子送出的熱空氣在柱子之間循環流通。後來，就像羅馬文明中的許多進步一樣，隨著羅馬帝國的滅亡、歐洲進入黑暗時代，中央供暖與火炕供暖系統就此消失了。人類再次擠在一張床上，依靠彼此的身體取暖。直到十九世紀，中央供暖系統才開始再度出現，慢慢地進駐一般住家。

拜中央供暖技術的進步所賜，如今我們這些生活在已開發國家的人，不像老祖先那麼需要與人依偎在一起。現在的成人不需要瀏覽「社交氣象預報」，以評估親密伙伴會不會在我們需要時（至少在需要熱能時）出現。這是否讓現代人感覺更加獨立與自由呢？我們是否比較不需要依賴他人，比較不必尋求聯繫呢？由於沒有相關的研究探索相互依偎度的減少，對我們及社會的影響，因此答案只能全憑臆測。不過，有一點是肯定的，我們的先天結構大致上並未改變。在心理溫暖與生理溫暖之間，我們仍像老鼠一樣有根深柢固的神經連結。此外，我們依然在生命初期學到：溫暖的依偎是一種關愛——至少多數人都知道這點。

中央供暖系統減少了我們對溫暖依偎的生存需求，這可能對人類如何利用社交體溫調節來建立、加強、維持社交與情感關係構成挑戰。電子與數位通訊等現代技術的普及，讓我們即使相隔兩地（更遑論實體接觸）也可以聯繫彼此。雖然彼此相隔很遠，我們依然能即時聽到、見到對方，這種能力雖然卓越，但也提醒我們，失去「實體親近」時所失去的一切。

觸摸與溫暖是一種強大的人類交流方式，當一項技術無法提供這種交流時，我們最能深切地感受到其威力。尤其，當技術出乎意料地掛點時（例如爐子故障，導致突然沒有中央供暖系統），我們才赫然體悟到，為了取暖、甚至為了保命而不得不與人依偎在一起，意味著什麼。在那種極端情況下，即使是今天，也會讓我們猛然想起，在整個演化過程中，社交溫暖對生理溫暖的依賴，是如何演變成一種人體固有的先天結構，就像企鵝、裸鼴鼠或摩洛哥的巴巴里獼猴等動物一樣。

我們比較遙遠的老祖先需要類人猿的同胞來調節體溫，以減少個體的能量需求。那些善於判斷他人可靠性、擅長預測周遭社交氣象的個體，得以存活下來，並把基因傳承下去。幾千年來，認知系統在這個基礎上進化，它們改造古老的先天結構，以處理複雜的社交資訊。我們身為現代人，是在測試古老的結構。我們依偎在父母的懷裡時，確認了身體溫暖確實等同於安全與關愛。在童年後期和成年期，即使是拿著一杯熱飲或一個冰敷袋，都能啟動這些系統。這便是為什麼在我的實驗中，那些被要求拿著熱飲的人比拿著冷飲的人感覺更貼近實驗人員；這也是為什麼想到友好、有愛心的人，會讓那些波蘭學生覺得身體更溫暖。溫度升高帶給我們的訊號是：有人在身邊。相反的，寒冷則意味著孤單。現代世界充滿了數位連結，無法參與線上遊戲會讓人覺得室溫較低——就像一七七九年畢凱在寒冷的巴黎早晨出外工作的感覺一樣，他的妻子與五個孩子仍舒服地依偎在家裡那張共眠的床上。

在二十一世紀的社會中，社交氣象預報比老祖先的那套系統複雜多了。我們或許能透過機器與電子的結合，擺脫許多時間與空間的障礙，但我們依然無法逃脫或征服、甚至無法可靠地抑制實體環境的每個面向。實體溫度可能影響法庭上的裁決，所以隨著溫度的下降，被告似乎顯得更加冷血。現在的我們比以前更需要瞭解，溫度為何及如何使我們以某種方式感覺與行動。這一切究竟是怎麼發生的？下一章，我們將深入探索一個源自「體現認知」（embodied cognition）的新興研究領域。體現認知理論發現了認知中的身體與心理流程之間，迄今未受重視的連結，因此挑戰了長期以來備受推崇的笛卡兒身心二元論（mind-body dualism，又譯「心物二元論」）。

第二章

人類機器

溫度與體現認知

謝爾頓相信熱飲有促進社交的效果，許多研究也支持這個概念。顯然，溫度不僅使我們產生某種感覺，也促使我們以特定的方式行動。這些影響的流程與機制是怎麼運作的？為什麼會這樣呢？為了回答這些問題，我們需要深入探索認知科學的歷史與一般認知的演變模式，尤其是體現認知的發展。

我們從文藝復興時代後期的笛卡兒（René Descartes，一五九六－一六五〇年）開始看起，他是科學革命的主要推動者，也對哲學、數學、科學（包括心理學）等領域有卓越的貢獻。他寫的《靈魂的激情》（*Les Passions de l'âme*，一六四九年）是一部關於情感的開創性著作，他向讀者承諾，他會寫得「彷彿沒人寫過這個主題似的」。他質疑一切事情，而且似乎對所有事情都有答案。他最著名的回答，是對「徹底懷疑」（radical doubt）的回應。「徹底懷疑」是一種哲學觀點，認為知識最終是不可信的。他寫道：「我思故我在（Je pense, donc je suis）。」這句話後來譯成拉丁語是Cogito, ergo sum，譯成英文通常是I think, therefore I am。[1]

那是很好的答案，但就像所有的三段論一樣，並沒有挖掘得很深。笛卡兒在思考心智與身體的關係時，才做了更深入的探索。他認為心智在體內就像「船上的領航員」，[2]這個譬喻顯示，是心智駕馭著身體，但身體無法影響思想。不過，笛卡兒不只做出譬喻而已，他認為他所謂的「腦上體」（即腦中的松果體）是靈魂所在；思想是在那裡形成的，而不是在大腦形成的。當靈魂啟動松果體以形成想法時，靈魂被送到大腦的孔隙，然後透過神經傳到肌肉，所以，移動肢體最終是由大腦引導的。

對笛卡兒來說，無形的心智並不屬於有形的大腦，就像領航員也不屬於他所駕駛的船。不過，正如有血有肉的領航員無疑影響了木船的航行一樣，無形的心智透過松果體，影響有形的大腦去移動有形身體的有形四肢。心智雖與物質截然不同，但心智會影響物質，這就是哲學家所謂的笛卡兒二元論。拜現代的某些發展所賜，笛卡兒二元論的概念對於我們瞭解人類的功能有一些非常重要的影響。在這個理論中，心智與物質之間的關係在本質上是單向的：思想會影響身體，但身體不會影響思想。

笛卡兒二元論是描述二十世紀的認知觀，它主張我們的思考是侷限在大腦中。不過，我們即將看到，有幾個理由讓我們覺得這種觀點過於狹隘，其中最重要的理由是社交體溫調節——如果認知只侷限於大腦，而不是以各種方式體現在整個生物體中，那社交體溫調節就無法運作。那麼，我們該如何看待「思考」呢？

從笛卡兒到圖靈

如果說笛卡兒是科學革命的奠基者，那麼圖靈（Alan Mathison Turing，一九一二—一九五四年）就是如今仍持續演進的人工智慧（AI）革命的奠基者。[3] 圖靈是訓練有素的數學家，一九三六年發表了一篇開創性的理論論文，標題是〈論可計算數及其在判定問題上的應用〉（On Computable Numbers, with an Application to the *Entscheidungsproblem*）。在該文中，他詳細地想像一種「通用運算器」，可執行任何演算法所陳述的計算。這個思想實驗是用來替代該論文標題所提到的「*Entscheidungsproblem*」（判定問題）的正式數學解方。換句話說，我們可以把現代電腦的發明歸功於圖靈（他是在紙上示意）。

看過二〇一四年圖靈傳記電影《模仿遊戲》（*The Imitation Game*）的人都知道，二戰期間，他打造了一台機電式計算機，能夠破解惡名昭彰的德國軍方「奇謎機」（Enigma）的密碼。戰後，一九五〇年，圖靈在曼徹斯特大學任教時，發表了〈計算機器與智慧〉

（Computing Machinery and Intelligence）一文。在該文中，他思考了這個問題：「機器能不能思考？」[4]

首先，圖靈認為「思考」的概念是無法被明確定義的，所以他改問一個沒那麼含糊的問題：有沒有「可想像的數位計算機」可以在「模仿遊戲」中脫穎而出？

他在論文中解釋，模仿遊戲是一種三人參與的室內遊戲。玩家A是男子，玩家B是女子，玩家C是「審問者」，可以是任一性別。玩家C看不到玩家A或B，但可以用書面紙條跟他們交流。C藉由對A和B提問，判斷哪個是男子，哪個是女子。玩家A的任務是刻意讓C猜錯，玩家B的任務是盡量幫C猜對。那篇論文的結論是，玩模仿遊戲的數位計算機可以得出媲美真人玩家的結果。因此，我們不可能絕對否定「機器能思考」的命題。

圖靈的結論不僅是人工智慧的理念、科學、技術的基礎，也是現代對笛卡兒二元論的肯定。圖靈推測，數位計算機——機器——會越來越像人類，因為至少從收到的「輸入」及產生的「輸出」來看，人腦產生的「思考」與機器腦產生的「思考」，幾乎沒有區別。但人體的生物組織呢？以最終的產物來說，人體的生物組織對思考並沒有影響。無論這裡所指的「腦」是人腦還是機器腦，它都是在執行演算法，都算是一台圖靈機（Turing machine）。

笛卡兒與圖靈受到質疑

笛卡兒的二元論從未獲得普遍接納，圖靈最終也沒有主張人與機器的「思考」方式沒有區別。圖靈提出的是，單憑輸入與輸出，不可能區分人類認知與電腦認知的產物。在這種情況下，我們可以說機器與人類都會「思考」。圖靈描述一個能夠應用演算法來解決問題的假想機器，在這樣做的過程中，他找出數位電腦的三個必備組成：資料儲存法、執行單位、掌控法，因此為現代電腦科學理論奠定了基礎。此外，大家也普遍以這台「圖靈機」來譬喻人腦。笛卡兒推測松果體是靈魂所在；圖靈則不同，他並未聲稱他已經解釋了心智的器官。圖靈機的三個組成部分可能是用來譬喻認知流程，但它們既不是解剖學，也不是生理學。事實上，對圖靈來說，人腦仍是一個黑盒子，它接收資料，然後衍生結果（「思想」）。

這並不表示身心二元論或笛卡兒二元論是錯的，但最近的研究確實顯示，人腦不單是一個獨立於身體運行的執行單位，它不只是在船上的領航員，更可能是屬於這艘船的領航員。事實上，那些研究提供的證據顯示，人體與頭部之間緊密相連，遠比笛卡兒或圖靈推斷或想像的還要複雜。例如，背著沉重背包會使人覺得斜坡看起來比較陡峭——不僅感覺更陡，而且在認知上也顯得更陡。在維吉尼亞州夏律第鎮（Charlottesville）的一項研究中，研究人員請站在山腳下的參與者估計山坡的陡峭度。當參與者背著較重背包或主動表示自己很疲倦時，那座山就顯得比較陡。[5]但是，讓參與者站在高高的陽台上，請他們估算陽台離地面的距離時，他們的估算值會與他們對墜落的恐懼有關。[6]或者，想一想：我們在空間中前進與靜止不動時，對時間的看法是不同的。研究人員問史丹佛大學的學生一個模稜兩可的問題：「如果週三的會議已經提前了兩天，請問現在是在哪天舉行？」假如參與者剛剛在快速移動的午餐隊伍中前進，他們會認為會議被移到週三。但是，那些站著不動的人怎麼想呢？他們回答，會議是移到週一舉行。如果大腦與身體沒有直接關聯，那為什麼身體的移動會影響會議時間呢？[7]

一旦你開始思考大腦與身體之間的這種關聯，就很難停下來，你會開始發現這種關聯隨處可見。以罪惡感與不斷洗手的強迫症之間的關聯為例，聖經裡可以找到這個明顯的身心連結：「彼拉多知道自己再說也無濟於事，反倒生亂，就拿水在眾人面前洗手，說：『流這人的血，罪不在我，你們自己看著辦吧！』」[8]當然，這也可以在莎士比亞的作品中看到。馬克白夫人慫恿丈夫殺死善良的鄧肯王（King Duncan）和其他同樣無辜的人，因此充滿內疚，夢遊時拚命洗手。她的侍女向一位被召來為她治療精神錯亂的醫生解釋：「她老是做這個動作，看起來像在洗手，我看過她這樣持續做了一刻鐘。」[9]

把罪惡感與洗滌連結在一起的描述，不只出現在聖經與文學中。二〇〇六年與二〇一〇年發布的心理研究似乎證實了「促發」效應（意指接觸一種刺激後，啟動了我們的想法，進而促使我們因應後續的刺激），亦即當羞恥感誘導出清洗的暗示後，我們對那個暗示的反應會增加。例如，在二〇〇六年的研究中，研究人員要求參與者回憶自己應該負起責任的一件好事或壞事。接著，研究人員請他們填寫三個不完整的單字空格：W_ _H、SH_ _ER、S_ _P。被要求回憶壞事的參與者回答WASH（清洗）、SHOWER（淋浴）、SOAP（肥皂）的機率，比回答非清洗相關字彙（例如WISH〔願望〕、SHAKER〔調飲杯〕、STOP〔停止〕）的機率高了約六〇%。[10]

談論體現認知的書籍，大多談到這裡就停止了，那些作者覺得他們已經證明了自己的論點。然而，光是描述這些效果還不夠，我們需要更深入瞭解其背後的機制。我剛剛描述的結果確實很有趣，但問題是，其他研究人員把二〇〇六年的研究套用在更多的參與者身上時，並沒有辦法複製原始研究的結果。[11]這是重製危機（**replication crisis**，又譯「複製危機」、「再現危機」）的預兆，二〇一一年以來，這個問題一直困擾著心理學界。

至少在某種程度上來說，重製危機是因理解不足而妄下結論的結果。在本書中，我盡量避免這種妄下結論的作法，而這代表我通常無法提出確鑿的論點，這可能會讓一些讀者感到不滿。不過，我只能說，身為科學家，我的任務不是講述一個完美的故事，而是說出真相。殘酷的事實是，心理學書籍根本不該針對你在生活中該做什麼，提出具體的建議或明確的指示。

多數心理學家還不熟悉統計工具的運用，無法給出明確的建議。我們現在頂多能做的，也是我目前的目標：提出一些一般原則，讓讀者覺得自己在翻閱本書之後瞭解了更多——亦即一個看似合理的口頭理論，但還不是正式的理論。儘管如此，我還是贊同出生於巴西的生物學家梅達沃（Peter Medawar）在《科學的極限》（*The Limits of Science*）一書中所寫的：「科學是人類投入最成功的計畫，成果無與倫比。」[12]當然，科學之所以成功的一大原因，在於它灌輸我們這些從業人員一項紀律：對一切都要徹底質疑。

我們將在本書後面回頭談論重製的問題，目前該注意的是，這種重製失敗並未否定身心的關聯。然而，那確實暗示了身心之間的關聯（心理學家所謂的體現認知）既不簡單、也不直接。當某個計畫、專案或任務變得令人避之唯恐不及時，你可能會宣布你要切斷與它的一切關聯：「我洗手不幹那種齷齪事了！」象徵性的洗滌（洗手）是一種強大的譬喻，它讓「擺脫罪惡感或其他情感負擔」的抽象概念變得更具體，因此更生動易懂。不過，即使一個成功的譬喻可以用一個具體的形象來體現抽象的想法或情感，那也不見得代表抽象的想法或情感會促發對應的譬喻。換句話說，回憶你覺得丟臉的往事，不見得會讓你看到S_ _P時就想到SOAP（肥皂），而不是想到SHIP（船）、SHOP（店）或SLOP（斜坡）。

然而，體現認知的例子依然很多，沉重的背包確實會影響我們估計坡度的認知行為。改變一個人對空間的看法，對我們看待時間的方式有明顯、可重複的影響。而且，本書後面也會提到，我們透過體內恆溫器所產生的實體溫度體驗，明顯且重複地影響著思維。就像動物界的其他物種一樣，我們的身體會影響認知，而認知並不完全停留在大腦內。

認知革命：人腦如電腦？

沒有一種生理或心理機制是孤立運作的。在我們有意義地探討實體溫度調節如何調節社交溫度之前，我們需要先瞭解認知科學領域中的溫度調節，而這需要一點初步的歷史背景介紹。

認知革命就像許多革命，一開始是一場反革命：它所反對的「行為主義」（**behaviorism**），其實也是在反對「精神分析」及所謂「深層心理學」的其他形式。許多心理學家反對深層心理學，因為它根據主要假設所做出的預測，無法透過實驗來檢驗。行為主義則把焦點放在因果、刺激與反應、輸入與輸出上，而不是有關認知流程的假設上，因為那些假設無法被充分地檢驗。十九世紀末，美國心理學家桑代克（Edward Thorndike）提出「效果律」（law of effect）。[13]效果律精簡地主張，在特定情況下的反應，如果能產生令人滿意的效果，那麼以後在相同情況下，更有可能再次出現同樣反應。相反的，若是效果令人不滿或不安，以後在那種情況下，就更不可能發生同樣反應。二十世紀上半葉，美國心理學家華生（John B. Watson）以桑代克的效果律為基礎，開發出「行為主義方法學」（methodological behaviorism），把「公開活動」（可以客觀觀察到的個人行為）和「私密活動」（無法客觀觀察到的想法與感受）區分開來。當然，那種私密活動是深層心理學的領域，但華生認為，由於那些活動無法被客觀地觀察，心理學家應該忽視它們。華生認為，可用於科學心理研究的唯一有效標的是公開活動：看得見、可衡量的行為。[14]

認同華生的行為主義者認為，人會根據行為將產生的假定結果，來調節（「修改」）其公開的行為。早期的行為主義者基於這種假設，使用正增強與負增強等工具來誘導或增加可取的行為，使用正向與負向懲罰來減少或消除不良行為。華生派的行為主義者認為，增強與懲罰的內部流程是私密活動，因此在本質上是無法進行客觀觀察的。

一九三〇年代末期，另一位美國心理學家史金納（B. F. Skinner）提出一種新的行為主義法，名叫「激進的行為主義」（radical behaviorism），他反對直接忽視私密活動。這個理論主張，私密活動不完全是內部的，不全然與世隔絕，而是跟可觀察到的行為一樣（所謂公開活動），受到一些相同的環境變數的影響。然而，儘管激進的行為主義認為私密活動不完全是私密的，但它仍把焦點放在輸入與輸出，並且把認知流程視為一個黑盒子——

也許不是不可能研究，只是很難研究。[15]

史金納的方法雖然「激進」，但依然掀起反革命，至少有兩本突破性的著作促成了現代認知研究的興起。第一本是一九四三年出版的《解釋的性質》（*The Nature of Explanation*），作者是英國心理學家兼哲學家克雷克（Kenneth Craik），他是醫學研究委員會（Medical Research Council）應用心理學小組（Applied Psychology Unit）的首任主任。在這本認知科學的開創性著作中，克雷克認為，大腦構建了現實的「小規模模型」，並利用它們來預測活動。這是如今所謂「心智模型」的初期版本，心智模型是外在現實的一種內在表現。一些心理學家認為，這種模型對認知流程而言很重要，尤其是推理與決策的流程。[16]

儘管克雷克在實驗認知心理學的發展中扮演關鍵要角，但我們永遠無法知道他自己把心智模型的概念發展到什麼程度。一九四五年五月七日，他在劍橋騎著單車，遭到汽車衝撞，不幸身亡，得年三十一歲。不過，後來的研究人員弗雷斯特（Jay Wright Forrester）於一九七一年解釋，「我們腦海中的周遭世界圖像只是一個模型」，沒有人「想像整個世界、政府或國家」。我們腦中只有「一些特定的概念，以及它們之間的關係」，我們用這些東西來「代表真實的系統」。[17]

第二份開創性的作品是一九五〇年圖靈發表的〈計算機器與智慧〉（本章稍早提過）。圖靈表示，他的目的不是為了回答「電腦能否『思考』」的問題，而是質問我們能否讓機器有效地模擬人類行為，讓人無法區分人類的認知行為與電腦的「認知」行為。問題的關鍵不在於電腦能不能思考，而在於電腦能否代替人類去解決認知問題。圖靈的答案是肯定的。對於人類認知的研究（亦即掀開黑盒子的蓋子）來說，更重要的是，〈計算機器與智慧〉暗示，推測「私密活動」（即內在心智流程，包括認知）是很有可能做到的。別忘了，那是一九五〇年，遠在功能性磁振造影（能夠即時顯示大腦活動的區域）問世之前。[18]

圖靈與克雷克之後的理論，通常是以「人腦如電腦」的譬喻來解釋認知，那是一種影響力很大的方法。不過，一九八〇年，美國哲學家希爾勒（John Searle）在《行為與大腦科學》期刊（*Behavioral And Brain Science*）上發表〈心智、大腦與程式〉（**Minds, Brains, and Programs**）。此篇論文的核心是一個名為「中文房間」的思想實驗，其假說的前提是，人工智慧研究成功地打造出一台貌似懂中文的電腦。把中文輸入那台電腦中，它輸出的東西和說中文的人所說的話沒什麼差別，因此通過圖靈測試。[19]

但希爾勒問道：這台電腦真的瞭解中文嗎？還是，它只是在模擬瞭解中文的能力？如果答案是前者，希爾勒稱之為「強人工智慧」；若是後者，他稱之為「弱人工智慧」。

接著，希爾勒想像自己在一個封閉的房間裡，裡面有一本書是電腦程式的英文版。房間裡也擺了許多紙張、鉛筆、橡皮擦、檔案櫃。希爾勒可以透過門縫接收外面塞進來的中文紙條，並根據程式指令來處理那些紙條，讓電腦輸出中文。希爾勒認為，如果電腦以這種方式通過圖靈測試，他也可以用手動方式來執行程式，達到一樣的效果。這表示，在這個實驗中，他的角色與電腦的角色沒有明顯的差異。他和電腦都是遵循一套演算程式，讓外人覺得他和電腦都是在進行「智慧型對話」。

問題是，希爾勒坦承：「我一句中文也不會說。」他因此推論，電腦也無法理解對話。他主張，既然電腦無法「瞭解」，它就沒有「意圖」，所以無法思考。希爾勒的結論是，強人工智慧是錯的，也就是說，電腦的運作方式異於人類思維。

希爾勒發表「中文房間」實驗十年後，出生於匈牙利的認知科學家哈納德（Stevan Harnad）把希爾勒面臨的困境描述為「符號奠基問題」（symbol grounding problem）。換言之，他必須回答一個問題：「那些中文字（或者更通泛地說，我們腦中的符號）是如何獲得含義的？」哈納德認同希爾勒對強人工智慧的否定，因為不管輸入、操作、輸出中文是電腦做的、還是不懂中文的真人做的，光是接收中文符號，然後只根據其形狀來操作它們，並不算瞭解中文。假設我們無法區別電腦的輸出與人類的輸出，那麼我們可以從人類坦承「他不瞭解中文」來推斷，電腦也不瞭解中文。誠如哈納德在〈符號奠基問題〉中所述，符號系統的意義不是源自於它們的形狀，而是像書中的字母與單字（符號）一樣，是「源自我們腦中的意義」。它們的意義是外來的，「而不是像我們腦中的意義是內生的」。因此，它們「對我們腦中的意義來說，不是可用的模型」。簡言之，認知不單只是符號操作。他指出，那些翻譯古老語言或破解密碼的人之所以能夠成功，是因為他們以第一語言及現實經驗所累積的知識為基礎。對古文學家或密碼學家試圖翻譯或解碼的符號系統而言，那些基礎是外來的。[20]

詹姆斯催生現代的「體現認知」

認知革命之所以誕生，是為了質疑行為主義的「黑盒子」態度。在史金納之前，行為主義者主張認知流程是「私密活動」，因此無法觀察。史金納質疑這種嚴格區別「私密活動／公開活動」的方式，但依然把焦點放在輸入與輸出上，而不是認知流程上。一些心理學家在電腦科學與人工智慧的誕生中（尤其是〈運算機器與智慧〉中提到的圖靈測試），看到一個用來推斷認知理論的模型。如果光看輸入與輸出，無法區別電腦「思考」與人類思考，那為什麼不假設人類的認知流程近似運算流程呢？簡言之，為什麼不得出「電腦與人類都能思考」的結論呢？

對於這個問題，一九八〇年，希爾勒給出了答案，他以「中文房間」的思想實驗提出了充滿說服力的證明：雖然電腦與人類操作符號的方式可能產生相同的輸出，但那種操作既不需要瞭解符號，也不表示電腦和人類就瞭解符號。缺乏瞭解，就沒有思考。電腦是在缺乏瞭解下運作，所以不會思考。

電腦不是人腦，人腦不是電腦；運算不是認知，認知也不是運算。但希爾勒大致上並未談到符號獲得意義的機制；回答這個問題是一個重要的挑戰，因為瞭解一個東西必須先知道它的意義。

這也點出了現代心理學的一大諷刺。笛卡兒於十七世紀提出的身心二元論，長期發揮了很大的影響。十九世紀開始，沙爾科（Jean-Martin Charcot）、布羅伊爾（Josef Breuer）、佛洛伊德等人根據他們觀察的身體症狀及其他方法，創立有關多種心理流程的理論，促成了所謂的深層心理學。二十世紀，行為主義質疑深層心理學的推論，主張「私密活動」無法被直接觀察，所以唯有研究輸入（刺激）與輸出（反應）才會知道心理流程。圖靈測試基本上是把機器運算的流程視同人類的認知流程，因此強化了身心二元論。

然而，一八八四年，美國哲學家兼心理學家詹姆斯（William James）發表的經典論文〈何謂情緒？〉（What Is an Emotion?），等於是對笛卡兒的二元論及其追隨者提出強烈的質疑，從而催生了一種新的認知概念，而且這種概念其實在史上大部分的時間裡一直占有主導地位。那時大家有一個習以為常的觀念：外部活動會讓人產生一種感覺（心理狀態），那股感覺會誘發身體反應，例如我們失去財富時，會感到難過而哭泣；我們遇到熊時，會受到驚嚇而逃離；我們遭到侮辱時，會感到憤怒而攻擊。然而，詹姆斯質疑這種觀念，他認為：「我們感到難過，是因為我們哭泣；我們感到憤怒，是因為我們攻擊；我們感到害怕，是因為我們顫抖；而不是顛倒過來，我們不是因為難過、憤怒或恐懼，才哭泣、攻擊或顫抖。」詹姆斯指出，「身體表現」（哭泣、逃跑、攻擊）是對外在活動的直接反應。情緒（難過、恐懼、憤怒）是由身體表現所誘發的，而不是造成那些身體表現的原因。真正觸動情緒的是「身體」，而不是那個好似與身體分開的「心理」。[21]

儘管笛卡兒二元論在二十世紀的行為主義中仍占有主導地位，但詹姆斯已闡明了後來所謂的「體現認知」理論。該理論主張，認知的許多特徵受到整個生物體（即身體）各方面的影響或塑造。一九八四年，出生於波蘭的美國社會心理學家扎榮茲（Robert Zajonc）與社會心理學家兼文化心理學的先驅馬庫斯（Hazel Rose Markus），探索了詹姆斯逆轉大家習以為常的「情感促成身體反應」觀念所帶來的影響。[22]哈納德同樣也認為，那些符號只是直接投射到我們的感官中：我們拿著一杯茶時，從茶感受到的熱度，是在負責偵察熱度的溫度受體上「展現出來」。事實上，扎榮茲、馬庫斯、哈納德都運用詹姆斯那套「體現認知」理論來處理符號奠基問題，他們都認為我們是以生理關聯來表現情感與感知。所以，當我們快樂時，我們不是覺得快樂，而是我們的顴肌活躍了起來，露出微笑——這個（而不是某種想法）才是情緒的表現。[23]想必詹姆斯不會說，我們微笑是因為我們覺得很快樂；他會說，我們覺得快樂是因為我們露出微笑。

概念譬喻理論：吾愛猶如紅玫瑰

°C

微笑是體現認知的一個例子，是一種心理狀態及認知概念（我們稱之為「快樂」）的表現。不過，體現認知的本質與侷限，仍面臨一種更嚴峻的挑戰。我們如何表現那些沒有直接生理關聯的抽象概念，例如民主、正義、愛與時間？這些抽象的概念是如何獲得意義的？

讓我們把焦點轉向極具影響力的「概念譬喻理論」（conceptual metaphor theory，簡稱CMT，又譯「概念隱喻理論」），該理論是由美國認知語言學家兼哲學家雷可夫（George Lakoff）與美國哲學家詹森（Mark Johnson）在一九八〇年出版的《我們賴以生存的譬喻》（*Metaphors We Live By*）一書中所提出的。[24]此理論主張，抽象概念是顯現在具體經驗中，因為我們共同經歷了它們。以「時間」這個抽象概念為例，我們通常同時體驗時間與空間。在空間中移動需要時間；時間與空間的共同體驗，是以多種攸關時間與空間的譬喻來表達。例如我們會說，把會議「往前挪」；或是說，無聊的會議離結束還「很遠」。

對我們這種研究社交體溫調節的人來說，把概念譬喻理論套用在一對「具體經驗＋抽象概念」上最有趣。雷可夫與詹森思考了（身體）溫暖與情感或愛之間的關係，他們認為，我們是透過身體溫暖的體驗來學習情感。當照護者深情地抱著我們時，我們同時體會到情感與身體的溫暖，進而同時瞭解「情感」與「溫暖」這兩個象徵性的概念。誠如雷可夫與詹森所言，這是體現認知的明確例子——透過身體經驗來瞭解象徵性的概念。

雷可夫與詹森認為，這裡的認知譬喻是單向的。也就是說，體驗到關愛的人，往往會同時體驗到身體的溫暖，所以身體的溫暖變成一種關愛的譬喻，並創造出一種對關愛的體會。然而，若你碰巧感到身體溫暖（站在陽光下）或寒冷（站在陰暗的雪地裡），並不表示你就一定會體驗到關愛，或體驗到缺乏關愛。根據這種單向的邏輯，如果你把房間裡的恆溫器溫度調高，你應該會覺得更有感情，但如果你碰巧產生關愛，你不見得會感覺比較溫暖。

我很難把雷可夫和詹森的方法，與我對社交體溫調節的瞭解，結合起來。誠如第一章所述，至少有一些冷熱飲及冷熱食的研究，並未支持這種單向的觀點。例如，回想一下多倫多大學的實驗，那些在Cyberball電玩中遭到忽視（沒人傳球給他）而覺得自己受到排擠的人，比那些常接到球而覺得自己獲得接納的人更喜歡熱食與熱飲。但是，換成與溫度無關的對照組飲食時（例如可樂或蘋果），覺得自己受到排擠的參與者和覺得自己獲得接納的參與者，在飲食偏好上並沒有差異。關愛的相反（即排擠）引發了我們對身體溫暖的偏好，這種結果對概念譬喻理論來說並不是好消息，如果該理論在這裡是成立的，我們會認為遭到排擠或感到孤獨不會影響我們的溫度感覺；但這種現象確實發生了，而且它也使我們更想變得溫暖。

你可能也記得第一章提過，我的兩項研究結果與多倫多學者實驗的結論是一致的。讓參與者覺得自己跟其他人不同，會讓他們覺得室溫較低；讓參與者覺得自己跟其他人相似，會讓他們覺得室溫較高。當參與者讀到「溫暖」的人（忠誠、友好、樂於助人的人）的相關敘述，也會讓他們覺得室溫較暖。這不是出自笛卡兒那種顱內「領航員」的譬喻，而是一種更活躍的社交體溫調節。

再回想一下我和同事在波蘭索波特所做的研究。那些讀過「溫暖」相關文字的參與者所臆測的室溫（當時並未直接使用「溫暖」的字眼），比其他讀到正面文字、但無關情感或社交「溫暖」的人所臆測的室溫，高出攝氏兩度。如果譬喻流程在這種情境下發揮效果，身體溫暖的感覺可能會喚起情感上或社交上「溫暖」的想法，但雷可夫與詹森預測，這些情感上或社交上「溫暖」的想法不會反向運作，不會讓人覺得房間比較溫暖。他們覺得，光有關愛的感覺並不會影響溫度調節。

關於譬喻的本質，雷可夫與詹森的主張是正確的，它們只有單向作用。當蘇格蘭詩人伯恩斯（Robert Burns）歌頌「喔，吾愛猶如紅玫瑰」時，他以玫瑰的譬喻來喚起他對「姑娘」的熱情。[25]但把這個譬喻顛倒過來，就顯得不知所云了。「喔，紅玫瑰猶如吾愛」這句話顯示伯恩斯對玫瑰的熱情等同於、甚至超越了他對女友的感覺。除非伯恩斯真的是怪人，否則這種譬喻只能單向運作。這行詩句的重點，是描述詩人對愛人的熱情，而不是對玫瑰的熱情。Cyberball電玩實驗、多倫多研究，以及我自身的研究，都顯示實體溫度與情感／社交「溫度」之間的關聯是雙向的。這種雙向性，意味著這種關聯的基礎不是譬喻性的。

如果這種關聯要依賴譬喻的效果，雷可夫與詹森還需要確立概念譬喻理論的另一個核心原則，即描述的概念不是與生俱來或先天的，但這與「社交體溫調節是先天的」這個事實互相矛盾。如果描述的概念不是先天的，這個譬喻（雷可夫與詹森稱之為「原初譬喻」，primary metaphor）就必須充分發揮先天的屬性。也就是說，概念譬喻理論中的譬喻必須是通用的。然而，我們也知道那肯定不是通用的，因為譬喻的語言非常多元，我們將在第五章深入討論這點。如果事實證明，概念譬喻理論不足以說明社交體溫調節（因為它最終迫使我們接受身心二元論），那麼我們需要一場智識革命，從提出一個更好的理論來說明人如何參與社交關係開始。我們將開始朝這個方向前進，但這條通往人類社會的路線，會先帶我們繞道去看一隻名叫「企鵝哈利」（Harry the Penguin）的鳥。

第 三 章

企鵝哈利

動物如何因應溫度

想像一隻雄性的皇帝企鵝，約十歲，這裡姑且稱他為哈利吧。現在是七月，正值南極的隆冬，哈利停止進食已進入第四個月了。雄性的皇帝企鵝與雌性的企鵝配對時，經常禁食，而且可禁食長達一百一十五天之久。交配後，雌性企鵝產下卵，接著就搖搖擺擺地走回大海覓食，幾個月後才會再回來，把蛋留給全職的企鵝老爸看顧。

於是，等待就此開始了。哈利把蛋放在腳上，包在育兒袋內，育兒袋是一層厚實的裙狀裸膚。為了確保蛋的孵化，蛋溫需要維持在舒適的攝氏三十六度，這在南極洲並不容易做到，那裡的風速可達時速一百七十七公里，氣溫可能降至攝氏零下四十五度以下。如果哈利想讓蛋存活下來，自己也想繼續過日子，他必須和其他企鵝擠在一起。

南極洲的許多照片與影片顯示，皇帝企鵝像搖滾樂迷擠在熱門演唱會的現場一樣，緊緊地挨在一起。數以千隻的企鵝緊密地依偎著，每隻企鵝的獨享面積不到一平方英尺（約〇・〇二八坪），群體內的壓力可能大到讓一些企鵝被推到其他企鵝的頭頂上。如果這真的是一場搖滾演唱會，那簡直就是人群衝浪。不過，作為一種節能方法，這些顯然不太舒服的行為是完全合理的。企鵝擠在一起時，可以大幅減少每隻企鵝暴露在自然環境中的體表面積，因此更容易保存熱量。此外，每隻企鵝也讓群體間的小氣候變暖了，所以企鵝群內的溫度可能升至攝氏三十七・五度。[1]

多年來，在地理岬（Pointe Géologie，南極洲海岸外的多岩群島）等地，科學家一直在研究擠在一起生活的企鵝。為了更瞭解這些動物為什麼及如何擠在一起，研究人員在選定的企鵝羽毛上黏了衡量溫度的裝置與傳輸器。那些研究顯示，企鵝有多達三八％的時間與其他企鵝緊緊地擠在一起，有時牠們一次只擠在一起幾分鐘，有時是群集在一起好幾個小時。[2]受到大風吹拂的企鵝群看起來可能是靜止不動的，但縮時影片顯示，企鵝會在群體內交換位置，所以群體結構會不斷地波動。

乍看之下，皇帝企鵝擠在一起的原因似乎很直覺好懂。就像俗話說小雞過馬路「是為了到對面」，企鵝擠在一起「取暖」，似乎是再自然不過了。然而，有些實驗把企鵝放在跑步機上，結果顯示，企鵝擠在一起不單只是為了取暖，也攸關飢餓與生存，以及社交上的群體凝聚力。

研究人員在南極洲羅斯島（Ross Island）上做了一項研究，得出以下結論：企鵝不擠在一起的話，牠們會餓死。數學計算很簡單：為了忍受一百天的禁食，一隻企鵝必須消耗約二十五公斤的脂肪組織。牠也需要額外約一．四公斤的脂肪，作為長途跋涉回大海（約兩百公里）的能量。唯有回到大海，才能找到營養豐富的魚及魷魚。與此同時，像哈利這樣的大型皇帝企鵝，身上可能只有十五到二十公斤的脂肪組織存量。換句話說，為了在長期禁食及長途跋涉後倖存下來，他還缺六．四公斤的脂肪。幸好，大家擠在一起取暖，可以讓哈利的新陳代謝減緩一六％，從而保留重要的脂肪。[3]

行動節能性：為什麼魚要成群游泳？

°C

企鵝不是唯一使用其他同伴來調節溫度的動物。氣溫下降時，老鼠、豬、猴子、馬、蛇、啄木鳥、浣熊，甚至豪豬（這可能不是你第一個想要貼近的生物）都會擠在一起。事實上，許多動物都會這樣做。為了活命，動物除了要獲得足夠的氧氣以外，調節溫度是牠們必須做的最重要事情，也最耗費精力。與氧氣不同的是，環境中的溫度會持續波動，因此為了生存，必須隨時注意溫度變化。幸好，動物都是非常精明的節能者，或者更確切地說，是「優化專家」。牠們不斷評估各種行為的成本與效益，這似乎是為了從能量的角度，找出哪種行為最節能，以便保存寶貴的體脂。

如果你看過一群自行車手在路上奔馳，或許會注意到他們往往會形成一個長條狀的自行車隊，即所謂的主車群（peloton）。這不是因為這些自行車手很孤僻，而是他們會互相依賴，利用其他車手後面較小的風阻來節能，以產生破風效應（drafting）。熟練的破風手在時速約三十九公里下，最多可節省自身的能量需求達三九％，尤其身處在主車群中間的時候。[4]這也是魚成群游動的原因，甚至連細菌也是群體傳播得比較快。破風就像擠在一起的效果，是為了「行動節能性」：選擇最具成本效益的行為來節約資源。行動節能性是依循一個極其簡單的原則：動物攝入的能量必須多於消耗的能量，否則無法生存。

動物界的節能專家橫跨許多物種、目、門，牠們發展出許多驚人的機制，以處理溫度調節及節約能源。一隻動物有哪些特定的工具可用，主要看牠是什麼類型的生物。如果你是在幾十年前求學，你可能學過動物可分成溫血動物與冷血動物。不過，有件事可能會讓你很驚訝：這種一度盛行的分類方法已經過時了。現在的科學家比較喜歡使用拗口的術語：外溫動物（ectotherm）、內溫動物（endotherm）、變溫動物（poikilotherm）、恆溫動物（homeotherm）、異溫動物（heterotherm）。[5]他們主張使用這套新詞的論點是：只分冷血與溫血不僅過於簡化，而且往往令人困惑。

假設有一隻蜥蜴在德州或亞利桑那州的某處晒太陽，傳統上，我們會說蜥蜴屬於爬蟲類，是冷血動物；但當牠在晒太陽時，核心體溫可升至攝氏三十八度的高溫，那根本說不上是「冷」血。於是，出現所謂的「外溫動物」，這是我們給蜥蜴的新分類。外溫動物是指從環境中獲取體溫的動物，但牠們也可以透過溫度調節的行為來優化代謝與表現。一般來說，以前所謂的「冷血」動物，現在稱為外溫動物，例如昆蟲、爬蟲類、兩棲動物、多數的魚類。相對的，以前所謂的「溫血」動物（如哺乳動物與鳥類）可以自己產生熱量，彷彿體內有個火爐，如今科學家稱之為「內溫動物」。ecto-與endo-都源於希臘語，分別是「外部」與「內部」的意思。therm是源自希臘語的thermē，意思是「熱」。

「變溫動物」意指體溫隨著環境而變（poikilotherm源自希臘語poikilos，意思是「可變的」）。「恆溫動物」意指不管天氣如何，都能維持穩定的高體溫（homeotherm源自希臘語homoios，意思是「相似」）。「異溫動物」介於變溫動物與恆溫動物之間，牠們有時體溫穩定，有時放任體溫自由波動。一隻體重逾五百公斤的巨型尼羅河鱷魚，本質上是外溫動物（沒有內部中央供暖系統），但其龐大的身體質量（mass）也使牠變成一種恆溫動物，因為無論外在環境有多熱或多冷，其體溫都很穩定。身體質量越大，熱慣性越大。大鍋水要加熱或冷卻都需要很長的時間，也是同樣的原因。相反的，一些內溫動物的體溫可能在一天內出現很大的變化，有時變化的幅度多達攝氏四十度，例如一種冬眠的北極松鼠，這使得這種哺乳動物成為變溫動物。

如果你講究精確，可能會說人類是內溫型恆溫動物，有時可能有點變溫、異溫，甚至外溫。這樣說精確嗎？也許吧。拗口嗎？那當然。因此，為了方便起見，我主要是使用內溫動物和外溫動物這兩個詞，只有在絕對必要時才使用其他術語。

懶鬼或投資銀行家？

乍看之下，身為外溫動物比內溫動物更不利。外溫動物無法自己溫暖身子，生活要看老天臉色；內溫動物享有較多的自主性與靈活性。氣溫下降時，蛇或青蛙的體溫也跟著下降。一隻小蒼蠅停在陽光下，體溫可能在短短十秒內就上升攝氏十度。這也難怪，約一個世紀前，科學家認為外溫動物不如內溫動物，在演化上比「溫血」的猴子、狗、人類落後。但最近的研究顯示，任一種體溫調節方法在本質上並沒有優劣之分，而是各有利弊。

你可能會認為內溫動物與外溫動物有兩種截然不同的生活方式。想像一個懶鬼在佛羅里達礁島群過著悠閒的生活，偶爾賣T恤給觀光客；然後，再想像一個在紐約繁忙的步調中過著緊湊生活的投資銀行家。在這種情境下，昆蟲與爬蟲類就像懶鬼，牠們的外溫型態是一種較慢、耗能較少的生活方式。哺乳動物與鳥類則像投資銀行家，牠們的內溫型態是快速、高耗能的生活方式。如果你想嚴格控制體溫，就需要為體內的火爐（新陳代謝）

提供燃料，那表示你要多吃。為了多吃，你必須花很多時間追逐下一餐，而不是無所事事，懶散度日。爬蟲類、兩棲動物等外溫動物讓體溫隨著環境波動，因此，相較於同等體型的哺乳動物，牠們生活所需的食物較少。一隻三百克重的囓齒動物每日攝取的昆蟲量，是體型相當的蜥蜴的十七倍。外溫型態也是有些蛇（例如蟒蛇）可以一整年不進食的原因。此外，不要假設內溫跟氣溫與氣候無關。天氣越冷，哺乳動物需要攝取越多的食物，以維持體內的爐火。例如，雌性老鼠在攝氏二十二度時吃的食物量，比攝氏三十度時多了約三八％。

由於懶鬼悠閒度日，外溫動物往往比內溫動物較晚繁衍後代，這讓牠們在成熟之前有更多的時間成長。此外，由於牠們可以利用周遭環境的熱能來提升新陳代謝，而不是完全依賴食物，所以牠們在尋找相容的環境時，比內溫動物更有彈性。那些生活步調緊湊的投資銀行家（內溫動物）為了獲得相同的彈性，需要群體進行「投資」。謹慎的內溫動物總是盡量擴大其「投資組合」，他不再完全依賴自己覓食，而是把他的部分獨立性投入到社交體溫調節上。他也依賴別人的溫暖身體所產生的能量；事實上，他越能持續依賴別人的身體，就過得越好。企鵝哈利就是一個投資銀行家，大幅投資（即依賴）同伴群，跟大家擠在一起。大家散發的熱能，就像他獲得的股利，他靠大家散發的熱能生活，大家也從他散發的熱能受益。在「群體依偎」這場社交群集中，哈利與同伴群拿個體的一些獨立性去「換取」互惠互利的熱能。

儘管內溫動物因能量需求高，導致環境選擇的彈性及個體的獨立性受限，但這種步調緊湊的生活確實有一個很特別的優點。在高溫下，化學反應較快，比較穩定的體溫會使酶的運作更有效率。因此，哺乳動物與鳥類比兩棲動物或爬蟲類更能維持較高的活動量。當環境溫度低時，這種差異最明顯。在特別寒冷的日子裡，你若去拜訪養烏龜的朋友，會看到烏龜的動作變得特別遲緩。然而，在盛夏，同樣的爬行動物也許能夠以驚人的速度奔跑（沒錯！奔跑）。溫暖的肌肉收縮較快，這也可以解釋為什麼在那些適合野餐的溫暖日子裡，蒼蠅特別猖獗。

內溫動物與外溫動物共同的熱能策略

°C

儘管內溫動物可以調節體溫（下一章會深入探討機制），但牠們偏愛的體溫調節方法其實跟外溫動物一樣：改變行為。牠們也會晒太陽，躲洞穴，蜷縮以節能，展翅以散熱。有些動物甚至會抱樹降溫，有的則是像企鵝哈利那樣擠成一團取暖。

小型雄性的多型鬣蜥（*Liolaemus multiformis*）午夜後一直躲在洞裡避寒，每天早上七點左右才爬出洞穴。在所有的蜥蜴中，多型鬣蜥生活的海拔最高，牠們棲息在秘魯安地斯山脈的草原上，海拔高達三四七五公尺。在這種充滿挑戰的環境中，夜間氣溫可能降至冰點以下。每天一開始，多型鬣蜥都必須先熱身，克服寒冷所造成的身體遲鈍。牠環顧四周，發現了一片陽光普照的植被，那片地方完全與冰冷的地面隔絕，於是，牠躺在那裡，沐浴在陽光下。到了九點（距離醒來才兩小時），牠的體溫就升至攝氏三十五度，那使牠能夠迅速捕食與消化。多型鬣蜥已經準備好出門了！如果天氣持續晴朗，牠可以在一整天內維持較高的體溫，幾乎不需要消耗能量。

許多動物利用陽光來調節體溫，這是最輕鬆省力的方式。蜥蜴、青蛙、蝴蝶等外溫動物，以及海豹、企鵝、狐猴等內溫動物都會善用太陽。在洛磯山脈南部的自然棲息地，剛變態的西方蟾蜍爬上植物頂端以吸收陽光熱能。當這些小型的兩棲動物被關在實驗室裡、缺乏陽光時，牠們往往會坐在白熾燈下。無論是晒太陽還是晒日光燈，牠們都會藉此讓體溫升至較為舒適的攝氏二十六．七度，讓自己成長得更快。有趣的是，如果蟾蜍餓著肚子，體溫較低，僅攝氏十五到二十度——這種狀態較容易維持，較為節能。蟾蜍是由一種基本的行動節能形式支配著。食物充足時，蟾蜍會讓體溫升高，以便體內的酶更有效率地運作；食物匱乏之時，牠們會進入節能模式。6

父母可能會罵你懶散，但對一些動物來說，懶散及其他某些姿勢是最輕鬆的體溫調節方式。猴子、狐猴、嚙齒動物、海豹都會蜷縮身子，以減少表面積對體積的比例，從而減少天冷時的熱能消耗。氣溫過高時，策略就不同了。

跳羚是一種中型的非洲羚羊，一些研究人員指出，只要牠們站的方向與日照平行，或以相同的方向躺下來，用自己的身體遮擋陽光，就能大幅減少身體吸收的日照量六二％。所以，萬一你被困在沙漠中，可以考慮採取跳羚的姿勢來提高你活下去的機會。當然，更好的辦法是躲在陽光照不到的地方。對小型的沙漠動物來說，調節體溫特別費勁且困難，所以牠們在炎熱的日子裡通常會躲在洞裡，夜裡才出來活動。

對那些不太喜歡躲在洞裡、但仍需隨時降溫消暑的動物來說，抱樹是一種選擇。澳洲的研究人員在無尾熊身上觀察到一種令人驚訝的行為。氣候炎熱時，牠們會花很多時間在黑荊樹上，但牠們又不吃這種植物，只是抱著樹幹，把毛茸茸的肚子緊貼在樹皮上。科學家計算黑荊樹的溫度時，揭開了這種行為的理由。樹幹的溫度通常比周遭氣溫平均低上攝氏二十三度，[7]所以吸引無尾熊把樹幹當成冷敷工具。

如果清涼的樹幹及陰涼的洞穴還不夠，體溫過高的動物可選擇蒸發冷卻（evaporative cooling），亦即出汗、喘息、舔舐。蒸發一升的水，需要消耗約五百大卡的熱量，無論那些水是來自汗水還是唾液。想要排除體內的多餘熱量，沒有比這個更有效的方法了。貓是舔自己的身子來降溫，老鼠也是。禿鷲基於同樣的原因，在腳上撒尿；尿液蒸發時，會從身體吸走熱量。狗不會像貓那樣舔自己的身子，牠們要是在腿上撒尿，很可能也不是為了調節溫度。狗擅長以另一種蒸發冷卻的技巧降溫：喘氣。喘氣時，牠們的呼吸頻率增加了十倍，使水分透過鼻子、氣管、支氣管、嘴巴、舌頭散發。

如果你試著喘氣，很快就會覺得很難，因為人類無法真正地喘氣；我們會因為換氣過度而昏倒。會喘氣的動物（狗、羊、牛、鳥之類的內溫動物，以及蜥蜴之類的外溫動物）主要是透過上呼吸道來增加換氣量，肺部不會有太多額外的空氣交換。更重要的是，牠們使呼吸系統以其共振頻率振盪，以減輕肌肉壓力。

一般來說，體型較小的動物擅長喘氣，較大的動物擅長出汗。這種概括性說法的可能例外是非常大的狗，例如大丹狗、愛爾蘭獵狼犬，牠們的體型遠比吉娃娃還大，但牠們仍以喘氣的方式降溫。順道一提，狗確實會出汗，只是汗很少，而且幾乎完全是透過鼻子與腳掌釋出。鳥類完全不會出汗，這是好事，因為羽毛濕了會很難飛行。

內溫動物不是唯一會流汗或喘氣的動物。在特別炎熱的夜晚，你躺在床上汗流浹背，蟬在屋外高歌時，注意那些小小的外溫動物可能也在流汗。這種夜晚，連青蛙都會流汗。雖然蟬與青蛙沒有哺乳動物的汗腺，但有些物種確實會從皮膚分泌水狀黏液。

當然，若青蛙要保持涼爽，更有效的方法是裸露身體。即使有些人覺得青蛙若是毛茸茸的應該很可愛，但這種生物在地球上之所以沒有演化，是有原因的。由於外溫動物沒有體溫調節系統（即體內的火爐），青蛙、蜥蜴、蛇必須在身體與環境之間有效地傳遞熱量，而毛皮與羽毛都會減緩這種熱量轉移。對內溫動物來說，毛髮是好事。就像裝了中央供暖系統的房子若有良好的隔熱設計可降低燃料成本一樣，哺乳動物或鳥類會因身體隔熱功能良好而降低取暖成本。

內溫動物用來隔熱的有效工具，不是只有毛皮和羽毛而已，脂肪也是。脂肪不像肌肉或皮膚那樣容易傳遞熱量，駱駝的駝峰之所以那麼好用，就是因為脂肪的隔熱效果。如果這些動物像人類一樣，全身的皮膚下只有一層脂肪，牠們就無法有效降溫。駝峰是一種折衷方案，駱駝把脂肪囤積在那裡以防食物短缺（食物在沙漠中很少見）；駱駝的毛皮也是某種節能上的妥協。雖然常識可能讓我們以為裸露的皮膚對沙漠動物有利，但某些類型的毛皮可以抵禦周遭散發的熱能。這可能也是人類雖然是幾乎無毛的動物，但頭頂上仍長了頭髮的原因：頭髮就像帽子一樣，可保護身體最容易暴露在陽光下的部位。

太陽下山後，我們的毛髮可能會豎起來，以抵禦悄悄襲來的寒意。就像鳥類在氣溫寒冷時會豎起羽毛一樣，人類以外的哺乳動物也會豎起汗毛來保暖（即豎起毛髮或啟動羽毛根部的特殊肌肉，以舉起毛髮或羽毛）。這樣一來，毛皮（pelage，這是動物學的術語，指哺乳動物的髮或毛）或羽毛中滯留的空氣量增加，隔熱性能也會增加。由於人類身上的毛髮很少，我們汗毛直豎的主要表現方式是皮膚上起雞皮疙瘩。

雖然毛皮或羽毛豎起、喘氣、抱樹都是調節體溫的好方法，但內溫動物還有一套額外的工具可以維持舒適的溫度，那是外溫動物所沒有的：牠們可以產生自己的體溫。做到這點的一種方法是顫抖，就像你游完泳、離開寒冷的大海、踏上冷風吹拂的海灘時所產生的反應。身體顫抖時，一些特別抗疲勞的肌肉會不由自主地迅速收縮，從而產生熱量。有些動物的顫抖甚至可以一次持續數週。所有的哺乳動物與鳥類感到寒冷時都會發抖，企鵝與北極狐也不例外。不過，你不需要特地在冷天去觀察鳥類發抖，因為鳥類的身體構造使牠們的顫抖隱於無形，你根本看不出來。

除了顫抖之外，內溫動物還可以啟動新陳代謝來取暖。企鵝哈利一邊忍受著南極風的吹打，一邊等候蛋的孵化時，他是消耗體內的脂肪以維持體溫的穩定。等到季末時，他已經消耗了一大部分的體重，大約減了原體重的四〇％。鳥類（包括企鵝哈利）欠缺棕色脂肪組織（brown adipose tissue，簡稱ＢＡＴ），那是一些哺乳動物身上（如人類和嚙齒動物）特有的組織；需要產生大量的熱能時，這種組織特別好用。本書第四章會詳細介紹棕色脂肪組織。

動物為何要冬眠、蟄伏、擠在一起？

°C

自己產生熱量的代價很高，而且靠顫抖產生熱量也是效率很差的方式。人類通常只有在萬不得已的情況下，才會採用顫抖發熱。當你開始發抖時，核心體溫可能已經受到影響了。為了節約能源，一些內溫動物是採用幾種特殊的對策，其中最重要的是冬眠與蟄伏。一九八七年，研究人員把十二隻北極地松鼠放在阿拉斯加州費班克斯（**Fairbanks**）的戶外鐵絲籠裡，每隻松鼠身上都植入了感應溫度的微型無線電傳輸器，讓科學家可以遠端即時追蹤牠們的生命徵象。那些松鼠挖了地洞，等待冬天的到來。這裡的冬天漫長又冰冷，是阿拉斯加的典型氣候，氣溫可降至攝氏零下三十四度。松鼠進入冬眠狀態，這時真正非比尋常的事情開始發生了。牠們的核心體溫不斷下降，降至冰點以下，最低達到攝氏零下三・三三度。然而，牠們卻如此活到了春天，甦醒過來。

更重要的是，相較於把體溫維持在略高於冰點所消耗的能量，冬眠可能省下十倍以上的能量。[8]

北極地松鼠可能是最戲劇性的冬眠例子，牠們之所以能在冰點下冬眠，是因為血液中有獨特的防凍分子。許多其他的哺乳動物在寒冷環境中存活下來，本質上是透過暫停生命、大幅降低體溫、完全不動，以節省能量。如果一隻動物這樣做的時間很短，比如從傍晚到黎明，那稱為蟄伏。冬眠是一種長期的蟄伏狀態，體溫通常降到略高於氣溫。老鼠會冬眠，蝙蝠、倉鼠、刺蝟也會冬眠。臭鼬與狐猴，甚至一些鳥類（例如蜂鳥、以昆蟲為食的雨燕）則是進入蟄伏狀態。

我們都聽過熊會「冬眠」，但熊其實不是真正的冬眠動物，大型的哺乳動物都不是。熊的體溫只會下降一些，牠的新陳代謝與身體功能也不會減慢太多，所以科學家提到熊時，會避免使用「冬眠」一詞，而是說牠們進入「冬蟄」狀態。如果熊是真正的冬眠動物，隆冬時節走進牠們的洞穴就很安全，但目前看來，最好還是避免這樣做。

冬眠與蟄伏是節約能量的好方法。動物主動進入冬眠，主要是為了節省能量，尤其是在食物稀缺的時候，例如冬天。冬眠期可能持續幾天到幾週，那段期間動物不覓食，因此，進入冬眠以前，牠們會囤積食物，然後盡量拉長低能量的冬眠時間。相反的，動物是在非自願下進入蟄伏狀態，持續時間通常不到二十四小時。因物種與外部環境的不同，動物甚至可能天天進入蟄伏狀態。每日蟄伏會伴隨著持續覓食。蟄伏通常是由溫度波動、食物供應減少所觸發的。一些科學家認為，冬眠與蟄伏並非截然不同的狀態，只是一種連續狀態上的兩個極端。把蟄伏想成「輕量版的冬眠」可能有助於瞭解，尤其這樣想可以阻止你在熊蟄伏時進入牠的洞穴。

把核心體溫維持在極低溫、甚至只是較低溫，都會減緩新陳代謝，那表示消耗重要脂肪存量的速度變慢。當一隻老鼠找不到食物時（例如你把儲物櫃關得很緊），體溫就會驟降，開始冬眠，靜候難關過去。動物的代謝率可能驟降多達七五％，甚至更多，以節省寶貴的能量。客觀來說，冬眠動物靠脂肪存量生存的時間，可比活躍的動物長四十倍。

蟄伏與冬眠不見得是終極的節能策略。有些動物冬眠時是與其他伙伴擠在一起，可以節省更多的能量。以群居動物來說，土撥鼠在這方面肯定是名列前茅。喜馬拉雅土撥鼠長得像毛茸茸的填充玩偶，常聚在一起打鬧，以響亮的口哨聲交流，以鼻子相碰的方式打招呼。冬天時，牠們是擠在一起冬眠。

阿爾卑斯山土撥鼠會同步冬眠，同步甦醒。當有些土撥鼠暫時甦醒、看到其他伙伴還在冬眠時，牠們會繼續跟大家擠在一起，甚至可能幫冬眠伙伴梳理毛髮或用乾草覆蓋牠們。生活在北美的黃腹土撥鼠多虧有同伴一起冬眠，可以節省多達四四％的能量。[9]研究

各物種擠在一起可節省的代謝能量（學名）[10]	%
灰山鶉（*Perdix perdix*）	6-24
堤岸田鼠（*Clethrionomys glareolus*）	8-35
根田鼠（*Microtus oeconomus*）	10-15
麝鼠（*Ondrata zibethicus*）	11-14
斑鼠鳥（*Colius striatus*）	11-31
黑線姬鼠（*Apodemus agrarius*）	12-29
紅喙林戴勝（*Phoeniculus purpureus*）	12-29
黃喉姬鼠（*Apodemus flavicollis*）	13-44
小家鼠（*Mus musculus*）	14-22
皇帝企鵝（*Aptenodytes forsteri*）	16
唐氏田鼠（*Microtus townsendii*）	16
非洲四紋鼠（*Rhabdomys pumilio*）	16
澳洲小跳鼠（*Notomys alexis*）	18
倭狐猴（*Microcebus murinus*）	20-40
叢山雀（*Psaltriparus minimus*）	21
裸鼴鼠（*Heterocephalus glaber*）	22
北白足鼠（*Peromyscus leucopus noveboracensis*）	27-53
巢鼠（*Reithrodontomys megalotis*）	28
綠林戴勝（*Phoeniculus purpureus*）	30
家兔（*Oryctolagus cuniculus*）	32-40
溝鼠（*Rattus norvegicus*）	34
歐洲普通田鼠（*Microtus arvalis*）	36
南兔唇蝠（*Noctilio albiventris*）	38-47
羚羊地松鼠（*Ammospermophilus leucurus*）	40
白背鼠鳥（*Colius colius*）	50

人員現在認為，由於一起冬眠的效益很大，土撥鼠已經發展為社會同步化，以便冬眠時可以擠在一起。

從演化論來看，同步化的理由最初完全是為了照顧後代。由於土撥鼠生活在惡劣的環境中，需要把體型變得肥大才能過冬，然而生長季很短，幼崽剛出生的第一個夏天，通常長得不夠大，所以冬天來臨時仍然很虛弱。與親人一起冬眠，讓牠們即使體內脂肪存量較低，也能活下來。這種擠在一起過冬的習慣，從直系親屬逐漸擴大，變成直系親屬以外的成年動物也一起來過冬。如此一來，對每個個體都有利，於是這種擠在一起的行為在演化上開始普及。

社交體溫調節也可能是嚙齒動物群居在一起的原因。如果你在寵物店裡看過西伯利亞倉鼠，可能會看到牠們可愛地堆在一起。嚙齒動物非常喜歡擠在一起，許多物種（從家鼠、紅背田鼠到飛鼠）都有這種行為。現在有許多研究可佐證，嚙齒動物之所以演化成群居，是因為這能夠幫助牠們節省調節體溫所需的能量。[11]畢竟，在寒冷的棲息地（想想西伯利亞倉鼠），擠在一起的情形比較常見；冬天時，共享洞穴的現象也會增加。

大量的研究顯示，擠在一起可降低動物的代謝速度，例如，研究人員算出，對智利鼠（common degu）來說，擠在一起可使基礎代謝率降低約四〇％。更厲害的是，即使冬天過後，動物不再擠在一起，這種效果仍會持續下去，而基礎代謝率的下降也讓智利鼠吃得較少。同樣的情況也發生在老鼠身上，如果把一隻老鼠單獨關在攝氏二十一．六七度的籠子裡，牠的食量會比跟其他兩隻老鼠關在一起多了二二%。有趣的是，有固定愛戀或婚姻關係的人吃的葡萄糖較少，但這是否與擁抱有關（類似擠在一起的效果），仍有待商榷。誠如前面的表格所示，社交性體溫調節可讓動物節省六%到五三%的能量，節能幅度則視物種與群體大小而定。

社交與生存：猴子互相梳理毛髮的原因

社交關係以及因此衍生的較低能量需求，讓動物在資源匱乏時更容易生存下來。以兩隻野生的巴巴里獼猴湯尼與葛瑞為例，由二〇〇八進入二〇〇九年的冬天，牠們棲息的摩洛哥中阿特拉斯山脈（Middle Atlas Mountains）異常寒冷。那裡的山腳就在撒哈拉沙漠的邊緣，積雪厚達八十九公分，氣溫驟降，道路封閉了數週。在那個特別寒冷的冬天，一群研究人員觀察了四十七隻野生巴巴里獼猴的狀況，湯尼與葛瑞也在其中。他們計算每隻猴子花多少時間覓食，並根據牠們互相梳理毛髮或單純觸碰彼此，來判斷牠們各自維繫了多少段社交關係。到了冬末，已有三十隻獼猴餓死，因為在厚厚的積雪下找不到足夠的食物。然而，研究人員注意到一種非比尋常的模式：有越多社交關係的獼猴，安度冬天的機率越高。每增加一段關係，存活率就增加四八%。唉，特別孤僻的湯尼與葛瑞就喪命了。[12]

雖然這項研究沒有直接計算擠在一起對能量需求與生存的影響，但其他研究證實，擁有許多社交伙伴的猴子，體溫不會像孤僻的猴子降得那麼低。更重要的是，社交多的猴子入夜後更喜歡和白天互動最多的朋友擠在一起。如果這種互動又涉及互相梳理毛髮，那就更好了。

靈長類動物梳理毛髮的動作，常被解釋為清除寄生蟲的方式，也是一種社交行為。即使沒有感染寄生蟲，猴子也會互相梳理毛髮，而且頻率比單純為了潔淨身子還高。新的實驗證據顯示，梳理毛髮不僅是一種社交，更具體地說，是為了社交體溫調節與節能。科學家常研究原產於非洲東南部的長尾猴（Vervet monkey），因為牠們舉手投足跟人類的社交行為很像。威斯康辛大學麥迪遜分校的麥法蘭（Richard McFarland）與同事，在南非東開普省取得七隻成年長尾猴的毛皮（皆是自然死亡）。標本剝製師把這些毛皮鞣製加工後，研究人員以梳子反向梳理製成後的皮毛，以此模擬動物之間的毛皮梳理。他們發現，梳理後的毛皮變得更深，可以增加滯留的空氣量，產生更好的隔熱效果。梳理好的毛皮可能也沒有糾結的毛團，這可以提高毛髮豎起的效率，使毛皮更加保暖。[13]

社交關係較強的靈長類動物（即毛髮梳理得好，擠在一起的伙伴也多），在調節體溫方面消耗的能量較少，牠們的營養需求較低，生存機會較高。英國人類學家鄧巴（Robin

Dunbar）廣泛地研究過梳理毛髮在靈長類動物社會中的作用，他認為梳理毛髮有助於關係的培養，並以此理論而聞名。[14]但是，梳理毛髮的功能甚至比鄧巴所想的還要基本。梳理過毛髮的猴子似乎「知道」牠可以靠其他猴子取暖，而這也鼓勵動物盡量在較大的群體中生活，社交活動因此更蓬勃發展。

內溫？外溫？有時是看周遭伙伴而定

坦白講，裸鼴鼠還真是醜陋。牠們有粉紅色的無毛皮膚，皺折太多，彷彿那張皮太大似的。牠們還有巨大的泛黃爆牙，身體像根肥大的香腸。

然而，不單是長相令牠們顯得……嗯……特別，牠們還是唯一的變溫哺乳動物。氣溫下降時，裸鼴鼠的體溫也會跟著下降；氣溫上升時，裸鼴鼠的體溫也會升高，就像蜥蜴或青蛙一樣。裸鼴鼠不像哺乳動物那樣調節體溫，可能是因為調節體溫的能量成本太高。這種外貌醜陋的嚙齒動物，棲息在非洲東北部廣闊的地下洞穴迷宮中。在土壤中尋找食物，遠比在地表上尋找還要困難。在地下找到食物的能量成本是地上的四千倍，因此，為了減少能量消耗，裸鼴鼠放棄了體內的火爐功能，那是降低供暖成本的好方法。

不過，內情沒那麼單純。單一的裸鼴鼠可能是一種「冷血」的變溫動物，但若把幾隻裸鼴鼠放在一起，牠們會突然變成較典型的哺乳動物。一群擠在一起的裸鼴鼠不再是變溫動物，而是恆溫動物。每個成員的體內溫度都提高了，而且很穩定，就像一般的貓狗一樣。裸鼴鼠擠在一起時，彷彿合體成一隻「溫血」的超級大鼠。[15]

為了解釋這種轉變，我們要看物理學，而不是生物學。被動的熱損失是看表面積除以體積的比率而定，當比率越高，熱損失越大；這是氣溫下降時、小動物比大型哺乳動物（大象或犀牛）更容易受寒的原因。然而，動物擠在一起時，總表面積對體積的比率會顯著下降，群體中的每個個體都會減少暴露在自然環境中的機會。嚙齒動物擠在一起時，暴露在空氣中的表面積減少了二九％到三九％，這對裸鼴鼠來說特別重要，因為無毛皮膚的隔熱效果很差。

擠在一起所形成的超級生物，也創造了自己的小氣候。群體中的每個個體都會向周遭散發熱量，而群體內及附近的整體溫度也會上升。當然，不是群體內的每個位置都一樣好。如果你去過搖滾演唱會的現場，可能會注意到人群最中央比邊緣熱得多；動物擠在一起時，也會發生同樣的情況。牠們彷彿為了避免差別待遇，個體會定期互換位置。

這種社交體溫調節的互惠功能有一個例外，那就是土撥鼠。阿爾卑斯山土撥鼠會投入「全方位養育」活動，亦即照護非親生的子女（可以是孫子或侄女）。群體規模更大，可增加父母與孩子的生存機會。不過，土撥鼠進行社交體溫調節時，會區分成年土撥鼠的

「主從身分」：從屬的土撥鼠待在群體的外面，因此早死機率較高。[16]誰會料到土撥鼠竟然是那麼排外的混蛋呢？

在一項實驗中，研究人員在幼鼠的背上做了標記，並使用縮時攝影來觀察這些幼年囓齒動物如何在擠成一團的群體中移動。研究人員將這種移動稱為「幼崽流動」。天冷時，整體流動方向會往下，那些懶洋洋的小軀體在群體中形成「對流」；在溫暖的巢中，幼崽的整體流向會往上。更重要的是，這群幼鼠看起來也像一個超級生物，牠們會根據環境溫度的變化來調整其集體形狀：溫度上升時擴大，溫度下降時收縮。[17]

外溫調節：會偷熱量的動物

哺乳動物與鳥類不是唯一參與社交體溫調節的動物，昆蟲等外溫動物也會。有些種類的螞蟻（例如新熱帶行軍蟻，這種巨蟻的身體可長達一．二七公分）會為了幼蟻而擠在一起，這稱為蟻「營」（畢竟這些螞蟻是行軍蟻）。蟻營的核心有一個穩定舒適的溫度，非常適合幼蟻和蟻蛹。外面變冷時，蟻營會改變形狀，變得更圓，以減少表面積對體積的比率，保存更多的熱量。

蜜蜂與擠在一起的行軍蟻不同，蜜蜂是靠顫抖來暖化蜂巢，所有的工蜂是以完全同步的方式來收縮飛行肌肉，如此產生的效果非常驚人。即使氣溫低於冰點，一群蜜蜂也可以讓孵化巢的溫度維持在攝氏三十二．七七到三十五．五五度的穩定範圍內。日本蜜蜂從社交體溫調節中獲得更多非比尋常的好處，牠們的蜂巢不時會遭到日本大黃蜂的攻擊。日本大黃蜂是一種非常可怕的日本巨型黃蜂，以世上最大的黃蜂著稱，長度常超過四．五七公分。遭到日本大黃蜂螫傷，可能需要去醫院治療。日本蜜蜂是利用體溫來對抗這麼危險的掠食者；工蜂會聚在蜂巢的周圍，顫抖身體以提高體溫。當溫度達到攝氏四十六度時，那對日本大黃蜂來說是致命的，但對蜜蜂來說不是。

蛇可能不會以熱度作為武器，但有些蛇會以熱度做一些不太道德的運用（至少對一些正派人士而言是不太道德的）——牠們會竊取熱量。例如，加拿大的雄性束帶蛇會釋放類雌性費洛蒙以偽裝成雌性，好讓其他雄性試圖跟牠交配。一條狡猾的公蛇藉由這種虛假的名義，可吸引多達一百條公蛇爬到自己身上，免費為牠取暖。新喀里多尼亞（New Caledonia）的兩棲海蛇也會偷熱量，科學家稱之為「盜熱」（kleptothermy）。牠們可能會潛入大型熱帶海鳥的洞穴，利用海鳥以體熱暖化的空間。蜥蜴、蛇，甚至短吻鱷也會採用類似的方式，偷用白蟻丘的熱量，原產於亞馬遜地區的錐吻古鱷（Schneider's dwarf caiman，身長一．二九公尺，其實不算短小）會把卵放在白蟻丘的旁邊或上面保暖。

社交體溫調節作為能量交易

對任何動物來說，保持最適體溫都是一件重要的大事。太熱或太冷都可能帶來可怕的後果，就像童話故事《金髮女孩和三隻熊》所說的，金髮女孩最中意的粥是溫度「剛剛好」。

外溫動物與內溫動物都有許多工具可幫自己調整體溫，諸如晒太陽、喘氣、出汗、躲在洞穴裡等等。哺乳動物與鳥類也可以利用體內加熱系統，讓核心體溫維持在最有利的範圍內。不過，內溫工具的缺點在於能量成本高，而且有些方式的成本又特別高（比如顫抖）。因此，基於行動節能原則，動物總是在尋找最省力的溫度調節方式，以及降低成本的機會。

於是，出現了社交體溫調節。動物演化出多種調節體溫的社交行為，例如竊取熱量、相互梳理或擠在一起取暖。誠如本章所示，這種有趣的例子在動物界比比皆是。如果你身邊有親人或朋友，他們會讓你持續感到溫暖，幫你降低生活的能量成本；你可能因此需要較少的水與食物，或許也會因此長得比較快。身邊有伙伴作為熱能來源，可能是攸關生死的事，所以，知道周遭的人有多可靠就很重要。

像企鵝哈利那樣的內溫動物，就如同生活步調緊湊的投資銀行家，為了維持周遭環境的穩定與可預測性，而積極與伙伴培養關係。整個群體的凝聚力越強，他存活下去的機率越高。

不過，社交體溫調節也有不對稱性。任何形式的社交體溫調節幾乎都是為了暖化身體，而不是為了降溫。短吻鱷是從白蟻丘竊取熱能，而不是涼爽感；企鵝哈利和伙伴擠在一起是為了取暖，裸鼴鼠也是如此。只有在少數情況下，動物依靠其他動物來降溫，例如駱駝可能會成群躺下，以幫彼此遮蔭，並減少個體暴露在陽光下的表面積，但這些情況是例外，而不是常態。

有一個很好的理由，可以解釋為什麼社交體溫調節主要是為了取暖。高溫可能迅速致命，因為流向大腦的血液會減少，組織會受損。團體中有成員的體溫過高時，其他成員很難迅速幫忙降溫救命。不過，寒冷是另一回事，寒冷與炎熱不同，不會迅速致命。氣溫下降時，生物至少有一些時間做準備，尋求伙伴的幫助。

動物降溫及取暖方式的差異，也反映在人體上。從大腦下視丘（協調人體恆溫系統的結構）的組織方式，到皮膚中溫度感應器的分布，我們先天就把別人視為潛在的溫暖來源，無論是身體上的溫暖、還是心理上的溫暖，這也是第四章要探討的主題。

第 四 章

人也是企鵝

體內恆溫器的運作原理

誰不喜歡企鵝呢？牠們讓我們想起了自己。除了卓別林（Charlie Chaplin）以外，沒有任何生物比皇帝企鵝更擅長搞笑地模仿人類的樣子。誠如第三章所示，企鵝與人類有很多共通點，包括上一章未提到的一些不當行為，例如強姦、戀童癖、戀屍癖、自殺。英國的南極探險家兼博物學家萊維克（George Murray Levick）是一九一〇至一九一三年英國南極考察隊的成員。一九一一年至一九一二年的南半球夏天，他在維多利亞地（Victoria Land）最東北的阿達雷角（Cape Adare）觀察世界上最大的阿德利企鵝群（Adélie penguin）。隨後他出版了《南極企鵝》（*Antarctic Penguins*）一書，他本來針對阿德利企鵝的性行為寫了四頁筆記，但因有人認為那些內容難登大雅之堂而未出版，塵封了一個世紀之久。萊維克自己也覺得那些筆記驚世駭俗，所以最初是以古希臘文撰寫，以免無知者看了大驚小怪。

直到二〇一二年，劍橋大學的科學期刊《極地記錄》（*Polar Record*）才發表了那些觀察筆記，內容是以抽象的字眼，廣泛地評論「年輕單身的雄性與雌性企鵝看似異常的行為，包括戀屍癖、性脅迫，以及對年幼企鵝的性虐待與身體虐待」。[1]萊維克沒注意到自殺行為，但其他人注意到了。例如，德國導演荷索（Werner Herzog）在二〇〇七年拍攝的南極洲紀錄片《冰旅紀事》（*Encounters at the End of the World*）中，有一段顯示一隻企鵝離開其他企鵝，在南極內陸自尋死路。[2]

導演賈蓋（Luc Jacquet）的《企鵝寶貝》（*March of the Penguins*）是由摩根．費里曼（Morgan Freeman）擔任旁白，二〇〇五年上映時，在世界各地叫好又叫座。該紀錄片追蹤企鵝群在攝氏零下五十六．七度的低溫下，跋涉一百一十二公里，前往繁殖地，擠在一起，保護牠們的蛋。二〇〇五年九月十三日《紐約時報》報導，許多保守的基督教團體稱讚該電影是在頌揚生命的美好與神聖，是智慧設計論❶（相對於演化論）的證據，也頌揚一夫一妻制。[3]然而，如果他們仔細閱讀二〇一二年公開的萊維克的觀察結果，或只要上網搜尋「萊維克企鵝」（Levick penguins），可能就會有不同的感覺。在網路上，各個宗教派別的人都會覺得企鵝根本是「墮落」、「混蛋」，沒錯，還有「犯賤」。

讀到這裡，你大可哈哈大笑，但要記得再深入探索。萊維克與荷索記錄的行為之所以

❶ 譯注：美國社會中，長時間存在著「達爾文演化論」與「智慧設計論」的激烈爭論。智慧設計論是對神的存在的宗教性邏輯論證，其支持者對自然界抱著虔誠的宗教情感，認為世界（尤其是生物體的構造）是如此複雜、美妙、和諧，不可能是隨機自然形成的，一定是智慧型設計者有目的地創造出來的。

令人不安，一言以蔽之，是因為那些都是「反社會」行為。更重要的是，企鵝界是一個社交活絡的圈子（就像人類社會一樣），竟然會出現那種反社會行為的證據。萊維克的企鵝性行為筆記，讓我們看到類似英王愛德華七世時代的道德偽善；但荷索拍下一隻企鵝孤伶伶地邁向死亡的畫面，確實令人動容。畢竟，自殺是對社交行為的終極放棄，企鵝的自毀方式是直接拋棄社會，拋棄伙伴的陪伴（第三章提過，周遭的伙伴是供暖保命的泉源）。企鵝擠在一起是一種社交行為，一種社交體溫調節的行為，是行動節能的戲劇性展現——這裡是指利用企鵝「社會」來確保牠們有足夠的能源以維繫生命。看著一隻動物離開這一切，尤其是一隻讓我們想起自己的動物，令人深感不安、悲傷，甚至覺得這根本是悲劇。

不同物種的顫抖兄弟

這不單是因為企鵝與人類有滑稽的相似之處，也因為企鵝與人類在調節體溫方面有共同的基本機制與策略——調節體溫對於優化我們的生物表現，以及最終對我們的生存來說，都非常重要。我們就像南極的鳥類一樣，氣溫變低就會顫抖，皮膚下的血管就會收縮。我們以白色脂肪和棕色脂肪來儲存能量。此外，我們也跟擠在一起的企鵝一樣，在演化過程中依賴別人來取暖。在科技出現以前的人類社會，這種對他人的依賴，與企鵝的行為非常相似，因為我們也會利用各種方式擠在一起。如今，中央供暖系統讓我們不需再擠在一起取暖；但你可能不是只靠自己從頭開始打造家中的中央供暖系統，而且萬一中央供暖系統故障了，你很可能會打電話給暖通空調（HVAC）專家求助。企鵝與人類之所以會展現社交行為，都是為了調節體溫。

顫抖是一種生熱機制，博物學家描述顫抖是一種「兼性」（facultative）的生熱機制，意思是指，這不是動物用來產生熱量的唯一機制。不過，話又說回來，顫抖是脊椎動物唯一普遍存在的「內溫」兼性生熱機制，也就是說，牠們能夠且依賴內部產生熱量，不像外溫動物是依賴外部來源以調節體溫。由於骨骼肌占身體質量的一大部分，且占了高範圍的代謝率，而肌肉的主動收縮需要很多的能量，因此會產生許多熱能。寒冷會導致不隨意肌（involuntary muscle）收縮，我們稱之為顫抖。由於肌肉組織有較大的代謝範圍（metabolic scope），其能量消耗以及從靜止到活動狀態所產生的熱能，比多數的其他組織還多。芬蘭動物生理學家侯托拉（Esa Hohtola）因此推斷，演化「選擇」了顫抖，作為內溫脊椎動物、鳥類、哺乳動物的主要生熱機制。[4]

然而，一些變溫物種確實也會顫抖。有些物種的體溫調節是介於內溫（所謂的溫血）與外溫（所謂的冷血）之間，因此稱為變溫動物。像蟒蛇（孵蛋時）、蛾、蜜蜂（暖化身體以便飛行）、鮪魚等變溫動物，都使用類似顫抖的肌肉生熱機制來取暖或避免熱能損失，這讓牠們達到部分的內溫性。

從演化論的角度來看，有譜系學的證據顯示，哺乳動物與鳥類是從爬蟲類祖先演化而來的。對於那些爬蟲類祖先，體溫調節術語又有另一種說法：巨溫性（gigantothermy）。巨溫性是指超大型外溫動物的體溫調節，龐大體型使牠們比小型的外溫動物更容易維持較高的體溫。體型大的動物，身體接近表面（因此接近周遭外部溫度）的比例較少，所以，牠們比小型外溫動物更能隔絕外界的溫度波動。基於這個現象，許多演化學家認為，獸腳類恐龍（theropod dinosaur，現代鳥類的外溫祖先）是變溫動物，龐大體型使牠們產生強大的內溫性。不過，有一點很重要，鳥類與哺乳動物是從不同的爬蟲類祖先演化而來的，而且沒有證據顯示鳥類與哺乳動物有共同的外溫、變溫或內溫祖先。這表示這兩類動物群是各自獨立演化出「顫抖生熱機制」，[5]這點很重要，因為鳥類與哺乳動物（如企鵝與人類）的顫抖方式有著明顯區別。

無論是鳥類、還是哺乳動物，顫抖一開始都很微小，是從啟用小運動單位開始。在鳥類身上，這會逐漸啟動更大的單位，進而達到顫抖的顛峰。在哺乳動物身上，最初啟用的小單位會產生所謂的「體溫調節肌張力」（thermoregulatory muscle tone），接著產生運動單位的集體放電（grouped discharge）。對外部觀察者來說，幾乎無法看見鳥類的顫抖，因為所有的運動都是內在的。相反的，外部觀察者可以清楚看到哺乳動物（包括人）顫抖，這種「真正的顫抖」是運動單位集體放電、造成較高收縮強度的結果。從天擇的角度來看這種差異，我們可以推論：鳥類的顫抖機制是針對飛行物種所做的適切調整。

真正的顫抖會導致飛行動盪，甚至可能與「可控飛行」完全不相容。此外，鳥類可能因顫抖強度低而受惠，因為對流造成的體熱損失較少（對流是指體液中分子運動增加所產生的熱傳遞）。事實上，小型鳥比小型哺乳動物更能抵抗寒冷。不過，哺乳動物也不必太擔心劇烈顫抖的影響，因為牠們不會飛，其顫抖雖然顯而易見，但不至於影響牠們在地面上的運動或平衡。顫抖確實會對冷天的肌肉功能產生負面影響，因此可能使人更難鏟雪或有效率地做其他工作，但人類會適應，改用遠端肌肉（離身體中心較遠，在四肢的較遠端）來工作，用近端肌肉（比較靠近身體中心，即「中線」）來顫抖，以盡量減少這些問題。鳥類與哺乳動物在顫抖的運動控制上，還有另一個差異：兩者的顫抖強度都是由呼吸週期來調節；但哺乳動物是在吸氣時容易顫抖，鳥類則是在呼氣時容易顫抖。

儘管顫抖可以幫助企鵝與人類產生熱能，但就能量使用來說，這是一種成本高昂的體溫調節方式。我們用的能量越多，需要的燃料（食物）越多；需要的食物越多，就必須更積極地覓食，那當然又需要更多的能量。這是一個反應迴圈，在這個迴圈中，我們必須馬上因應環境。然而，時時刻刻跟隨外界條件調適自己，會非常累人。想像一下，你每分每秒都必須注意環境並跟著改變行為，那根本不可能。因此，顫抖可說是身體達到反應型體溫恆定的最後手段。話說回來，實驗證據顯示，開始顫抖所需的溫度閾值比其他已知的體溫調節機制低，但從能量的角度來看，其效率只有一〇%到二〇%左右，所以，顫抖雖然有效，但成本高昂。即使你不是生理學家或實驗心理學家，也能得出這樣的結論：顫抖的感覺不太舒服，沒有人會覺得顫抖是很「正常」的常態——也就是說，那不是一種持久的狀態，而且其實很累人。

當你在很冷的地方開始發抖時，會有強烈的衝動想要尋找外部的溫暖來源。事實上，冷到發抖就是告訴你，你獨自做的體溫調節還不夠。在沒有火、也沒有快速生火的方法，或者沒有額外的衣服或毯子的時候，你會尋求社交體溫調節。就像企鵝一樣，那可能會促使你找人擠在一起，或是促使你待在室內。

棕色脂肪組織：「嬰兒肥」的原因

體溫調節的需求變動很大，這促使生物對威脅生命的溫度變化採取各種防禦措施。我們已經學到，多數體溫調節機制（包括顫抖）是反應型的，需要許多能量；有些機制的成本則較低。人類與企鵝還有兩種調節體溫的方式：血管收縮、使用棕色脂肪組織。

在所謂的熱中性區（thermoneutral zone，簡稱TNZ）內，人類與其他內溫動物不必增加生熱，就能維持正常體溫（無論是透過顫抖之類的活動，還是透過外部熱源）。熱中性區的概念是由代謝研究的先驅德國生理學家魯布納（Max Rubner）於一九〇二年提出的。一九三七年，哈迪（James D. Hardy）與杜布瓦（Eugene F. DuBois）在論文〈人體熱量損失的調節〉（Regulation of Heat Loss from the Human Body）中，把這個概念應用在人類身上。[6]哈迪與杜布瓦把熱中性區的下限，定義為「人體在不增加生熱下、可維持體溫的最大變化率（T_{skin}-T_{air}）」。在裸體的參與者身上，哈迪和杜布瓦看到在熱中性區的下限，體溫的最大變化率是攝氏四．七度，那相對於氣溫是攝氏二十八．五度。溫度低於這個下限時，皮膚血管的收縮就不足以維持體溫了。[7]

血液在靠近人體表面的皮膚血管中循環時，是一種熱交換的介質，就像製冷劑在冰箱或空調的線圈裡循環一樣。氣溫下降時，體表的血管收縮，限制了皮膚表面附近的血液循環，從而減少體熱流失到空氣中。當溫度低於熱中性區的下限時，光靠血管收縮，不足以減少熱量流失以維持體溫。你赤身裸體時，除非是生活在非常溫暖的氣候，否則你維持體溫的能力很有限。在多數的地理位置，你需要外界幫助，首先通常是靠衣物取暖，它可使身體周遭的小氣候保持在比較舒適的範圍內。氣溫越低，需要的衣服越多，但是，當然，在非常寒冷的情況下，為了在一段時間內維持體溫，你能穿上的衣服數量畢竟還是有限。

人類確實還有其他資源可用來維持體溫，我們演化成內溫型恆溫動物，既有必要、也有能力把體溫維持在較高的水準。這讓我們能夠迅速適應五花八門的環境，而這是動物界罕見的天賦。我們在這方面做得比其他動物更好，這表示我們的活動力可以比其他哺乳動物高出許多。

不過，這種特殊天賦是有代價的，會消耗大量的能量，而大量的能量需要大量的燃料。對我們來說，生熱需要燃燒碳水化合物或脂肪酸。此外，為了維持適應極端環境的能力，睡眠是不可或缺的。美國作家摩爾（Clement Clarke Moore）於一八二三年發表膾炙人口的〈聖尼古拉來訪〉（A Visit from St. Nicholas）時，他這樣描寫耶誕節前夕：「媽媽戴著頭巾，我戴著帽子，剛躺下來，準備好好睡個長覺。」他如此描寫那天上床睡覺的情況，不僅是在展現詩意而已，而是在描述人類生理的一個事實：溫度降低會讓我們睡得更多。我們冬天的午睡時間往往比夏天長；較低的季節溫度使人產生更大的能量需求，我們藉由睡眠減少新陳代謝來節約能量。

人類演化出與許多哺乳動物截然不同的型態及生理特徵，我們的高活動力讓我們既需要取得食物（碳水化合物與脂肪等燃料的來源），也使我們能夠取得食物。睡眠會隨著溫度降低而增加，有助於節約代謝能量。還有另一種演化適應是棕色脂肪儲量，那可以增加我們的非顫抖性生熱能力（nonshivering thermogenesis，簡稱NST）。

幾乎所有的哺乳動物都有棕色脂肪組織，尤其冬眠的哺乳動物（包括嚙齒動物）特別多。以前大家一直以為人類只有嬰兒才有棕色脂肪儲存區；新生兒體內確實有大量棕色脂肪，畢竟誰沒聽過「嬰兒肥」？二〇〇三年，科哈德（Christian Cohade）等人利用正子斷層造影（PET），在成人身上發現了棕色脂肪儲量。[8]此後，大家普遍認為不僅成人體內有棕色脂肪，而且棕色脂肪也有調節體溫的功能——藉由非顫抖性生熱能力來產生熱能

（但確切會產生多少熱能，依舊不明朗）。這個功用很可能是在人類失去皮毛後出現的，這種適應可幫助我們在赤道大草原睡覺時（人類演化的地點），因應寒冷的冬夜。

在代謝節能方面，沒有免費的午餐，一切皆有代價。事實上，啟動棕色脂肪會消耗許多能量，通常是脂酸（lipid acid）的形式。一般認為，棕色脂肪組織貢獻了人類總能量消耗的一五%。但是，話又說回來，由於棕色脂肪含量隨體重而異，[9]我認為那也是導致我們在代謝及社會行為上有個體差異的重要因素。[10]

稍後我們會更詳細地探討棕色脂肪組織的生熱功能，現在只要知道，研究文獻已詳細提到，在嚙齒動物身上，棕色脂肪生熱是寒冷所誘發的體溫調節機制。也就是說，棕色脂肪作為生熱組織，在寒冷狀態下就會啟動，不僅老鼠如此，人類也是如此。重要的是，棕色脂肪組織不是人類脂肪器官的唯一組成部分，人類的脂肪器官主要是由白色脂肪組織（white adipose tissue，簡稱WAT）組成的。白色脂肪是用來儲存能量，占男人體重的二○%，女人體重的二五%，在皮下時有隔熱效果。然而，與棕色脂肪不同的是，白色脂肪不會拿來生熱。此外，白色脂肪含有的微血管比棕色脂肪少，棕色脂肪組織之中分布較多的微血管，可以把產生的熱能散布到全身。

溫度的鬱悶科學

維多利亞時代的史學家兼評論家卡萊爾（Thomas Carlyle）常抱怨消化不良，所以許多讀者覺得他那眾所皆知的悲觀憂鬱性格，可能是長年腹痛所造成的。但是，當他稱經濟學是「鬱悶科學」（dismal science）時，那並不單純是腸胃問題所造成的；他那樣說，是因為所有經濟理論的核心都假設了「稀缺性」。所有經濟學家都假設，有限（「稀缺」）資源與理論上無限的人類需求之間是有落差的。因此，實務上，經濟學是設法以某種方式，有效率且有效能地管理這種令人鬱悶的落差。

生物（企鵝、人類、各種生命）都必須設法管理能量經濟中的類似落差。能量的來源有限，但理論上能量的需求是無限的。外溫動物依賴外部熱源，所以不需要自己在體內產生熱量，但能量經濟學的鬱悶科學主張，外溫動物必須犧牲更大範圍的活動與環境靈活性。內溫動物主要是靠內部生熱機制來維持體溫，這種能力讓牠們能夠享有更廣泛的活動範圍，更有潛力適應更多元的環境。至於內溫動物的代價是什麼呢？必須花費大量的時間與精力去尋找燃料（食物）的來源，以供應體內代謝的火爐。此外，如果內溫動物的內部系統不把體溫維持在某個狹窄範圍內，身體機能、健康、甚至生存都可能受到威脅。

所有的生物都必須想辦法達到行動經濟性。那些充分解決行動經濟性問題的生物，就有足夠的數量存活下來以繁衍後代，達到演化的物競天擇；那些無法解決行動經濟性問題的生物就滅絕了。博物學家已經注意到，在許多動物的物種中，解決行動經濟性問題需要結合內部與外部的資源。例如，企鵝是內溫動物，但牠們是同時透過內部代謝生熱與外部能源（尤其是擠在一起）來維持體溫。也就是說，牠們採用社交體溫調節。儘管牠們有內部生熱機制及體溫調節系統，但牠們的社交體溫調節能力不像人類那麼發達（其實任何動物在這方面都比不上人類）。人類的生物演化選擇了複雜的內部系統，這些系統既能夠從事許多活動，也需要從事許多活動，才能獲得必要的代謝燃料來源。那些活動既促進了社會演化，也需要社會演化。因此，我們可以把行動經濟性視為推動社交體溫調節的因素，社交體溫調節又驅動著多元的人類社交行為。這些在文化演進中，以及在我們所謂的社會與文明中，都扮演關鍵角色。

行動經濟性的概念有一個矛盾現象：許多經濟學教授會使用「經濟人」（Homo

economicus）的概念作為一種虛構的人類標籤，他們假設人類始終是理性又追求自利的，永遠從個人角度去計算成本與效益。事實上，「經濟人」作為一種教學概念是有瑕疵的，它不僅無法充分解釋經濟學中發生的許多事情，也反映了我們對於人類如何分析行動經濟性的成本與效益有根本上的誤解。人類大腦已經有所演化，如今成本效益分析不是從個人的角度出發，而是從社會的角度來看。我們的決定是基於我們預期其他人會支持我們，我的好友兼同事科恩（Jim Coan）稱之為「社會基線」（social baseline）。[11]企鵝是根據社會資本以預測氣候，即牠預期有多少伙伴可以跟牠擠在一起；人類同樣也是從社會的角度來調節體溫。

古樂朋（Nicholas A. Christakis）與富勒（James H. Fowler）在描述文化與文明的精彩著作《大連接》（*Connected*）中，自創智人（*Homo sapiens*）的變體，以更精確地反映當代人類的演化狀態。他們覺得人類不是「經濟人」，而是「網絡人」（Homo dictyous，即 network man 或 networking human）。[12]根據科恩的社會基線理論，人類的能量投資組合中包括社交資本投資，以期從其他人身上獲得紅利。這就是社交體溫調節，它有賴人類高度發展的認知能力。

許多生物先天就有溫度偵測器官，那些器官是追蹤與反應系統的一部分，讓牠們能對溫度變化做出適切的反應。人類與其他動物一樣，也有感知溫度及因應溫度的能力。不過，人類發展額外能力的程度，可能是獨一無二的；我們不僅可以偵測及因應溫度變化，還可以在環境溫度變化可能影響核心體溫之前，老早就預測出環境溫度的變化。因此，人類可以主動、甚至提前預測可能的變化（這方面我們比其他動物更強，雖然許多動物也以遷徙的方式來提前因應季節）。這種預測力會影響人類的社交體溫調節，從而影響社會與文化的性質。人類因為會預測氣溫變化，而懂得製作衣服、建造住房與社區，以及開發技術。事實上，多虧了高度發展的人類預測能力，溫度的偵測因此涉及到人體之外的預測系統。文化讓我們可以開發及運用科技來偵測溫度，以及提前很多天預測變化。

同樣的技術讓我們透過加熱與冷卻系統，以及大衣、短褲、襪子等溫度調節衣物，來控制環境溫度。雖然亞熱帶與極圈之間的所有區域都稱為溫帶，但較精確的名稱應該是類似「極其多變區」這樣的稱法，因為在這片巨大的區域中，氣候、氣象和溫度的變化極大。生活在所謂「溫帶」的人，變得很擅長預測氣象及挑選對應的衣物。科學家對我們這種行之有年、憑直覺行事的非科學方式並不滿意，他們知道一件衣服的隔熱性質取決於其乾阻性、濕阻性、風與運動的壓縮性等因素。因此，他們針對衣服的熱性質（thermal property）彙編了詳盡的資料庫，開發出「克羅」（clo，成衣抗熱單位）這種衡量單位，以數學來表達隔熱值：

$$1\ \text{clo} = 0.155\ \text{K} \cdot \text{m}^2 \cdot \text{W}^{-1} \approx 0.88\ \text{R}$$（其中 R 是指 $\text{ft}^2 \cdot {}^\circ\text{F} \cdot \text{hr/Btu}$）

在現實生活中，如果你穿著休閒短褲與短袖襯衫，隔熱效果是〇・三六克羅（略高於三分之一克羅）。穿上長袖衛生衣與衛生褲，再套一件隔熱長外套，隔熱效果可達一・三七克羅。穿上一克羅的衣服，可讓保持舒適所需的環境溫度降低攝氏九・七度。

每個人早上出門前都必須這樣計算一番嗎？不必。體現認知，結合日常經驗，再加上氣象預報的輔助，讓我們有能力透過「適切」的穿著來預測及掌控個人狀況。

科技讓人類預先把心理功能外包給環境。為周遭溫度變化預做準備的能力是來自認知機制，那與更緊急的近端體溫調節機制是全然不同的，稍後我們會介紹那些近端機制（那涉及下視丘負責協調的分散式恆溫系統，下視丘位於前腦深處）。預測認知機制則是位於大腦中較高功能的區域（位置也較高）——前額葉皮質（prefrontal cortex）及其下的扣帶皮質（cingulate cortex），[13]這些皮質結構負責警覺、工作記憶、執行控制等機制。這些大腦區域的認知流程，藉由提前預測溫度，為身體省去了後續的體溫調節工作。事實上，我們把後續的流程外包給科技，以便更有效率地安排及進行溫度調節的能量消耗。有了偵測溫度的科技方法，就不需要依賴更近距離的偵測方式（例如皮膚的溫度感覺）。當身體感應器告訴我們溫度變得不舒服，甚至熱到或冷到危及生命時，這時再採取措施去做必要的改變，代價可能會太高。預測與規劃讓我們在面對溫度變化時，避免採取生物能量過於昂貴的因應方式。

如果你是古希臘寓言作家伊索（Aesop）或其十七世紀的法語譯者德拉封丹（Jean De La Fontaine）的粉絲，你應該聽過〈螞蟻與蚱蜢〉的寓言故事。螞蟻是一個謹慎又勤奮的苦幹者，他「預測」冬天將至，所以勤奮地儲存食物。相反地，蚱蜢整個夏天都在唱歌，冬天來時確實過得很拮据。蚱蜢驚覺自己快餓死時，向螞蟻乞討食物，螞蟻冷冷地回他，他可以跳舞過冬。

如果你比較喜歡現代故事，想想兩個美國投資大師。巴菲特（Warren Buffett）憑著勤奮努力與謹慎的投資，成為世界第四大富豪。在個人行為與生活方式方面，他對緊湊的生活步調毫無興趣，在內布拉斯加州的奧馬哈（Omaha）過著非常低調的生活。CNBC報導，他早餐的花費從未超過三．一七美元（約台幣九十三元），一直住在一九五八年花三萬一千五百美元買的房子裡，開著一輛二〇一四年的凱迪拉克XTS轎車（要價四萬五千美元的好車，但絕對不是豪華的賓利（Bentley）。巴菲特的生活是放眼未來，而不是沉溺於當下的享樂。惡名昭彰的「華爾街之狼」貝爾福（Jordan Belfort）和他完全相反，李奧納多．狄卡皮歐（Leonardo DiCaprio）在二〇一三年史柯西斯（Martin Scorsese）執導的電影中飾演的就是貝爾福。一九九〇年代，貝爾福透過自己的奧克蒙經紀公司（Stratton Oakmont）迅速累積了驚人的財富，並用那些財富過著縱慾狂歡的華爾街豪奢生活，後來破產並入獄，因為那種生活方式與投資風格都無法持久。

巴菲特努力工作，即使高齡八十九歲仍持續工作，但他不必為了過豪奢的生活而花費大量的精力，也不必拚命躲避法律制裁（那正是貝爾福的命運）。人類身為有預測力的動物，非常積極地為未來所需的溫度調節能量預做準備。那是很辛苦的工作，但是，相較於那些無法預測氣候（無論是實際氣候或社交氣候）、只能消極地因應溫度變化的生物，這是人類的優勢。無力預測的動物們，可能得在短期內滿足很高的能量需求，牠們顫抖、血管收縮、利用棕色脂肪能量儲備來因應。當這些對策都起不了效果時，牠們可能會冬眠或進入蟄伏狀態；有些動物有能力擠在一起取暖。如果這些對策都不足以把體溫調節維持在一個可行的範圍內，牠們就會死亡。

不過，在這種類比失焦之前，我們先暫停一下。巴菲特那種有條有理的投資風格極其成功，但他也明白，萬一投資市場突然出現劇烈變化，必要時，他依然得隨機應變，不能因為其預測背後的仔細分析與審慎規劃而毫無反應。有時他必須把握千載難逢的機會，有時他必須迅速拋售失敗的投資。同樣地，我們也要提醒自己，預測溫度變化的能力以及對此採取行動的能力雖然重要，但人類仍需要近端偵測溫度的能力，以促成被動式體溫調節。人體內建溫度敏感神經元，能夠偵測介於「有害與危險」（大於攝氏五十二度）到「無害」（約攝氏二十二度到四十度）的溫度範圍。

雖然「正常」的核心體溫因人而異，但人體口腔溫度的一般正常值是攝氏三十七度。不過，正常的人體核心體溫在一天二十四小時（或稱「晝夜節律」）的過程中，會經歷攝氏〇．五到一度的規律波動。事實上，核心溫度主要是看一天之中的時刻而定，而不是看活動而定；通常在睡眠時最低，清醒放鬆狀態下略高，隨著活動的進行又會略微升高。值得注意的是，口腔溫度也受到社會因素的影響。我們稍後會看到，社交網絡的多元性，以及你對社交聯繫或社交失聯的感覺——想想「網絡人」——對於口腔溫度都有顯著的影響。

生理學家與實驗心理學家常把人體想成一個包著核心的外殼，核心溫度通常維持在攝氏三十七度左右，外殼溫度則看環境狀況（如環境溫度）及血管舒縮張力（血管收縮程度相對於其最大的擴張狀態）而定。人體外殼的溫度敏感神經元，分成冷覺受器與熱覺受器；冷覺受器對攝氏負五度到四十三度之間的溫度有反應，熱覺受器只對攝氏三十度以上的溫度有反應。注意，冷覺受器的數量約是熱覺受器的十倍。追蹤周邊溫度（即外殼溫度）通常是偵測寒冷的溫度，而不是溫暖的溫度，換言之，我們偵測冷熱的方式有明顯的不對稱。

由於皮膚（外殼）的冷覺受器遠多於熱覺受器，所以皮膚主要是用來偵測周遭溫度的下降。在大腦（內部核心）中，熱覺受器的數量比冷覺受器多，因此大腦的構造是用來偵測內在核心溫度的上升，而不是下降。核心溫度上升比溫度下降更有立即的危險性，偵測到溫度上升就需要迅速反應，立刻調低溫度，就像從強烈的熱源（比如熱爐）反射性地退縮。反之，面對核心溫度下降，我們需要調高溫度，但核心溫度下降的危險性較低，不必那麼急著行動。

單一內部恆溫器？

控制體溫調節的大腦機制是什麼？這些機制如何執行立即反應、緊急反應、被動反應，以及更長期的預測性行動？為了回答這些問題，我們先從一八七八年開始談起，那年法國生理學先驅貝爾納（Claude Bernard）過世，他的最後一部作品《動植物常見的生命現象》（*Leçons sur les phénomènes de la vie communs aux animaux et aux végétaux*）出版了。[14]他在書中寫道：生物「內部環境（milieu intérieur，所謂「內環境」）的穩定，是自由獨立生活的條件。」他接著解釋，「活體」需要周遭的環境，但「牠不受環境的支配」。牠之所以能達到這種狀態，是因為牠的組織「不受直接的外部影響，並受到真正的內部環境所保護，內部環境是由體內循環的液體構成的」。外部環境的變化「時時時刻都獲得內部環境的補償與平衡」，因此「較高等的動物不是對外部世界漠不關心，而是跟外界維持更密切又明智的關係」，透過「持續又微妙的補償」來創造一種平衡。一九三二年，美國生理學家坎農（Walter Bradford Cannon）為這種內外平衡取了一個如今廣為人知的名稱：恆定（homeostasis，又譯「體內平衡」）。[15]

坎農認為，生物所做的許多事情，都是為了維持體內平衡。在體溫調節方面，坎農主要是關注哺乳動物的反射機制，並討論生熱與散熱的主動物理方式（如顫抖、血管舒縮變化），以及生熱的化學方式（比如增加甲狀腺與腎上腺的分泌）。貝爾納與坎農的說法在智識上充滿了說服力，因此多年來，恆定一直是心理學「驅力減降理論」（drive reduction）的預設假設，而且常隨意地拿來解釋遠比坎農研究的東西還要複雜的行為。

一九四〇年，美國神經生理學家蘭森（Stephen Ranson）為了找出及探究維持恆定的大腦結構，開創了使用3D外科手術療程的方法，把電子探針插入大腦，以精確地製造電解損傷（以電擊破壞神經組織）。蘭森把這項技術套用在貓與猴子的大腦上，他發現，在前下視丘的視前區（preoptic area，簡稱POA）製造破壞性損傷，會導致動物在高溫狀態下無法阻止體溫上升。不過，這些動物仍能在寒冷中維持接近正常的體溫。當蘭森在後下視丘製造損傷時，他發現貓與猴子在冷熱狀態下都無法調節體溫。

蘭森從這些結果推論，前下視丘掌控體溫的調降，但由於它也向後下視丘發送神經訊號，所以當後下視丘遭到破壞時，就喪失了調降與調升的能力（即調節體溫的能力）。

換句話說，蘭森推論，他所謂的大腦「散熱中心」是位在前下視丘的ＰＯＡ；他所謂的「生熱中心」是位在後下視丘。換言之，在單一結構中，有一個區域負責調降體溫，另一區域負責調升體溫——這個說法清楚顯示下視丘是人體的恆溫器。就體溫調節來說，它是追蹤及維持恆定的主要大腦結構。[16]

蘭森的研究結果很重要，但遺憾的是，蘭森精心收集的全部資料，並未佐證這種把下視丘的體溫調節功能明確分成前後兩半的說法，因為當他在貓腦的前下視丘製造對稱性損傷時，貓再也無法在寒冷中充分維持體溫。這個結果顯然與前下視丘是大腦「散熱中心」的理論有所矛盾，如果前下視丘真的是「散熱中心」，即使貓的ＰＯＡ遭到破壞，但下視丘的其他地方完好無損，牠應該還是可以在寒冷中維持體溫才對。

人類可能像企鵝，但科學家也是人，有時甚至太人性化了。蘭森身為西北大學的神經學教授及神經學研究所的所長，是備受敬重的研究人員，所以沒有人立即質疑他的資料與結論之間的矛盾。蘭森以貓和猴子做實驗兩年後，突然死於冠狀動脈血栓，享年六十二歲。幾年後，才有研究證實，ＰＯＡ損傷會導致手術實驗對象（不只貓如此，山羊和老鼠也是如此）在寒冷中無法充分調高體溫。

已故的德拉瓦大學的生理心理學家薩蒂諾夫（Evelyn Satinoff）指出，無論是蘭森的研究，還是後來那些對老鼠、貓、山羊所做的研究，都沒有試圖回答「POA是否真的是中央恆溫器」的問題。它是不是只察覺溫度，並把資訊傳給可能位於神經系統其他地方的控制器呢？蘭森和其他研究只表示，維持正常體溫一定要有完好的POA。不過，二十世紀有幾項研究顯示，下視丘的POA功能確實很像恆溫器。其中最有參考價值的，是一九六四年薩蒂諾夫在老鼠身上做的實驗：她先訓練那些老鼠學會按下一根杆子，以打開加熱燈。當老鼠的前下視丘變冷時，牠們會更常按壓杆子。[17]約莫同一時間，另一位研究人員卡賴爾（Harry J. Carlisle）加熱下視丘的同一區域，得到相反的效果：老鼠對寒冷的反應（藉由按下杆子取暖）受到抑制。[18]薩蒂諾夫與卡賴爾的研究結果都清晰地顯示，改變POA的溫度可能影響被激發的非反射行為（motivated nonreflexive behavior）。這增加了前下視丘是恆溫器的實驗證據。

朝向社交體溫調節的體現認知 °C

單一恆溫器的概念很簡單，截至一九六〇年代末期累積的實驗資料似乎相當令人信服。此外，還有充分的證據顯示，無論下視丘是否為人體的恆溫器（或稱船上的領航員），這個結構對於充分的體溫調節而言都是必要的。最重要的是，「下視丘是一個相對簡單的恆溫器」的理論，完全符合大家普遍接受的概念——恆定是體溫調節及其他調節流程的終極目標。此外，把下視丘想像成機械性的負回饋控制，並不需要把任何複雜的認知歸因於體溫調節流程。就像機電恆溫器一樣，下視丘的「設計」是用來偵測參考設定與回饋訊號之間的「誤差」，並採取相應行動。如同家用空調恆溫器偵測到溫度偏離設定的溫度時，會啟動暖氣或冷氣一樣，下視丘會根據需要來啟動或關閉反射與行為，以調高或調低體溫。

把下視丘視為一個簡單的恆溫器，等於把我們帶回笛卡兒身心二元論的宇宙。也許船上的領航員（控制船隻，但不是船的一部分）不是整個大腦，而是大腦的這個部分，亦即下視丘。由於客廳牆上的恆溫器控制著地下室暖爐的運作，但不是客廳的一部分，所以下視丘被視為掌控一個生物的東西，它先天就長在那個生物上，但它不是那個生物的一部分。

不過，證據再次出現，證明「機械式的船上領航者」這種說法不夠充分。一九七〇年，薩蒂諾夫與魯斯坦（Joel Rutstein）對老鼠做了一項實驗，他們訓練那些老鼠在氣溫下降時用加熱燈取暖。研究人員對一些受過訓練的老鼠的POA做了手術損傷。他們讓這些動物與對照組（受過訓練但沒動手術）都暴露在寒冷中，暴露一小時後，體溫下降了攝氏六．五度，對照組與損傷組的老鼠仍能按下啟動加熱燈的棒子，在兩小時內把體溫維持在跟正常溫度相差攝氏〇．七五度的範圍內。薩蒂諾夫與魯斯坦因此推論，即使POA損傷導致老鼠無法立即做出反應，但只要POA外面有足夠的溫度敏感細胞與神經元，老鼠就會採取行動以緩解寒冷所造成的不適，並維持接近正常的體溫。那些受過訓練的老鼠所展現的行為，是對受損的反射系統的失能所做的認知補償。[19]薩蒂諾夫與其他研究者在一九六八年至一九七一年間做了更多實驗，進一步證明，即使POA受損，行為性的體溫調節依然存在。結論很清楚：行為性與自主性／反射性的體溫調節反應各有不同的神經網路。

行為性的反應與完全的反射性反應不同，行為性的反應並不支持笛卡兒的船上領航員理論，那是一種認知反應。一九七〇年代的研究顯示，POA的後面、後下視丘，以及其他結構中，都有許多溫度敏感神經元，包括中腦網狀結構（midbrain reticular formation）及其下面的延腦（medulla oblongata）。有了這個發現，再加上POA受損的老鼠仍有行為性的體溫調節，我們不得不質問：體溫調節是否不只由單一恆溫器掌控？

但是，恆定呢？大家普遍認為體溫應該恆常維持在「正常」體溫的攝氏一、兩度內，因此，一個簡單的「誤差修正」恆溫器，很符合這樣的想法。事實上，多數哺乳動物確實把體溫維持在這樣的耐受範圍內。不過，也確實有一些比較低等的哺乳動物，包括樹懶、刺猬、負鼠、大金鼴，無法把體溫維持在那麼窄的範圍內。此外，即使是高等的哺乳動物，在季節性冬眠、食物匱乏、懷孕、承受情緒壓力等情況下，體溫的變化也會比一、兩度還大。當你更深入挖掘恆定與體溫的問題時，你會發現，連動物是調節哪種「可變溫度」來維持恆定，大家都沒有共識。目前大家不約而同都假設，目標是深層體溫或大腦溫度。然而，早期致力於研究體溫調節的生理學家卡巴納奇（Michel Cabanac）認為，小型動物的調節體溫變數是皮膚溫度，大型動物（包括人類）的調節體溫變數則是深層體溫。[20]

誠如薩蒂諾夫所言，恆定概念並沒有被推翻的危險，那是生命存續的必要條件；但與恆定有關的負回饋控制並不是一個簡單、狹隘、幾乎可用機電式恆溫器來類比的二元系統。機電式恆溫器只認得兩種溫度狀態：正確的溫度（恆溫設置）及偏離正確溫度的狀態。薩蒂諾夫認為，恆定體溫調節其實可以很靈活，可受外部溫度的局部變化、甚至微小變化的影響。對陰囊加熱，即使周遭環境溫度沒變，深層體溫也會下降攝氏兩度以上。

以上一切並未推翻恆定的概念，只是讓它變得更有彈性。更重要的是，它告訴我們，目前累積的實驗資料，無法證明體溫調節完全是由下視丘這個單一又簡單的恆溫器負責。那種單一的概念也不符合我們即將深入探討的演化考量。

體溫調節：巴菲特的方式

考慮到研究資料與薩蒂諾夫等人的研究，我們可以合理地推論，哺乳動物（包括人類）體內有更多的恆溫器，並非只有調節體溫反應。我們之所以能得出這個結論，是因為哺乳動物調高與調低體溫的方式，比單一機電式恆溫器還要多。

神經系統不只包含進出大腦的神經，這不是什麼新鮮的概念。一八七〇年代，英國神經學家傑克森（John Hughlings Jackson）提出一個頗有爭議的主張：以演化層級來說明神經系統的結構。[21]他認為，較高階的神經中心是由沿著神經軸（中樞神經系統的軸）分布的較低階神經中心演化而來的。他指出，這些中心各自有獨立運作的能力，但通常是一起協調運作、階層統合的。薩蒂諾夫為這種階層統合（hierarchical integration）的論點找到了佐證，她指出，ＰＯＡ遭手術破壞的老鼠，在一般室溫的環境中會出現異常高的代謝率，因此體溫也異常地高。然而，在寒冷環境中，ＰＯＡ受損的老鼠出現異常少的顫抖及低於正常的代謝率。同時，牠們在寒冷中的血管收縮也是正常的。這些明顯的異常促使薩蒂諾夫推論，所有個別的統合器（integrator，即傑克森所謂的「神經中心」）都是獨立的；然而，在大腦正常無損的動物體內，它們是階層化掌控的。

薩蒂諾夫引用大量的研究以佐證傑克森的理論：中樞神經系統是以階層結構來掌控體溫調節。在一項研究中，她以手術從脊柱的中間（第六節胸椎）切斷貓的脊髓。儘管手術切割阻止了任何神經訊號傳導到大腦，但這個切口底下的降溫依然會導致顫抖及後肢血管收縮。摘除貓的大腦後，也消除了牠們全身降溫時、前腿發抖的能力，但仍會因脊髓的降溫而顫抖。如果對同一動物的大腦下部動手術，前腿會恢復顫抖及血管收縮。這個結果顯示，中腦和橋腦上部（upper pons）有一個區域會抑制大腦下部的一些活動。如果以手術切開大腦上半部與下半部分的連結，以消除上半部的影響，這些區域本身就會產生體溫調節反應。這個現象再次顯示「神經中心」（或統合器）的存在，它們可以獨立運作，不受高階大腦中心的影響。在正常情況下，當連結完整並按該有的方式運行時，低階的神經中心並非獨立的，而是由大腦較高階的中心負責協調。這些手術產生的效果，呼應傑克森的理論：身體「恆溫器」的組件是沿著中樞神經系統的軸（即神經軸）以階層結構分布。這些結果與「下視丘是恆溫器」的理論並不一致。[22]

當調節體溫的恆溫器，是由一套分布在神經軸上的階層化控制中心所組成，就可以解釋基本的反射是如何整合到多元的行動模式中。在整個階層結構中，階層越高，行動複雜度越高。一八八二年，傑克森這麼說：「神經中心越高階，其代表的運動越多、越不同、越複雜、越特殊。」但是，話又說回來，我們仍在研究反射——即反應機制。加入預測元素時，我們得到的社交氣象報告是體現認知的真正產物。換言之，是巴菲特式的體溫調節，或者說，表現得像「網絡人」。階層頂端的協調機制，會確保適切的反射與更複雜的行為被啟動，也會確保不適當的反應受到抑制。

在下視丘的協調之下，體溫調節的輸入是認知預測所使用的資料。對傑克森來說，神經階層不僅是架構，更是演化的產物。除了下視丘這個神經統合器以外，還有更高階的認知，那些認知都整合到階層中，它們就相當於領航員（如果領航員真的是船的一部分）。當有助於認知流程的元素是沿著神經軸分布、而不是集中在單一結構時，演化階層就代表體現認知的提升。當體溫調節的驅動因素、促成基於社交資本的預測性行為時（例如企鵝找其他企鵝取暖，或人類找親友取暖），體現認知為適應行為的計畫提供了依據。企鵝與人類為了獲得能量，都變成了社交資本的投資者。如此獲得的能量，讓他們能夠覓食，作為內溫生熱的燃料，或是更直接地用來確保周遭有一起取暖的伙伴。在人類身上，體溫調節的必要性，驅動了更多抽象的社交思維與情感模式，讓人渴望找到「溫暖」的人相伴，以及想辦法避免自己遭到排擠與冷落。

演化的十字路口：當人類學會生火

人類像企鵝一樣，是內溫型的恆溫動物，既有能力可自行產生熱量，也必須這樣做；同時又能把體溫維持在一個很窄的範圍內，而且也必須這樣做。我們與企鵝及其他動物有許多共同的特徵，沿著演化樹往下爬，就會發現更多共同的樹枝，而且枝幹越來越粗，最終抵達一根共同的樹幹。當然，我們與企鵝之間還是有差異，人與其他動物之間的許多區別往往一目瞭然。不過，誠如前面所述，有些差異比較微妙，但這些微妙差異所透露的演化非常重要。企鵝與人類都很努力解決同一個問題：維持讓自己活下去的體溫。

人類位於演化的頂峰，可能有種高高在上的心態，覺得：「你們企鵝擠在一起的樣子好可愛，但你們難道沒聽過壁爐或暖氣機嗎？」如果企鵝不像人類那麼聰明，那以前我們稱為「冷血動物」的外溫生物又該怎麼辦？牠們在演化階梯上的位置那麼低，甚至無法自己產生熱量！

我們先放下這種高高在上的姿態吧。第三章提過，內溫動物可能是大自然中強勢的投資銀行家，總是忙著累積內在的能量，不過，外溫動物看似大自然中的懶鬼是有道理的，周遭有多少能量，牠們就取用多少能量。沒錯，懶散的生活方式限制了牠們演化及個體選擇的範圍，但這種生活方式需要的能量少很多。從擬人化的角度來看，活動多比活動少更好。然而，我們雖然對人類這個物種比較偏心，但也必須承認，如此活躍的能量成本過於高昂。內溫動物的活動大多是為了覓食（尋找燃料）。如果我們可以暫時擺脫擬人化的偏見，就會明白內溫與外溫是解決同一節能問題的兩種方法，各有其成本與效益。

行動的節能有時需要一些看似極端的措施——同樣是從擬人化的角度來看。一些哺乳動物是專性冬眠者（obligate hibernator），無論周遭溫度及食物供給，牠們每年都必須進入冬眠。有些哺乳動物是兼性冬眠者（facultative hibernator），只有在寒冷或食物匱乏的狀態下才進入冬眠。嚴格來說，外溫動物不冬眠，但是遇到寒冷狀況或供氧減少抑制代謝時，許多外溫動物確實會進入休眠狀態。在你批評這些低演化的生物需要犧牲意識與活動以節約行動能量之前，先想想人類有三分之一的人生必須拿來睡覺，而且每天都是如此。

我們這種高階內溫型恆溫動物的活動度高，一定需要睡眠，或採取其他降低意識與代謝活動的形式。內溫型恆溫動物的溫度調節系統也必須很複雜，前面提過，我們的溫度調節系統，遠比溫度敏感神經元與單一恆溫器（下視丘）之間的回饋迴路複雜多了。那種傳統模式比較適合笛卡兒的身心二元論。現代生理心理學的發展方向是：認知分布在身體與社交世界中，所以身、心和其他人是完全融合在一起的。

我們現在知道，體溫調節的恆溫機制可能是整合在下視丘，但不是只由下視丘掌控。那個體溫調節機制是沿著神經軸分布，位於神經結構的階層頂端。分布在整個身體外層的溫度敏感神經元，與那些更靠近身體核心的神經元不同，它們執行不同但協調的功能。在自主和認知層級上，人體中攸關體溫調節的神經系統是廣泛體現的。此外，如果我們認為其他人是我們心理的一部分——身為「網絡人」，我們必須這樣想——這些神經系統不僅完全體現（embodied）在一個人的身體裡，也完全根植（grounded）在其他人身上。

誠如人類體溫調節所示，根植認知（grounded cognition）與笛卡兒的船上領航員模型相去甚遠。第一章提到，企鵝擠在一起是一種由體溫調節所驅動的社交行為，牠們擠在一起是一種大規模的行動，而不是臨時採取的緊急行動。那需要每隻企鵝都參與社交，讓自己的周遭都是其他企鵝；每隻企鵝都能根據自己目前的社交資本（其他企鵝的存在）來預測自己未來的體溫。實際上，企鵝創造了一種氣象預報和一種社交氣象預報，並根據氣象預報及社交氣象預報來預測自身體溫。我們尚不知道，早期的企鵝為了長期的體溫調節，如何發展出這種預測能力。我們只知道，演化選擇了「準確預測伙伴的存在與行為」這個特徵；我們甚至能藉由直接觀察哪些企鵝集體求生，就可以得出這個結論。預測能力不佳的企鵝比較不可能擠在一起、活到成年、繁衍後代；牠們的基因會從企鵝的基因庫中消失。

人類的認知能力遠遠超過最聰明的企鵝，我們發展出更複雜的氣象預報形式，能夠影響社交行為。這種行為包括擠在一起取暖，也包括「把生熱方式外包出去」這種更有文化的方法：從「發現」火及生火，到尋找並打造住所，最終開發出越來越複雜的技術，為住所提供可靠的熱能。物競天擇透過演化過程，讓那些最擅長適應環境的生物生存下來及繁衍後代。

人類就像其他動物一樣，會對環境做出反應，而且會持續不斷地即時反應，但我們也擅長皇帝企鵝最基本的行為：我們會預測社交氣象。我們不是直接對環境做出反應（那樣做的代價太高、也可能有危險），而是預測未來並做規劃。我們有創造氣象報告和社交氣象報告的認知能力，那使我們能夠主動因應任何溫度。生物演化提供了認知平台，讓我們能夠預測與規劃；而文化演化延伸及擴大了預測的範圍與準確性，並增加了外包的技術選擇——例如，把熱中性區環境以外的體溫調節、這種緊迫但長期的需求外包出去。人類這種適應大範圍生存環境溫度的獨特能力顯示，我們的社交互動不是像研究人員雷可夫與詹森所說的那種認知譬喻的概念化表現，而是分布在整個生物中的思維產物。我們不見得要拋棄笛卡兒的領航員概念，只需要把他和他的船想成是一體的。

第五章

鼠媽火辣辣

溫度與依附

許多人認為一九八三年的一項研究是「經典」，其標題說明了一切：〈自主神經系統活動會區分情緒〉（Autonomous Nervous System Activity Distinguishes among Emotions）。[1]

研究人員艾克曼（Paul Ekman）、萊文森（Robert W. Levenson）、弗里森（Wallace V. Friesen）請來十二名專業演員，以兩種方法喚起情緒。第一種方法是做表情，他們指示那些演員啟動臉部肌肉，做出一系列有情緒的表情，並維持十秒，包括憤怒、恐懼、悲傷與其他情緒。第二種方法是請那些演員回想過去的經驗（重溫記憶三十秒），每種記憶都涉及某種情緒。為了重溫憤怒的情緒，演員可能會回想起某次遭到侮辱的經驗；為了重溫悲傷的情緒，演員可能會回想起心愛的人過世，諸如此類。研究人員把每位演員的表情動作都錄了下來，也同時記錄生理數據，包括外周溫度（四肢溫度，例如手指）、心率、前臂張力、膚電傳導（又稱為「膚電反應」，皮膚接觸到生理刺激時，瞬間變成更好的導電體）。

艾克曼與同仁發現，重溫憤怒、恐懼、悲傷等情緒時的心率，比重溫快樂、驚訝、厭惡時的心率增加得還多。憤怒時，手指溫度的變化（左手指增加攝氏〇・一度、右手指增加攝氏〇・〇八度）大於快樂時的變化（左手指減少攝氏〇・〇七度、右手指減少攝氏〇・〇三度）。他們也發現，直接擺出臉部表情時，可以根據心率與指溫的不同，來區分三種負面情緒：憤怒、恐懼、悲傷。參與者被要求做出憤怒的表情時，外周溫度會增加攝氏〇・一五度。參與者做出恐懼表情時，溫度約下降攝氏〇・〇一度。悲傷表情則是增加攝氏〇・〇一度。

艾克曼等人根據資料得出結論：此研究率先證明了生理變化有助於區分四種負面情緒（也有助於區分正面與負面情緒）。最近也有一些類似艾克曼這份經典之作的研究報告，例如以下這個二〇一三年的研究：約阿努（Stephanos Ioannou）等人找小孩來玩一個玩具，並告訴那些孩子，那是實驗者「最愛」的玩具。他們沒告訴那些小孩，那個玩具是刻意設計成玩不久就會故障的。當小孩把玩具玩壞時，實驗者衡量孩子的外周溫度，發現溫度明顯下降。實驗者在問題發生後安撫小孩，小孩的外周溫度就回升了，可見痛苦獲得了抒解，甚至有過度補償的效果。[2]

這些都是關於社交體溫調節的有趣發現，因為由直接臉部表情或回憶而引發的特定情緒，與特定的外周溫度變化（一種自主神經系統反應）有關。整體來說，這些發現強化了體現認知的一些基本假設。事實上，許多情緒理論家可能會從這些發現中，看見支持詹姆斯的觀點：身體變化會導致情緒體驗（我們逃離，不是因為我們感到害怕；而是反過來，我們感到害怕，是因為我們逃離）。然而，就像許多身心研究一樣，光是追蹤某些可衡量的自主神經變化（比如溫度與心率），並沒有辦法充分解釋社交體溫調節所涉及的因素與輸入的多樣性，就像測量視網膜中感光體受到閃光刺激所產生的電活動，也很難充分解釋視覺一樣。視覺遠比一、兩個測量方法所能告訴我們的，還要複雜得多。情緒理論所涉及的現實，也比艾克曼等人的測量與分析更加多元且複雜。幾乎可以肯定的是，外周溫度的升降不只與情緒有關，而情緒也不是這種變化的唯一結果。畢竟，我們的認知是「根植」於社交世界，因此，溫度變化勢必會深受情緒所處的情境影響。

認知根植於世界的方式，是提供關於世界的資訊，尤其是我們所處的這個非常社交化的世界。情緒提供我們訊號，那表示外周溫度的變化也是訊號，可以幫助我們預測周遭人們的行為，預測誰可能幫助、阻礙、甚至威脅我們的福祉。但是，再說一次，外周溫度並不是單純與個別情緒相連。事實上，我與同事整理歸納了一些「溫度與情緒的關係」的相關研究，其中並未發現令人信服的證據顯示兩者之間有因果關係——至少目前是這樣。最有可能造成這種現象的原因，在於心理學家低估了溫度與情緒之間的關係有多複雜。純科學的研究給人很大的成就感，但報酬遠不如把科學應用來創造商品。

如今，消費者醫療診斷市場的獲利很高，許多賣給消費者的裝置可能也很實用，但我不希望看到創投業者出資支持某家宣稱可根據手指溫度來偵測、辨識、區分情緒，或甚至宣稱可根據外周溫度來測謊的新創公司。我不是要刻意挖苦企業資本主義，而是要承認，我們這些心理學家比較擅長做研究，而不是為大家提供實用的建議，或為大家的困擾提供簡單的解方（至少目前是這樣）。

相互依附：攸關生死的基本需求

艾克曼的研究依賴十二名專業演員與四名科學家，在這項研究中，研究人員請演員收縮特定的肌肉。這樣做的用意是，透過這種身體操縱，即可在心智中啟動一種情緒，且不需涉及用語或情境；但那種情境通常對我們理解情緒而言很重要。你發現伴侶對你不忠所產生的憤怒，可能跟超商店員少找你零錢所產生的憤怒是截然不同的。換句話說，社交情境很重要。不過，艾克曼等人的主張雖然沒有充分的證據，並不表示其研究結果沒有價值；事實正好相反。光靠生理變化，無法區分情緒的複雜性，但是，衡量那些變化依然提供了寶貴的資訊。艾克曼等人的研究，啟發了我和我後來在社交體溫調節方面的研究，且容我說明如下。

這裡需要指出一個重點：情緒是幫助我們判斷人際關係的工具，讓我們瞭解及預測行為。情緒有強大的社交力，可以引導我們的「依附」。根據我們目前的心理瞭解，可以把依附詮釋為我們對社交世界的期望。在目前這個瞭解架構中，情緒的表達（比如透過臉部表情）是一種社交行為，它是與社交世界交流。「情緒及其表達應該與外周溫度變化有關」的概念與「社交體溫調節」是一致的，艾克曼等人的研究至少佐證了這點。不過，情緒、情緒的身體表達、該表達的社交影響、社交體溫調節之間的關係，比那些研究所說明的還要複雜。由此可見，我們需要一個更全面的人類社交體溫調節理論。如果不瞭解功能與情境的社交層面，就無法充分定義功能與情境。稍後我們會看到，我們還必須從社交網絡來瞭解社交層面。

不過，我們不想要像艾克曼等人那樣妄下結論。在深入探索社交體溫調節和社交網絡的不同面向之前，我們需要先深入瞭解依附的歷史與當前的意義。我們先從老鼠世界中的一個有趣現象開始看起。老鼠媽媽會產生較高的體溫，以維持幼鼠的溫暖與舒適，[3]儘管那溫度高到足以對媽媽的健康構成威脅，但幼鼠需要那樣的暖度。媽媽不在身邊時，幼鼠會出現憂鬱或絕望的跡象。然而，要讓幼鼠重新振作起來，也不見得非得讓牠們回到母親身邊不可。只要幼鼠獲得人工供暖，其展現的行為多少會有所改善，即使母親依然不在身邊。[4]

鼠媽與幼鼠的行為說明了兩件事。首先，對人類觀察者來說，鼠媽的體溫調節行為看似出於利他心理。無論是自願、還是非自願，她都會把體溫提高到危及自身的程度，好讓寶寶維持溫暖。至少在功能上，這是一種明顯的社交行為，一種社交體溫調節。鼠媽消耗許多代謝能量以產生危險的高溫，這其實是在後代身上做一種對個人有風險的「投資」。不過，為了避免我們陷入自作多情的擬人化，這裡必須注意第二件事：幼鼠的行為。牠們對熱能的需要，比對母親的需要（靠母親生熱的需要）還多。幼鼠離開溫暖的母親時雖然難過，但只要幫牠們打開溫暖的燈泡，就能讓牠們振作起來，即使只是稍微振作。

我們來探索一下依附理論吧。該理論的主要假設是，在任何照顧者的關照下，許多物種的幼子（包括人類的嬰兒）會產生「依附」；也就是說，他們會產生社交力，有能力建立關係，並從照顧者（通常是母親）開始建立關係。照顧者的反應越多、越快，越能滿足無助嬰兒的需求，這會使嬰兒對環境的依附更穩固。嬰兒期的需求，主要是為了生存所需：食物、躲避掠食者的攻擊與其他傷害、溫暖。鼠媽冒著生命危險照顧幼鼠，特別是在供暖方面。因此，體溫調節是影響幼鼠依附的重要因素。某種意義上來說，那甚至比依附本身還要重要，因為人工供暖就能有效滿足幼鼠對熱能的需求。

雖然依附在生命早期及整個生命過程中對情感都有深遠的影響，但它是源自於攸關生死的基本需求，是為了天擇中的演化目的。我們的依附方式，透露了我們在生命初期所獲得的溫暖來源有多可靠。幼鼠依附盡職的鼠媽時，更有可能存活下來，成熟並繁殖。此外，囓齒動物的社交性通常很高，也就是說，牠們通常是群居。體溫調節不僅在囓齒動物的生命早期很重要，在整個生命週期中，保暖似乎也是囓齒動物「社會」的主要驅動力之一。這點在冷天來襲時，特別明顯。一種有關智利八齒鼠（*Octodon degus*）的研究顯示，在實驗中，一隻老鼠與三到五隻伙伴關在一起時，每一隻消耗的能量會少四〇％，但外周溫度比較高。做一隻孤獨的八齒鼠，需要花太多的能量來取暖。[5]我們可以推斷，對八齒鼠來說，形成「社群」的驅動力（可以把這種驅動力稱為依附）是源自於嬰兒期對鼠媽的依附，鼠媽從幼鼠出生後就提供幼鼠生存所需的溫暖。

幼鼠、人類嬰兒、其他動物的幼子之所以會產生依附，與追求身體的溫暖有關，這種取暖的需求，對以後的依附行為有深遠的影響。一九五〇年代，心理學家哈洛（Harry Harlow）對幼猴做了如今依然知名的演示實驗（而且從動物權的角度來看，仍有道德爭議）。他把一群幼猴從母猴身邊帶走，其中一組幼猴放在一個由鐵絲網編成的簡單母猴模型上，另一組幼猴放在套著溫熱毛巾布的鐵絲網母猴模型上。雖然這兩組由人造母猴「養大」的猴子在成熟後都有社交缺陷，但接觸鐵絲網那組的社交熱情度，比接觸毛巾布那組還低。[6]

在人、猴子、老鼠身上，社交「熱情」不只是一種類比身體溫暖的修辭手法。在這些動物身上，「嬰兒期靠近身體溫暖的母親所得到的體溫調節」與「日後驅動依附行為的社交體溫調節」之間，有發育與生理上的關聯。

我們不擠在一起了，而是更愛社交 °C

前面提到，人類像許多動物一樣，努力達到並維持某個恆溫狀態，這稱為「熱中性」（thermoneutrality），其定義是核心體溫和外周體溫的差距。一八四七年，德國生物學家伯格曼（Carl Bergmann）描述了族群與物種的一種獨特分布型態，他發現，對一個分布在廣泛區域的演化分支來說（即從共同祖先演化而來的生物群），大型動物是生活在較冷的環境中，較小型動物是生活在較暖的環境中。

換句話說，體型大的動物通常比體型小的動物離赤道更遠，同一分類的最大動物離赤道最遠，最小的動物離赤道最近。這種型態自一八四七年提出以來一直是如此，如今稱為伯格曼法則（Bergmann's rule）。[7]

在技術尚未成熟的社會中，以及技術落後或無法獲得技術的情況下，擠在一起取暖是一種有效的保暖方式。然而，現代人擠在一起大多只發生在特定的情況下，例如與戀人親暱地依偎在一起，或與運動隊友摩肩接踵。複雜社交融合（complex social integration，簡稱CSI）是關係研究中經常被衡量的一個變數，意指創造多元的社交網絡。在人際關係與健康的相關文獻中，複雜社交融合是預測我們是否長壽的最佳指標之一（至少在西方、受過教育、工業化、富有、民主的樣本中是如此）。

當然，複雜社交融合是人類獨有的變數。老鼠、黑猩猩、企鵝不會在教堂團體中擔任志工，不會加入運動團隊，也不會定期透過Skype與住在另一個洲的朋友聊天。然而，在體溫調節上，人類在許多方面與其他物種相似。首先，解決體溫調節問題對許多物種（包括人類）來說，都是迫切性僅次於呼吸的重要大事。跟其他物種一樣，我們當下的存活首先需要氧氣，其次是把體溫維持在一個狹窄的變動區間內。我們也需要水與食物，但水與食物雖是必需品，迫切性卻比較低；缺乏水與食物，我們還可以撐一段時間，而且必要時，我們隨時都能儲備及限量配給水與食物。

伯格曼也針對其觀察結果提出說明，他認為，大型動物的體表面積相對於身體體積的比率低於小型動物，所以大型動物每單位質量（per unit mass）散失的體熱較少。因此，在寒冷氣候下，大型動物會維持較高的核心體溫。然而，在溫暖氣候下，生物需要讓代謝產生的熱能更快消散，而體型較小的動物因體表相對於體積的比率較高，散熱效率就比大型動物更好。

伯格曼法則說明了一種最基本、但也最重要的體溫調節適應方式：體型。人類就像其他大型哺乳動物，所以這個體溫調節法則當然也適用於人類。住在離赤道最遠、離兩極最近的人種，例如阿留申人（Aleut）、因努特人（Inuit）、薩米人（Sami）❷，通常比住在赤道附近的人重。不過，人類與非人類的物種都不是只依賴單一演化適應方式（體型）來因應體溫調節問題。

我們在企鵝身上看到，擠在一起是靠身體取暖的有效策略，而且越多隻擠在一起越好，因此，社交網絡的規模是企鵝透過社交體溫調節生存下來的關鍵。研究人員發現，長尾猴也有同樣的情況。麥法蘭與同事發現，如果長尾猴有更大的社交網絡，氣溫下降時，牠們的核心體溫會比較高。[8]同樣的，前面提過，一個家庭或一群人沒有室內供暖裝置或負擔不起壁爐的燃料時，他們會擠在一張床上共眠。

❷ 譯注：阿留申人是住在美國阿拉斯加、阿留申群島、俄羅斯堪察加半島上的原住民族。因努特人是美洲原住民之一，分布於北極圈周圍。薩米人居住在芬蘭、挪威、瑞典和俄羅斯最北部。

然而，人類的社交體溫調節功能遠比其他物種還要複雜，因為我們的社交演化是從生物演化停止的地方持續發展。人類的社會與其他物種的「社群」有一大差異：人類社交網絡的多元性對體溫調節的影響，遠比那些網絡的規模來得重要。這個事實為人類社交體溫調節的研究，增添了更多的樂趣與複雜性，如今我們尚未完全瞭解為何網絡多元性那麼重要。

我們可以看到，人類以五花八門的方式依附於社交世界，與各種可以滿足多樣需求的個體聯繫；活在先進文化、社會、文明中的全部需求與欲望，都有個體可以為你滿足。不過，人類有社交體溫調節的功能，這意謂創造多元社交網絡的原始演化動力，是以有效管理行動經濟性的方式來保暖。在這個層面上，企鵝與人類的社交衝動，是由相同的生物需求所驅動的。我與同事在最近的研究中發現，對生活在寒冷氣候的人來說，複雜社交融合的程度越高，他們的核心體溫越高。這個發現很有意思，就像社交體溫調節研究中的許多發現一樣，誘使我們犯下反向推論的邏輯錯誤：寒冷地區的人比溫暖地區的人更擅長社交。無論是社會、還是心理學，都不是以如此簡單的單向方式運作的。有相關性不見得就有因果關係，但相關性確實意味著一種關係——在這個例子中，是指社交體溫調節與核心體溫之間的關係。

證據顯示，維持核心體溫是社交體溫調節的主要演化驅動力，所以也是人類文化演進的主要驅動力。此外，我們將在本章稍後看到，二〇一一年的一項有趣實驗顯示，活在多元社交網絡中也是為了生存。然而，撰寫本文之際，只有一個專案可證明網絡多元性與人體核心體溫之間的關係。二〇一六年，稻垣（Tristen K. Inagaki）與同事發表了一份初步研究，檢視體溫與社交暖度之間的關係，其結論是，對社交關係的好感與核心體溫呈現正相關。[9]不過，社交關係是否能幫助身體禦寒則尚無定論，至於社交關係的哪些面向有那種禦寒效果，或社交網絡是否比其他已知變數更能預測核心體溫，那就更不得而知了。那些問題都需要更多的研究。

改革可信度的時候到了

°C

有些研究試圖把「情緒和溫度」與「社交體溫調節和依附」相連起來。建構及詮釋這些研究時，遇到的問題往往很複雜。現實比目前為止大家瞭解及說明的「情緒理論」還要複雜得多，事實上，現實真的太複雜了，以至於證明「情緒」與「特定社交情境下的情緒體驗」有關的必要研究還有待完成。

不過，讓我們先回顧一下，心理學家（包括我與同事）是如何意識到我們的研究應該要更精確的。我們針對社交體溫調節做首批研究，並批判「概念譬喻理論」的時候，社會學（包括心理學）正陷入大家普遍認定的危機中。許多發表在著名同行評審期刊上的研究報告，被證明其研究結果是不可能複製的。這些研究包括第二章引用的「概念譬喻理論」文獻中的許多發現，例如二〇〇六年鍾（Zhong）與利揚奎斯特（Liljenquist）的〈馬克白效應〉研究；二〇一二年巴納吉（Banerjee）、查特吉（Chatterjee）與辛哈（Sinha）的研究聲稱，比起回憶道德行為，回憶不道德行為會使人覺得房間較暗，並渴望更多的發光裝置（如手電筒）。[10]

某些社交體溫調節的研究也無法複製結果。我針對第一章那個二〇〇八年耶魯大學「電梯內咖啡」的研究做後續的研究時，雖然得到類似的結果，但稱不上科學家定義的貼近複製，因此耶魯大學的研究結果需要獨立驗證。我自己持續做了更多的研究，並根據耶魯大學的研究結果做預測。在一項研究中，我操縱了冷熱度，我自信地預測，在溫暖的情況下，人們會想起心愛的人。只要讓人產生溫暖的感覺，他們就會想到愛，對吧？但實驗證明，我的預測大錯特錯。反而是在寒冷的情境下，人往往會想到心愛的人，而且這個實驗結果證明是穩健可靠的。我們在法國的大樣本實驗中複製了這個效果，不只在最初研究的荷蘭而已。我本來以為我們的實驗會證明「促發」效應（priming），即溫暖的情況會讓人想到心愛之人的溫暖。沒想到，我發現的效應與「補償」有關，寒冷反而促成社交體溫調節的認知結果：想到心愛之人的溫暖。

或許我不該那麼訝異，畢竟利諾特（Dermot Lynott）與同事也無法在一項貼近複製耶魯研究程序的實驗中複製耶魯研究的結果。[11]事實是，我們這些心理學家往往太過樂觀看待自己的預測能力，也很愛根據自身研究結果給出一些實用的建議，例如，把房間溫度提高X以達到結果Y。我們過去做研究的方式及分析資料的方法，根本無法讓我們針對特定情況下的特定個人做出非常精確的預測，但這不表示關於基本原則與機制的結論是完全錯誤的。不過，如果研究結果無法被複製，那這個結果就不算是可以支持一個假說、一個想法或一個概念，更遑論是佐證一個「理論」了。幾位研究人員在英國著名的科學期刊《自然》（*Nature*）上發表了一篇文章，他們試圖複製發表在《自然》與《科學》（*Science*）期刊上的二十一篇社會學與行為科學論文，卻只成功複製了其中十三篇的結果，[12]由此可見這場危機有多嚴重。

改革可信度的時候到了。

這是一條漫漫長路，雖然我們有進展，但離目標還很遠。我們（與許多其他同業）導入的第一個改變，是增加我們收集資料的參與者人數，但這麼做還不夠，因為這樣的發現還是很有限。我們需要想得更廣，這也是我們在「人類企鵝專案」（Human Penguin Project，簡稱HPP）中改變心理學家運作邏輯的原因，「人類企鵝專案」是為了瞭解氣候、社交融合、核心體溫之間關係的一大計畫。[13]

心理學家通常會透過觀察、借鑑其他學科或有根據的猜測來提出一個想法。有時可能很難用某個概念框架來解釋研究的觀察結果，所以我們決定改採不同的方式：一開始就積極減少那些難以複製的結果發生。那些難以複製的結果是人為錯誤所造成的，包括對因果關係做出無端的假設。為了避免這些人為錯誤，我們使用電腦演算法來詮釋資料。研究結果之所以難以被複製，往往是因為我們誤把「雜訊」（偶然的發現）誤認為「訊號」（一種重要又有意義的現象），這就是所謂的「過度擬合」（overfitting），我與許多人都認為這是造成重製危機持續發生的一大因素。[14]

研究人員在單一背景下觀察資料集，並試圖把詳盡的細節套用於對現實來說過於複雜的模型、以概括整個結果時，通常就會發生過度擬合。問題在於，有時事情之所以發生，是因為運氣不好。例如，參與者可能對回答問題不感興趣，或是在喝醉的狀態下來到實驗室。這種異常現象其實是現實生活的一部分，不見得能用資料模型來解釋，因此不該硬是將之納入模型中。

為了避免這個問題，我們試著採用現代機器輔助技術，從資料中產生最有可能的模型，而不是把我們的機率概念強加在資料上。接著，我們也試著在資料集中複製我們自己的結果。在我們自己的研究專案中，嘗試了一種搶先複製的方式。我們不解釋每個心不在焉或喝醉的參與者，而是使用「監督式機器學習」（supervised machine learning）的技術來做探索分析，這種技術不需要研究人員的明確指示就可以詮釋資料。我們沒有透過程式設計來讓機器達成我們的預測，而是得到機器學習的結果後，才進入驗證階段。

人類企鵝專案是以大量的先前研究為基礎（包括我們自己的研究），以找出核心體溫的已知相關性，包括其他研究人員研究過的特定社交關係變數，例如懷舊、對家的依附。我們也納入大家普遍認為會影響體溫的變數，例如壓力、用藥等等。最後，我們找出攸關新陳代謝、網絡品質的變數，比如日常飲食、含糖飲料的攝取（因為有個普遍假說是，孤僻會使人增加糖分的攝取）。我們挑選變數時，刻意涵蓋過廣（overinclusive），因為我們想確保我們納入過去文獻中提到最能預測核心體溫的變數。我們處理了自制、依附、述情障礙（無法指出與描述自身情緒）的議題，這些議題都與壓力調節直接相關，所以可能與體溫有關。我們將這些變數納入人類企鵝專案試行研究及後續的主要研究中，藉此強化複製力。

在人類企鵝專案試行研究與主要研究中，我們請參與者在當地時間上午九點到十一點間完成調查，並在做調查之前十分鐘，避免吃喝任何冷熱食物，調查前一小時，也避免做運動。參與者在調查前後用口溫槍量體溫，並拍下測量前後的口溫槍照片，再把照片上傳到我們的線上平台。

一開始只有兩百三十二名參與者參加線上試行研究，我獨自在兩個眾包平台上做這項研究，以此作為「概念驗證」（proof of concept）。我在累積一些初步但扎實的觀察結果後，更有信心地招募了朋友與新的合作者，從十幾個國家的一千五百二十三名參與者收集資料。心理實驗就像政治民調：規模很重要。許多研究之所以無法複製結果，原因跟許多民調無法精準預測選舉結果一樣，都是因為樣本太小、太在地化，或其他方面代表性不足。我們的目標是更精確地找出哪些變數在預測核心體溫時最準。

為了測試一些社交體溫調節原理，我們必須測試基本變數，這需要使用「監督式機器學習」來找出那些影響核心體溫的社交與非社交因素。預測人體核心體溫所涉及的複雜性，在於你必須檢查的變數範圍。我們讓資料以這種方式來驅動分析，因此發現網絡多元性（即一個人往來的高接觸社交角色的數量）是核心體溫的一個關鍵預測因素。

接下來，我們用另一個程序來證明，氣候較冷與更多的複雜社交融合有關，更多的社交融合又與較高的核心體溫有關。人類雖有中央供暖技術，但我們仍然依賴社交溫暖（這與複雜社交融合有關）來對抗環境的寒冷。我們還沒完全理解人類是如何做到這點的，但我們現行的假說是，情緒會跟著溫度變化而變。此外，人也會透過社交情緒調節流程來調節彼此的溫度。而且，人就像老鼠一樣，如果你感覺到伙伴在情感上比較親近，你可能願意花更多精力去幫助他調節體溫。

這裡應謹記的第一個重點是我之前強調過的：不要做反向推論。離赤道較遠的人在社會多元性方面得分較高，並不表示他們更常（或更少）社交。人類基於不同的原因投入各種社交活動，社交體溫調節只是其一。人們也會分享食物及依賴他人以求安全感，因此，我們不能從資料中推斷，某國的社交互動比另一國做得更好。另一個應該謹記的重點是，監督式機器學習法所使用的預測因素不見得意味著因果關係。假設預測因素就是原因，是人類的一種習慣，這種習慣雖然實用，但對科學家來說卻很麻煩。俗話說，手裡拿著鎚子，看什麼都像釘子。

監督式機器學習讓我們有意義地探索資料，但不需要在測試社交體溫調節原理時假設任何因果關係。其中最主要的原則是，現代人際關係是根據體溫調節所建構的。儘管我們現在的社交網絡看起來很複雜，其體溫調節基礎與最初演化時卻沒什麼不同，這表示社交體溫調節不僅是從人類演化上的祖先獲得的特徵，而且在型態上——其形式、結構、運作——與人類演化初期一樣。

我們透過依附來預測自身安全

如果我們直接探索人類多元的社交網絡，那等於跳過了一大步。關於依附和預測他人的行為，首先是看我們與照顧者的第一段關係，接著是看我們最親近的關係。在人類企鵝專案的研究中，我們發現及複製的概念是：透過更多元的社交網絡來禦寒，只適用於愛戀關係。雖然我們還不確定原因，但確實有大量資料可以提供一些很好的概念。

拜鮑比與安斯渥的研究、哈洛的實驗所賜，如今大家普遍認為依附類型是從嬰兒期開始形成的，我們會把依附類型套用在成年後的其他關係上。哈洛以人造母猴「飼養」小猴的實驗，簡單地說明了這個原理。當幼猴只能依附冰冷的鐵絲網母猴成長時，長大後會變得社交孤僻。幼猴依附的人造母猴外罩著溫暖的毛巾布時，長大後的社交會比較熱絡，但相較於真實母猴養大的幼猴，還是有社交缺陷。人類的依附類型必然更加複雜，因為我們的人際關係更多元；依附類型不只影響嬰兒與照顧者之間的關係，也影響日後的關係。

雖然依附的概念、依附類型、依附類型的分類很實用（對臨床專家與治療師來說更是如此），但若想要瞭解依附的生物機制，仍需要研究。更充分地瞭解生物面的起源，是設計有效的臨床與治療干預措施的關鍵。前面提過，老鼠的研究顯示，嚙齒動物群體行為的演化驅動因素，是為了躲避掠食者及禦寒。對於幼子需要父母照顧與餵養才能生存的物種而言（老鼠與人類皆是），躲避掠食者和禦寒特別重要。天擇特別看重依附行為，因為依附行為有助於物種活到生育年齡。

依附之所以跟躲避掠食者及禦寒有關，是因為它把風險分散到社群中，又可以——你猜對了——調節體溫。現代人的文化演化，明顯擴大了生物演化的適應效益，我們可能認為，依附與複雜社交融合的生物驅動因素，在成年後應該沒那麼重要了，但事實並非如此。誠如人類企鵝專案所示，早期依賴，再加上嬰兒依賴在整個演化過程中的效用，意味著成人的社交生活仍是以分散風險及體溫調節這兩個原始目標為基礎。值得注意的是，即使文化演進催生了各種經濟、政治、道德、技術上的防禦措施，幫助我們防禦各種環境威脅（包括掠食者與寒冷），但這點依然成立。

本章一開始指出，艾克曼等人的研究顯示，參與者在研究人員的要求下做出情緒表情（悲傷、憤怒等），與自主神經系統（ANS）產生可測量的效應（包括外周溫度的變化）

有關。然而，這種自主神經系統效應也與社交體溫調節有關，而不是只跟個別的情緒狀態（如憤怒、恐懼、悲傷）有關。情緒與其身體表達不僅發生在個人身上，也發生在一段關係的社交情境中，因此，情緒及其表達都與依附有關。

關於「依附理論」的心理學文獻有很多，而且仍持續發展。雖然我認為依附研究可能是多數心理學中最先進的領域之一，但在心理學中還稱不上是「理論」，因為這門學科本身還不夠成熟，也不足以作為理論的背景。所謂的理論，必須有正式的預測，偏偏這是心理學的多數子學科還沒有的；我們頂多只有概念（我們稱之為原則），那是建立在相關性及實驗研究所得到的因果關係上。不過，話又說回來，依附原則很有說服力。但我們也必須承認，依附作為一種「原則」，只是「人際關係」的一個子集，而不是同義詞。二〇〇五年，心理學家沃特斯（Everett Waters）、科克倫（David Corcoran）和阿納法塔（Meltem Anafarta）針對依附研究發表了一篇文獻評述，他們指出，依附「理論」不算是人際關係的一般理論，而是在解釋，人類在人際關係中承受壓力（例如與所愛的人分離、受傷、感到威脅）的反應。15

換句話說，依附最主要是看你如何適應環境。生活史理論（life-history theory）是一種源於一九五〇年代的生物演化理論，透過觀察天擇如何影響生物的生活史（尤其是生殖發育與行為、生殖後的行為、壽命),以解釋生物的解剖與行為的各方面。關於依附,生活史理論告訴我們,生物生長的環境越惡劣,其依附越不穩固。這是因為,就天擇來說,惡劣環境下的生存需要隨時保持警覺,而隨時保持警覺正好與安全依附所暗示的「安逸」是不相容的。

回想一下第一章的實驗,該實驗顯示,在溫暖房間裡的孩子願意送較多的貼紙或氣球給(虛構的)隔壁的孩子,而且,這種影響大多是出現在有安全依附感的孩童身上。然而,誠如重製危機所示,我們開始意識到這種研究的樣本太小,不足以得出有意義的結論。此外,有些研究顯示,依附與社交體溫調節之間似乎沒有關聯。

因此,我們決定啟動一個新專案(包括三項研究),其理論基礎與人類企鵝專案非常相似。我們向參與者提出三十六條敘述,那些敘述是關於他們在親近關係中的依附感,典型的敘述包括「伴侶讓我懷疑自己」、「我覺得和伴侶分享私人想法與感受很自在」、「我覺得我很容易依賴伴侶」,參與者是以一分(完全不同意)到七分(完全同意)來評估那些描述。接著,我們請參與者觸摸一個溫熱的杯子或冰涼的杯子,然後說出當下浮現在腦海中的五個人。我們問參與者,感覺自己和那五人有多親近。根據二〇〇八年耶魯大學的研究(要求參與者在捧著熱杯或冷杯之後,評估別人的社交冷熱度),我們預期接觸溫熱杯子會讓參與者想到感覺比較親近的人。

結果，我們完全錯了，反而是接觸冰涼杯子的人最容易想到心愛的人。此外，我們持續在研究中複製這種效果。在寒冷情境中，參與者總是會想到心愛的人。

我們做了更深入的分析。就像人類企鵝專案一樣，我們想探索參與者對他人的依附是否會影響他對溫度的反應，如果會，那又是如何反應。以前這類實驗產生的效果不太一致，但現在我們在參與者接觸熱杯或冷杯後，提出三十六條敘述，請他們想出五個人，並描述他們與那五人的親近度，這讓我們偵測到一致的模式。那些相信自己可以依靠伴侶，並願意與伴侶分享內心想法的參與者，在寒冷時更容易想到心愛的人；至於那些不太放心依靠伴侶的參與者，結果正好相反。關於這項研究，還有一個有趣的插曲，當時我正好換了工作，從荷蘭搬到法國，所以我可以對另一群截然不同的參與者測試同樣的概念：參與者變成法國學生，而不是荷蘭學生。第三個研究是由我在法國的新合作伙伴內魯德（Lison Neyroud）和庫塞特（Remi Courset）對格勒諾布爾（Grenoble）的學生做的實驗，他們身處在離赤道較近的地方。我們在這群學生身上也發現同樣的效應，但他們對溫度的操弄沒那麼敏感（這點與人類企鵝專案一致）。[16]

我們很容易拿非人類物種的實驗結果來推斷人類的依附感。在惡劣或具威脅性的環境中成長的人，警覺性往往較高，也可能因警覺性太高，而有不安全依附。多數人具有一個可以理解的傾向：以為安全依附在情感上是「健康的」，所以是「好的」；而不安全依附在本質上是「不健康的」，所以是「不好的」。

不過，我們以鴕鳥為例吧。為了找到並吃到食物，鴕鳥必須把頭貼近地面。鴕鳥這樣做時，就無法注意掠食者，換句話說，覓食就是冒著生命危險，尤其對脖子超長的鴕鳥而言更是如此。然而，若要避免這種風險，就得挨餓。鴕鳥降低覓食風險的方式，是把風險分散給群體。某些鴕鳥覓食與進食時，群體中的另一些鴕鳥會抬起頭來，注意周遭是否有掠食者，[17]牠們的反應可以警示整群鴕鳥。在鴕鳥「社會」中，風險是分散的。當這群鴕鳥中的一些成員安逸地彎下脖子啄食時，有些比較偏向焦慮型依附的鴕鳥仍然維持警覺，因為牠們預測自己不能一直依賴其他鴕鳥。透過這種方式，一些焦慮型依附的鴕鳥可能對整群鴕鳥都有幫助。事實上，這是攸關生死的問題。

二〇一一年，一個對人類、而不是對鴕鳥做的實驗顯示，身為一個龐大多元群體的一員，可享有攸關生死的潛在價值。[18]研究人員「悄悄地觀察」四十六個小組，每個小組各自位於一個實驗室裡，實驗室內逐漸瀰漫著煙霧，那煙霧顯然是來自一台故障的電腦。那群人中，即使只有一個人有不安全依附感（焦慮型依附），那組人也會比「全組都感到放心」的群體更有可能離開房間。誠如研究人員所言：「依附焦慮與更快發現危險有關……一旦發現危險，就會更快做出逃生反應。」當群體具有足夠的多元性，包含一個迴避型依附的個體時，群體的安全性就增強了。事實上，當一群人中完全沒有人展現焦慮時，那群人比較不可能注意到煙霧。萬一這種緊急狀況是真的，那個由同質、安全型依附的個體所組成的團體很可能已經死亡，他們安逸地依附著致命的環境，因為他們都做了錯誤的預測。誠如富蘭克林（Benjamin Franklin）所言：「如果每個人的想法都一樣，那表示沒人在思考。」

依附跟管理代謝資源有關

目前為止，我們已經提到預測與節能，但尚未深入探索細節。在上一章，我提到友人科恩的研究。二〇一四年，我去夏洛茨維爾（Charlottesville）的維吉尼亞大學拜訪他，那次訪問深深改變了我對社交體溫調節領域的看法。

我領悟到科恩幾年前頓悟的一個概念，那時他正在研究所謂的「握手效應」，他請參與者（大多是女性）待在功能性磁振造影掃描器裡，並告訴他們，每隔一段時間，他們的腳踝就會受到輕微的電擊。科恩知道，告知參與者這項訊息會令參與者感到擔憂。他想用功能性磁振造影掃描器衡量在幾個情境之下——伴侶握著手、陌生人握著手、沒人握著手——大腦壓力區的活動。開始研究之前，他就合理地預測，伴侶握著參與者的手時，參與者會更善於調節情緒。他預測，功能性磁振造影掃描器會顯示，有人握著手時，大腦的壓力相關區域（例如前額葉皮質）比較「活躍」。畢竟，當時大家普遍認為，人們相信自己可以依靠他人作為社交支援的來源。

科恩做了研究後，發現結果與預期完全相反。有伴侶握著手時，參與者大腦的壓力區反而比較不活躍（有陌生人握著手的參與者也是如此，只是活躍度的減少較少一點）。

科恩必須解釋這種情況，尤其他又一直得出同樣的結果。當時維吉尼亞大學的認知科學家普羅菲特（Dennis Proffitt）提出簡潔有力的解釋，他說，科恩那個研究的參與者表現得很像鴕鳥。他們並未產生更多情緒，而是更少，因為他們分散（卸除）了壓力。有了這番領悟，科恩的社會基線原則也應運而生：我們的基線預期是我們有他人可以依靠。當我們落單時，就達不到基線期望，會感受到威脅。19

本質上，這就是社會／社交（social）的意義所在，這是一個深刻又出奇簡單的觀念。普羅菲特的推論，是根據他對行動經濟性概念所做的許多研究。如果你還記得之前的討論，普羅菲特在行動經濟性上的研究，主要是根據一些估計距離與坡度的研究，在判斷山丘時，參與者的口頭描述（以角度來表達坡度）或視覺描述，往往會高估山坡的傾斜度。普羅菲特（與一起研究的許多同事）推論，估計坡度是為了行動做準備；高估坡度是大腦與身體告訴我們不要去攀登那座山丘的方法。

以色列的研究人員安多（Tsachi Ein-Dor）後來與科恩一起研究一個密切相關的主題，

為了評估迴避型依附（即不太依賴他人）的後果，他衡量參與者的空腹血糖。他發現，那些迴避依賴他人的人，空腹血糖通常較高。研究人員因此推論，這顯示迴避型的人需要動用更多的代謝資源。畢竟，比起將任務分攤出去，只靠自己更耗費精力。[20]

共同體溫調節也跟依附有關

說到依附，心理學家所知道與衡量的，大多跟分散風險有關。例如，我和伴侶在一起時是否感到放心？遇到困難時，我能依靠他嗎？但是，我們對社交體溫調節的渴望是否有個體差異呢？我敬愛的同事們是社會心理學家，他們總是關注情境的力量，甚至因此忽略了個體的差異。但我們必須慶幸的生命奇蹟之一是，人在許多方面都有差異，包括對社交體溫調節的渴望與能力。體型較大的動物往往更能保存體溫，然而當周遭溫度變得很高時，體型較大的動物也較難散熱。

我們在嬰兒期獲得的體溫調節照護，在可靠度上可能也有差異。因此，我與同事使用人類企鵝專案的同樣資料集（十二國的一千五百二十三名參與者），著手開發一種衡量個體差異的方法，這份量表名為「社交體溫調節與風險規避問卷」（Social Thermoregulation and Risk Avoidance Questionnaire），或稱STRAQ-1，同時也廣泛借鑑了先前的研究。[21]

STRAQ-1專案是專門為了解決我們對嬰兒期與成年期的依附在理解上的落差，讓我們更瞭解環境與個性之間的關係。前面提過，依附是指嬰兒與照顧者之間形成的關係，那會影響後續的社交、情感、認知發展。一般用來解釋依附的假設是：無助的嬰兒需要依賴他人生存。這個假設有一個重要面向，是大家不見得會充分強調的：生存是取決於嬰兒成功因應環境所要求的能力。嬰兒的身體需要依賴他人，由於嬰兒體型小，要靠自己維持身體溫暖是不可能的。

STRAQ-1探索的概念是：成年後表現出來的人際依附品質，與嬰兒期能否把溫度調節任務分配給一個或多個照顧者來承擔，有著密切相關性。如果照顧者可靠地滿足嬰兒調節體溫的需要，我們預期嬰兒在整個童年與成年後會發展出安全型依附。STRAQ-1的問題設計，是為了評估參與者在分配體溫調節任務上的傾向。

我們設想，溫度與壓力的社交調節對依附類型有重要的影響。我們從這個設想出發，分析STRAQ-1的資料，在四個子量表的五十七個因素中，找出二十三個相關因素。這四個子量表分別是：社交體溫調節、高溫敏感性、單獨溫度調節、風險迴避。在渴望社交體溫調節的相關問題方面（例如寒冷時喜歡與人依偎在一起），得分較高的參與者往往較為健康——這個結果呼應了：依賴他人應該是因為對他人比較有信心；他們比較不會避免依附所愛的人。迴避型依附是以「親密關係經歷」（Experiences in Close Relationships）問卷來衡量，其中包括以下幾個會增加迴避度分數的敘述：「我不想向伴侶展現內心深處的感受」、「我不放心對伴侶敞開心扉」，以及會減少迴避度分數的敘述：「我會與伴侶好好懇談」。認同前兩種說法的人通常「預期」自己在情感上需要對方時，對方「不會在身邊支持」。

我們也不意外地發現，較不依賴他人做社交體溫調節的人，往往對於依賴伴侶及對伴侶敞開心扉不太放心。這些人比較會把情緒外部化，基本上也較難辨識自己的情緒。

以下是一些與社交體溫調節有關的STRAQ-1項目，你可以想想你自己的情況：

相較於多數人，我通常與他人有較多的身體接觸。

別人靠近我時，我喜歡非常親近他們。

我感到冷時，會找人依偎在一起。

我喜歡觸摸親近的人來溫暖手或腳。

我比較喜歡找人相互取暖，而不是以東西取暖。

高溫敏感性問題得分比較高的人，包括老年人、壓力較大的人、社交圈較小的人、較難辨識自身感受的人。高溫敏感度性問題得分高的人，往往對依附關係比較焦慮。這方面的敘述通常與迴避型敘述的評分標準相同，包括「我怕失去伴侶的愛」、「我非常擔心我的人際關係」、「我渴望親近他人，有時卻把人嚇跑」。這些敘述得分較高的人，依附系統通常過於活躍。他們就是那種會對房間內的冒煙電腦提高警覺的人；這類較焦慮的人容易「預測」別人可能在身邊支持他，但不見得一直都在。與高溫敏感性有關的一些關鍵調查敘述包括：

我覺得溫暖的日子很愉悅舒適。

我覺得熱天很愉悅舒適。

我不喜歡天氣太熱。

我感到溫暖時，什麼都不想做。

天氣太熱時，我無法集中注意力。

我喜歡在涼爽的地方放鬆。

我對熱很敏感。

在單獨溫度調節的敘述方面，個子較高的人得分較低。得分較高的人包括壓力較大、比較懷舊、把情緒外部化較少的人（即比較會辨識自己的情緒），他們通常對依附關係也比較焦慮。有關單獨溫度調節的STRAQ-1敘述包括：

我對寒冷不敏感。
天冷時，我會比其他人更快開暖氣。
天冷時，我穿的衣服比別人多。
天氣太冷時，我無法專注。
我感到冷時，不會開暖氣。
我感到煩惱時，喜歡花很長的時間好好洗個熱水澡，以釐清思緒。
情緒低落時，熱飲總能幫我放鬆。
感到難過時，我會找個溫暖的地方冷靜下來。

看似最扎實的發現是，社交體溫調節與迴避型依附呈現負相關。換句話說，社交體溫調節方面得分較高的人，對依附關係的迴避較少。重點是，我們應該瞭解這裡描述的影響有相關性。我們可以推斷該影響具有方向性，換言之，社交體溫調節較少，可能使人迴避依附關係；但我們沒有這種因果關係的證據，這表示還需要做更多的研究，尤其是長時間追蹤參與者的研究。

我們也可大膽推斷，在社交體溫調節方面，依附有助於大腦充當「預測機器」，預測第一章所說的「社交氣象」。回想一下，那些研究顯示，如果研究人員讓我們感到孤獨，我們估計的周遭溫度會比較低。依附會指引我們對複雜社交融合（CSI）做長期規劃與管理。如果我們是放心地依附他人，我們對社交網絡多元性的投資，就像巴菲特投資波克夏海瑟威公司（Berkshire Hathaway）的投資組合一樣，是長期投資。我們相信別人是可靠的，相信別人會讓我們保持溫暖、幫助我們避免危險。我們自由地分配體溫調節任務（在情感上投資那些我們預測會很「溫暖」的人）和風險（我們預測自己的多元社交網絡包含會支援我們的人），這種社交投資是長期的。如果我們放心地依附他人，就不會指望快速致富，而是希望獲得長期紅利。相較之下，如果我們對依附關係感到焦慮，就會像「華爾街之狼」貝爾福那樣投資CSI。焦慮時，我們的感官過度活躍，懷疑他人的可靠性，因此無法預測他們的「溫暖」；我們只做短期投資，希望那些社交投資立即獲得回報。有時我們正好賭對了，獲利很好，但我們從來沒有好好建立長期的投資組合。

總之，有足夠的證據可以證實一個概念：他人是支持我們體溫調節能力的關鍵。當然，在我們的文化創造出有效率的供暖技術以前，大家是擠在一起取暖；提高體溫的需求推動了古代人際關係的發展。人類企鵝專案的結果呼應一個概念：在現代的人際關係中，我們仍會衡量別人在社交上是「熱情」或「冷淡」，藉此預測其可信度與可靠性。如今我們建立的多元化社交網絡，就像古代擠在一起取暖的效果，也提高了核心體溫。

依附是一種生物演化適應，在一個充滿複雜社交關係的世界中，透過古代的文化演進延伸到現代的依附。這種連續性，就像是嬰兒期的依附一直延續到成年期，嬰兒期的依附是因為身體迫切需要貼近照顧者以獲得溫暖；成人依然會尋求溫暖，但不是藉由身體貼近照顧者，而是藉由貼近伴侶及融入複雜社交網絡。因此，證據有力地證明了古代文化的依附與現代文化的依附之間的連續性，以及嬰兒期的依附與成年期的依附之間的連續性。就這個意義上來說，我們對依附的瞭解落差已經縮小了，只不過我們仍不瞭解CSI提升體溫的機制。

然而，這並不表示我們不能提出一個假說。共同調節（coregulation）是心理學家使用的術語，用來描述一個人的持續行動或行為，被其伴侶不斷變化的行動或行為所改變（我們將在本書結尾回頭談共同調節）。雖然我們還不瞭解CSI提高體溫的機制，但我們有理由相信那是共同調節，或者更確切地說，是共同體溫調節。一九六九年，沃倫柯斯基（V. Vuorenkoski）與同仁的一項研究顯示，嬰兒感到痛苦時，母親的外周溫度會上升。[22]

我參與了二〇一四年的一項研究（目前尚未發表），該研究發現，一個人看到伴侶悲傷時，他的外周溫度會上升。[23]可以說，溫度的上升（一九六九年與二〇一四年的研究所示）是共同調節的例子。我們仍在測試後者研究的效應在後續的複製中是否成立。此外，人際關係的心理文獻收錄了更多的例子，顯示人們在生理上共同調節以達到恆定狀態，那可能也包括溫度恆定。溫度調節（可能還有共同調節）與依附有關，因此可能是人們預測他人時的基礎，並藉此建立社交網絡的多元性。

預測社交氣象

心理學家喜歡長尾猴，不是因為牠們特別可愛（牠們確實很可愛），而是因為牠們與人類有一些不太討喜的共同特質，例如容易高血壓、焦慮、喜歡社交、容易喝酒成癮。牠們跟人類一樣，也有建立大型社交網絡的動力，並運用這種社交網絡對能量做巴菲特式的長期投資。第三章提到，梳理毛髮的社交行為顯然可以幫助長尾猴禦寒。事實上，即使梳理死去長尾猴所剝下的毛皮（逆著梳毛），也可以提高毛皮下面的溫度。

長尾猴像企鵝一樣，「知道」形成大型社交網絡的重要性。事實上，在生命的早期——大概就像人類嬰兒緊貼著母親的溫暖一樣——長尾猴大腦的某個部分變成一台「預測機器」，牠透過那台機器，逐漸知道自己可以透過貼近他者及梳理毛髮等方式來靠他者保暖。研究人員衡量過大型社交網絡中的長尾猴的體溫，以及更多獨居長尾猴的體溫。在大型網絡中有強烈依附關係的長尾猴，體溫低於獨居的長尾猴。依附長尾猴社群的猴子會預測，必要時，其他猴子會讓牠取暖。雖然我們還不太清楚確切的機制是怎麼運作的，但可以推斷，嬰兒期的依附（藉由在成長過程的社交經驗中的發展及確認）調降了那些關係良好的長尾猴的恆溫器，降低了其正常體溫，從而節約了代謝能量。長尾猴「社群」之所以存在，至少在一定程度上是為了促進行動經濟性——那是每隻猴子都有所貢獻、也從中受益的事。

推動長尾猴「社群」的東西，也推動著人類「社會」，只是兩者有一個重要的區別。在長尾猴（與企鵝）身上，網絡規模提供了非常經濟實惠的禦寒效果；在人類身上，則是多元性提供了這種保護（多元性提供的保護，遠比社交網絡規模還多）。多元性不僅為成員帶來溫暖的情感，實際上也與明顯較高的口腔溫度有關。

就像心理科學的其他研究一樣，我們需要進一步研究，才能瞭解社交網絡的品質與體溫上調是以什麼機制相連。目前我們的理解是，多元的社交網絡與口腔溫度之間明顯較高的相關性，是跟「共同調節」有關。在二〇一二年的一篇文章中，巴特勒（Emily A. Butler）與藍道爾（Ashley K. Randall）為共同調節提出一個更貼切的定義：「伴侶之間波動的情緒管道（主觀體驗、表達行為、自主生理）的雙向連結，有助於親密關係中的雙方維持情緒與生理上的穩定。」[24]

這些波動的情緒管道是如何連在一起的？我們還不知道，但透過實驗，我們有理由相信，在生物演化與文化演化中，依附與共同調節之間的連結，都可以用社交體溫調節的概念來解釋。共同調節是在最小的社群層面運作，暗示著一種我們還不瞭解的機制：建立動物社群與人類社會的生物機制。這也是我們下一章要探討的主題。

第　六　章

不是單靠下視丘

文化如何改變社交體溫調節

Gezelligheid：不必像企鵝那樣擠在一起的溫暖

人類是如何從企鵝那樣擠在一起取暖，變成在複雜又多元的社交網絡中互動的？如今的社交網絡讓我們免於挨寒受凍，但與幫彼此的身體保暖無關。這就是我在本章提出的問題，或者，可以換一種問法：人類是如何從企鵝與老鼠演變而來，變成社交性很強的生物，構建日益多元的網絡——我們稱之為「文明」——並把它延伸到網路空間（cyberspace）？

我住在荷蘭優美的哈倫市（Haarlem）時，常到咖啡館工作。當然，我不是唯一有這種社交習慣的人，J．K．羅琳（J. K. Rowling）的第一本《哈利波特》小說大多是在愛丁堡的大象咖啡屋（Elephant House）所寫的。咖啡連鎖店星巴克之所以在全球開了兩萬八千多家門市，主要是因為許多顧客喜歡在那裡工作。回想一下我和同事在阿姆斯特丹、烏特勒支、蒂爾堡、格勒諾布爾等地所做的熱杯研究。星巴克在商業上的過人之處，在於它在許多人認為舒適愜意的地方提供熱飲。星巴克的創辦人舒茲（Howard Schultz）說，他在義大利萌生了創辦星巴克的念頭，而大家常認為義大利是咖啡館文化的發源地。星巴克的推崇者說，星巴克把義大利的傳統咖啡館所獨有的社交熱情，與麥當勞的大眾市場便利性結合在一起。

我必須坦言，對我而言，星巴克從來沒有那樣的魅力。它可能從一家義大利咖啡館借用了一種元素，也從麥當勞借用了另一種元素，但沒有一家星巴克能媲美我在哈倫市最愛去的地方。那個地方叫Native，我們荷蘭人會以「gezellig」來形容那種地方，這個字大致可翻譯為英語的cozy（舒適愜意），它的名詞是gezelligheid，但這個字在翻譯過程中遺失了很多意思。這個荷蘭字專指一種社交溫暖，換個說法是這樣：我想念gezelligheid的感覺時，會回想起耶誕時光，那時外面很冷，一家人聚在家裡的壁爐旁，屋內洋溢著美酒佳餚的香氣。雖然gezellig這個字的使用主要是侷限在荷蘭，但丹麥字hygge已進入美國大眾的詞彙。我覺得，hygge比cozy更貼近gezellig的意思。

Native咖啡館是一個很棒的工作場所，我在那裡感到溫暖、積極、充滿活力。我從哈倫市搬到格勒諾布爾大學（Université Grenoble Alpes）任教時，覺得那裡的人熱情好客，食物美味，自然景觀美不勝收，唯一欠缺的是我最愛的咖啡館——那個命名如此貼切的**Native**。我發現，置身於那個熟悉地點所產生的感覺，不單只是來自咖啡，也不像在親密關係中與心愛的人在一起那麼重要或強烈，而是介於那兩種狀態之間：一個提供**gezelligheid**、又與在地社群相連的地方。即使咖啡本身的溫暖銜接了實體溫暖與社交溫暖的領域，但是像**Native**這樣的地方，是一個讓人與哈倫市社群相連的門戶。

幸好，不久後，我的另一半在格勒諾布爾找到一個名為阿爾卑斯咖啡館（**Brûlerie des Alps**）的地方，現在我每週三都會去那裡工作。事實上，本書的多數研究是在那裡做的。那裡的咖啡很棒，是由一家人所經營的，其中一人叫朱利安，他為我推薦了幾家美味的餐廳。他告訴我，法國最好的酒窖離我家僅二十分鐘的路程。我和他聊過法國經濟，包括那些鼓動法國社會正義的「黃背心」（**gilet jaunes**）運動的成員。當時即將結婚的我，也從那裡得知**enterrement de vie de garçon / jeune fille**（直譯是「埋葬年輕男女的生活」）在法語中是指婚前告別單身的「單身漢派對」或「單身女子派對」。

除了那裡，我還能從哪裡獲得這麼多元的社交資訊呢？阿爾卑斯咖啡館和**Native**一樣，是為了供應、享用、分享咖啡所建立的，而咖啡是一種傳達社交溫暖的實體熱飲。這兩個地方都有很強的社交性與連結性，我覺得它們是以星巴克無法實現的方式來增加、放大、擴展咖啡的社交「內容」。這兩個地方似乎都將其文化的莖葉與花朵，融入體溫調節的實體性、生物性、演化性的根源中。它們以一種文化的方式，表現出我們渴望及有幸體會的社交溫暖。我們不必像企鵝那樣擠在一起，就可以享受這種社交網絡多元性所帶來的溫暖。

演化也影響人類：為什麼女性比男性更容易覺得冷？

天擇促成許多有趣的體溫調節適應，我甚至可以說，體溫調節的必要，是促使人類發展成今天這個物種的主要驅動力之一。第五章提過伯格曼法則，主張大型動物通常比小型動物離赤道更遠，同一類動物中的最大型動物離赤道最遠，最小型動物離赤道最近。伯格曼對這個法則的解釋是，較大型動物的體表面積與身體體積的比率低於較小型動物，所以較大型動物每單位身體質量發散的體熱比較小型動物少，這表示較大動物在寒冷氣候中可維持較暖的核心體溫。相反的，在較熱的氣候中，善於發散代謝熱能的動物享有適應優勢，因此溫暖氣候有利於較小型動物的生存，牠們的體表面積與身體體積的比率較高，有助於散熱。

進一步支持伯格曼法則的是另一條「生態地理」法則，是一八七七年由美國動物學家艾倫（Joel Asaph Allen）提出的。艾倫的法則指出，相較於溫暖氣候中的同類，生活在寒冷氣候中的恆溫動物的四肢及其他身體部位（如口器或性器官）較短。[1]德國動物學家赫斯（Richard Hesse）提出另一條法則，進一步擴大了伯格曼法則。一九三七年，赫斯觀察到，比起溫暖氣候中的相近物種，生活在寒冷氣候中的動物，心臟相較於體重的比率較高；這就是所謂的赫斯法則（Hesse's rule），或稱「心臟重量法則」（heart-weight rule）。

這三條演化適應法則同樣也適用於人類，例如，這或許能解釋，為什麼東非馬賽人的身體非常苗條、為什麼比利時人的腿不像亞利桑那州的美洲原住民那麼適合跳高。當然，人體表面積與體積的比率，以及心臟相對於體重的大小，並不是人類為了體溫調節所展現出來的唯一演化適應。我們在生理上管理冷熱的方式因人而異，男性與女性處理溫度的方式也不同。事實證明，女性之所以比男性更容易感到冷的主因是身高；男性通常比女性高，因此會比女性更能保存體溫。無論性別，個體在血管遇冷收縮的方式、基礎代謝率、棕色脂肪的儲存量等方面也是因人而異。

嬰兒肥、大腦大、骨盆窄

在人類演化的普遍特徵中，大家常把一種明顯的解剖特徵稱為「嬰兒肥」，那與棕色脂肪組織有很大的關係。主觀上，嬰兒肥是讓嬰兒顯得特別可愛及充滿吸引力的特徵之一，那可能強化了許多人想要擁抱嬰兒的衝動，所以，這種可愛可能是一種重要的適應特質。然而，更客觀的重點是，棕色脂肪組織約占新生兒身體質量的五%，尤其在背部、脊柱上半部、直到肩膀的部位特別普遍。[2]最明顯的推論是，體脂的存在有助於避免體溫過低，因為它有隔熱作用，又能儲存能量。這是早產兒幾乎都需要額外供暖的迫切原因，而且在醫院中，通常是放在保溫箱裡。體溫過低是早產兒死亡的主因，早產兒的體型不僅比足月或近足月出生的新生兒小，也比較瘦弱。

相較於多數其他物種的嬰兒，健康又足月的人類嬰兒其實又大又胖，這種顯著差異甚至可以追溯到很久以前的演化與化石證據。對那些在東非演化的最早原始人類（現代人的祖先）來說，這些適應是必要的。一九七四年，有人在衣索比亞的阿瓦什河（Awash River）附近發現了「露西」（Lucy），那是三百二十萬年前原始人類的化石，具有約四〇%的「阿法南猿」（*Australopithecus afarensis*）遺骸。二〇一五年三月，研究人員在同一區發現一塊兩百八十萬年前原始人類的化石，他們認為那是人屬（*Homo*）的下頜骨，現代人類「智人」（*Homo sapiens*）也屬於這個屬（genus）。沙漠氣候白天炎熱，原始人類為了適應這種高溫，褪去大量的體毛，以便在高溫下生存。然而，乾燥的沙漠氣候晝夜溫差很大，體毛脫落不利於在寒冷的夜裡生存，而嬰兒肥及新生兒較大的體型，是有助於彌補毛髮脫落的保溫演化適應。[3]

就像比較靠近現代的人類祖先「尼安德塔人」（*Homo neanderthalensis*）有大鼻子與鼻腔一樣，嬰兒肥與體型還不足以提供一個完整的體溫調節生存方案。演化也選擇了更大的大腦（尤其是大腦皮質）；認知能力的增加，使人屬成員更有能力提前為溫度調節規劃行動，例如尋找不同的庇護所、為生火收集燃料、狩獵以提供食物儲備或提供製作衣物的獸皮等等。更多的腦力也增強了創造代謝預算的能力，以便更有效地管理冷熱。執行計畫需要大量的活動，所以人類演化成比其他的物種更活躍。[4]更大的大腦讓我們可以做更多的活動，這又促使演化選擇更大、更強的大腦。

當然，體溫調節不是促進演化選擇更大的大腦的唯一適應性優勢，就像它也不是促進內溫演化的唯一因素一樣。我們或許能推測，體溫調節是促使動物朝內溫演化的因素，但沒有確鑿的證據可證明這點。目前的概念是，動物朝內溫演化，主要是與有氧代謝所維持的高活動力最直接相關，[5]但活動力強也是因應體溫調節壓力的合理反應。

一如既往，科學尚未產生充分的資料以得出明確的結論，目前只知道演化在基因與文化層面上不僅極其複雜，而且是一個一直變動的目標，儘管它的進展很慢。有陣子許多研究人員準備得出以下結論：兩足行走是人類與最近祖先的顯著差異之一，那是為了因應體溫調節的需求，直接演化而來的。一九九一年的一篇論文中，惠勒（Peter E. Wheeler）主張：「在非洲大草原上，雙足步行為大腦較大的靈長類動物帶來的體溫調節優勢，可能是促使演化選擇這種不尋常的陸地運動模式的重要因素。」他提到「太陽直射的面積大減」和「體表分布更廣」所帶來的其他好處。由於離地面越遠，風速越大，氣溫越低，直立的雙足動物透過對流，散熱的速度更快。此外，站起來時高於地表植被，增加的氣流及較低的相對濕度有助於汗水的快速蒸發，也提升了散熱的效率。

如今多數的研究人員認為，體溫調節與雙足步行演化之間的因果關係沒那麼直接，但他們確實指出，演化選擇雙足步行，也促成了其他與體溫調節有關的結果，尤其是褪去體毛，那確實使散熱更有效。[6]雙足步行也與骨盆變窄有關，骨盆變窄可以讓雙腿更有效率地行走。活動效率增加也與活動增加有關，包括與體溫調節有關的活動，以及預期棲息地出現季節變化或其他變化，而規劃保溫或禦寒的活動。有趣的是，骨骼的化石顯示，尼安德塔人的新生兒的身體與頭部大小，跟現代人的新生兒非常相似。

這似乎意味著，尼安德塔人產子可能不比現代人產子來得容易。一些研究人員推論，這種人體結構（基因演化的產物）創造了人類對助產士之類的人物的需求——這是一種基本的文化／社會創新。然而，直到約二十萬年前，人屬在非洲與中東演化時，骨盆才開始發生變化。原始人類化石的研究顯示，來自溫暖氣候的人類（包括來自非洲的最早人屬）的骨盆，比來自較冷氣候的人類更窄；這是天擇演化壓力相互衝突的例子。雖然骨盆較寬有利於搭配較大的頭部，但骨盆較窄有利於兩腿直立行走的效率，也有利於炎熱氣候下的體溫調節。

更靠近赤道的地方，氣溫可能高到需要更窄的產道以增加散熱，這對居住在離赤道較遠的尼安德塔人來說不是必須的。赤道附近的原始人類的骨盆演化是一種型態上的妥協，產道容量增加是因為長度增長，但寬度變窄了。容量增加可以容納大頭的嬰兒，但嬰兒必須艱難地通過產道。雖然位於較冷的更新世歐洲（Pleistocene Europe）的尼安德塔人，比位於熱帶的祖先更晚出現，骨盆也比較寬，但他們的產道形狀反映了更早的演化妥協。尼安德塔人的新生兒出生時，很可能一定要有助產士在一旁協助。[7]

骨盆在演化中變窄，也可能與出生後大腦發育的必要性有關。人類嬰兒完全沒有自力更生的能力，需要母親與其他人的細心照顧、餵養與其他關注。這不僅攸關立即的生存，也是未成熟的大腦準備參與子宮外的文化與環境的一種方式。因此，基因演化是把新生兒送入一個文化演化將發揮巨大形塑作用的世界。

體溫調節為孕育文化奠定基礎

°C

在像人類這樣的大型哺乳動物身上，恆溫（維持穩定、最佳的體溫）是身體健康的象徵。恆溫出現在營養充足、水分充足、精力充沛的動物身上，這些條件也顯示動物對環境挑戰做出最適反應。相反的，異溫性是身體不健康的象徵，與營養不足、水分不足有關，意味著無法維持「正常」體溫的個體對環境挑戰做出不太理想的調適。這類個體的繁殖成功率可能比恆溫能力較好的個體低，因此，異溫個體容易從基因庫被淘汰，演化會逐漸消除他們的非適應性基因特徵。

我們有理由相信，我們在演化上的近親尼安德塔人，有一些適應是為了更新世歐洲的寒冷環境而做的。美國人類學家豪威爾（Francis Clark Howell）在一九五二年的論文中提出，尼安德塔人臉部的某些特徵顯然是一種調節體溫的適應，尤其是大鼻子與鼻腔——那可以讓吸入的空氣變暖。後來其他人主張這是「鼻腔增暖假說」（nasal radiator hypothesis），[8]他們說，突出的鼻子與大鼻腔讓吸入的空氣變暖，以避免大腦受到不適低溫的影響。尼安德塔人的另一項適應是活動增加，那有助於產生更多的身體熱能。在這方面，大鼻子與鼻腔可以盡量減少在乾冷環境中呼吸時水分的流失，也可能在劇烈運動時幫臉部降溫。尼安德塔人特別大的胸部可能讓個體產生熱量，但不利於保存熱量。大胸部是粗壯身體的一部分，這是一種解剖結構上的適應，提供一些體溫調節的效益與優勢，但它就像大鼻子與鼻腔一樣，在沒有增加活動下，本身不足以在寒冷情境中維持生存所需的體溫。

回想一下，人類異常高的活動量是我們有別於其他動物的一大特色。如果尼安德塔人的身體結構沒有找到一種適應的組合，以因應寒冷的更新世歐洲，尤其是冬天，那他們可能永遠不會開發出自製衣物之類的技術或控制火勢的技巧，進而把生物演化擴展到文化演化。二〇〇六年邱企爾（S.E. Churchill）發表的論文寫道，尼安德塔人的「較低臨界溫度（未穿衣的人必須增加體內的生熱量以維持熱恆定的溫度）估計是攝氏二十七・三度，現代人是攝氏二十八・二度。所以，尼安德塔人在沒有文化緩衝下，型態上似乎不太適合在冬天維持溫暖」。[9]

因此，尼安德塔人似乎是在智人之前「發明」體溫調節文化的物種之一。如果沒有中樞神經系統（包括大腦）的重大演化適應，他們不可能做到這樣。即使文化演化是緊接在基因演化流程之後開始進行，它仍是由基因演化所促成的，而且人類雖然發明了文化與生產技術來分攤其先天與整體的體溫調節負擔，但基因演化並未就此消失。即使在我們自己的演化期，基因演化的壓力也一直存在。在演化期間，文化會產生最明顯可見或最戲劇性的影響，但文化還需要其他的東西：一個複雜又很大的大腦。

演化創造層層堆疊

°C

歸根結柢，社交體溫調節帶給我們的一大啟示是，基因演化（即生物驅動的演化）扮演的角色，比多數的認知導向理論或其他文化理論所說的更重要。我剛開始研究社交體溫調節時，每次聽到這個領域的人認為，透過某種形式的認知促發（例如請研究的參與者讀填字遊戲中的幾個單字），就可以啟動人類的每一種行為，我總是很惱火。這種促發研究提出的推論包括：整個文化可能是建立在溫度調節這種基本生物機制的認知促發上。世界根本不是這樣運作的，演化所產生的大腦遠比那樣還要複雜。簡言之，我們一出生，在生物上就已經為參與文化做好準備了。天擇促成了一個層次分明的中樞神經系統，大腦的較新區域是層層堆疊在較舊的區域上，而不是取而代之，這種結構讓大腦可以更精密地掌控各種流程，例如體溫的調節。

我最早是在生理學家薩蒂諾夫於一九七八年發表的文章中接觸到這個概念，她認為，演化將較新的功能（比如管理社交互動的功能）層層堆疊在較早的功能（例如身體調節）之上。[10]在該文中，她請讀者先思考一種能夠感知溫度及調節體溫的生物，在牠演化的過程中，發展出另一種溫度調節行為，那刺激了另一種統合系統與第一個統合系統同時各自發展。演化仍持續進行，爬行動物改變了姿勢，從蛇在地面匍匐爬行的姿勢變成更高的姿勢。這促發了從外溫動物到內溫動物的演化，因為動物發展出體內產生代謝熱量的能力。隨著這種能力的發展，額外的系統也會跟著發展，以感應及調節體內產生的熱量。更高階的運動與體溫調節形式出現、神經系統日益複雜（神經系統會開始組織許多形式的動機行為），演化仍持續進行。

薩蒂諾夫認為，創造全新系統去解決現有系統已解決的問題，根本沒有必要；演化不會去承擔這種「沒必要的負擔」。她認為新系統是疊加在舊系統之上，結果就是形成一個層層堆疊的統合器階層，創造出一個真正的「因應溫度調節的階層架構，以便對『熱中性區』做越來越細膩的調節」（熱中性區是指恆溫動物可以在最小的代謝調節下、維持體溫的環境溫度範圍）。

雖然薩蒂諾夫的論文為我介紹了這種演化分層的概念，但安德森（Michael Anderson）在二〇一〇年的文章中提出更令人信服的證據來佐證「神經重用」（neutral reuse）的概念，即新功能（例如管理社交互動的功能）是利用舊機制（比如體溫調節）。11他的論點是建立在一個非常簡單的假設上。如果較新的任務使用較舊的大腦機制，你可以做一個簡單的預測：大腦中一個活動的位置，跟那個機制出現的演化階段有關。也就是說，體溫調節之類的較老機制是集中在大腦的後方，那些機制比大腦前方的結構演化得更早。較晚演化的任務（像是社交互動）則廣泛地分布在整個大腦，包括最新演化的額葉區域。雖然安德森沒有把焦點放在體溫調節上，但他提供的證據顯示，體溫調節與類似的神經流程是源於生物演化，而不是概念譬喻的文化仲介功能。

擠在一起作為文化的基礎

從嬰兒那種肌膚親密接觸的照顧，到社交網絡的多元化，中間發生了很多事情。其中有些事情是文化，那是出了名地難以定義。我在蒂爾堡大學（Tilburg University）的前同事蘇迪金（Karel Soudijn）與合作者統計發現，從一八七一年到一九八七年，「文化」共有一百二十八種定義。[12]著名的文化心理學家泰安迪斯（Harry Triandis）認為，這些不同的定義之間有一些重疊，他形容文化出現「在人與環境的適應性互動中」，是由「不同時代與世代所傳播的共同元素」組合而成。[13]

南極企鵝除了把擠在一起的動態習性傳給下一代以外，也會做相當於上述的一切事情（不過，天曉得實情又是如何呢？）。牠們有三八％的時間擠在一起，這讓個體省下一六％的代謝能量，這種節能方式大幅減少了脂肪組織的消耗。[14]擠在一起比顫抖更能有效地調高體溫，而且對人類來說，擠在一起也是通往文化與其他體溫調節方式（例如可靠的室內供暖）的橋梁。即使家裡有很好的壁爐或火爐，擠在一起仍是一種保暖的方式。在不提供中央供暖的文化或環境中，大家仍會擠在一起取暖。

對企鵝來說，擠在一起的企鵝可能多達數百隻；但是對人類來說，擠在一起的規模通常僅限於一個家庭或家戶。重點是，最有效率的擠在一起，不單只是兩個人相擁。企鵝擠在一起與人類擠在一起，除了規模不同以外，其實涉及兩個一樣的基本原則。第一，一定要有某個程度的社會組織，促使大家合作以實現共同目標。如果企鵝或人類決定走自己的路，而不是擠在一起，就無法採用這種分擔「體溫調節」的方法了。第二，擠在一起時的發熱與保溫機制幾乎是一樣的，兩者皆是靠實體接近來減少個體暴露在環境中的表面積。

顯然，人類已經發展出遠遠超越企鵝的社交體溫調節力，這就是文化元素開始出現的地方。對企鵝來說，可擠在一起的群體規模非常重要。擠在一起的企鵝越多，分擔體溫調節的任務越有效率，但前面提過，對成年的人類來說，網絡多元性對社交體溫調節的影響比網絡規模還大。

在依附方面，我們在嬰兒期與成年期之間發生了變化。我在第五章坦言，我們「尚未完全瞭解」那變化是什麼。有大量的跡象顯示，社交體溫調節在這個流程的展開中扮演要角，誠如第五章所示，透過社交來調解體溫的欲望，與你是否願意向伴侶透露資訊有著密切相關性。此外，瑞典卡羅琳學院（Karolinska Institute）的研究人員發現，與照護者有親密的肌膚接觸會使外周溫度升高，效果就像企鵝擠在一起一樣。事實上，肌膚接觸所產生的溫度，甚至比裹著衣服所產生的溫度還高。[15]費德曼（Ruth Feldman）與同事的研究顯示，生命初期的肌膚接觸，對於培養往後情緒調節的能力非常重要。[16]

誠然，許多支應社交體溫調節、情緒調節、文化的機制尚未找到清楚的解釋。然而，如果你想要一項令人信服的主觀證據來證明網絡多元性的重要，只要在冷天走進Native或阿爾卑斯咖啡館那樣的地方，點一杯熱咖啡，在舒適愜意的氛圍下（gezelligheid）享用，我保證你會感覺更溫暖。某種程度上，那種感覺可以歸因於咖啡的實體溫度，但那也跟你與聚在那氛圍中的人有一種連結感（網絡感）有關。

放大心智：語言的重要性

以體溫調節來說，我們無法光靠社交行為來區別人類與其他動物。此外，光靠工具的使用或文化，也無法區別兩者。許多動物能夠超越自身內部體溫調節機制的限制來維持恆溫，牠們簡單地運用環境作為一種工具，以擴展自身的調節能力。例如，貓感到寒冷時，可能會找個地方晒太陽；貓覺得太熱時，可能會找遮蔭的地方避暑。土撥鼠利用洞穴來因應草原棲息地的酷暑及嚴冬的酷寒。典型的土撥鼠洞穴長達五至十公尺，深度約兩、三公尺，這種洞穴可有效隔絕周遭天候的影響。在冬季，洞穴溫度往往維持在攝氏五到十度之間；在夏季，洞穴溫度往往維持在攝氏十五到二十五度之間。使用這種體溫調節工具，可以大幅擴展土撥鼠棲息地的生存範圍。

至少早在達爾文（Charles Darwin）於一八七一年出版的《人類的起源》（*The Descent of Man*）一書中，研究人員就已經描述了動物使用工具的例子（雖然博物學家仍在爭論

「工具」的定義，因此哪種動物行為稱得上是真正地使用工具，仍有待商榷）。[17]我自己為工具下的定義是：可以有目的地使用來實現目標的東西都算是工具，例如避暑或禦寒的方法；工具不限於可被有目的地操縱的物體（像是棍子或石頭）。傳統觀點認為，「使用工具」是人類有別於其他動物的高度認知行為之一，但肯定動物也會使用工具的人，則反對這種傳統觀點。我對工具的廣泛定義促使我們主張，人類不是唯一使用工具來調節體溫的動物。

人類的工具與工具的使用通常帶有社交意義，那些工具可能是合作事業所生產的，其正確使用方法可能是透過教育、學徒或其他訓練等社會方式傳授的。不過，使用工具不見得是一種社交行為，例如用石頭敲螃蟹不需要一群獼猴。由於有些動物（包括人類）會使用工具來取暖或降溫，因此人類與一些動物也會透過特定的社交體溫調節形式，來減輕個體體溫調節的負擔。

語言使用方面則有較明顯的區隔。語言可以簡化外部世界並賦予我們無限的計算能力，從而改變人類的生物與認知能力。語言讓我們更有效地控制情緒，也讓我們致力投入長期的關係（無論是不是一夫一妻制）。語言讓我們解決複雜的問題，例如提前預測天氣。[18]回想一下本書頭兩章所提到的研究，研究人員問身處在溫暖或寒冷的房間裡的人與他人的親密程度。在一項與此主題有關的研究中，我們要求參與者描述社交情境。我們發現，參與者身處在溫暖房間時，使用的動詞多於形容詞。[19]動詞當然是跟行動、做事、在世界上留下印記有關，本質上是社交性的；形容詞是指個體的屬性。認知科學家克拉克（Andy Clark）指出，語言「放大了心智」。[20]

雷可夫與詹森VS演化

第二章討論過語言使用與文化是如何結合在一起的。雷可夫與詹森在《我們賴以生存的譬喻》一書中主張，我們的思維方式，包括我們對人際關係的思考，主要是由概念譬喻所塑造的，或許甚至是由概念譬喻所決定的。他們說，在體溫調節方面更是如此，由此可見以溫暖（溫情）來比喻情感，是一種普遍的譬喻。[21]克韋切什（Zoltán Kövecses）在二〇〇五年出版的著作《譬喻與文化》（*Metaphor and Culture*）中提出類似的看法：「我們以比喻的方式把情感視為溫暖……因為童年經驗中父母的慈愛擁抱與伴隨而來的身體溫暖是相互關聯的。這給了我們一種『概念譬喻』：『情感就是溫暖』。」[22]

這個理論的奇特之處在於，雷可夫與詹森宣稱，「情感就是溫暖」是一個普遍存在的譬喻，卻不是先天存在的。當我們粗略地研究幾種語言之後，一開始似乎可以支持「該譬喻確實是普遍存在的」這樣的觀點。巴基斯坦的開伯爾－普什圖省（Khyber

Pakhtunkhwa）約有一萬人使用屬於印度—雅利安語支（Indo-Aryan）的帕魯拉語（Palula），在帕魯拉語中，táatu híṛu的字面意思是「熱心／暖心」，用來比喻慷慨大方。[23]在南島語系（Austronesian）的馬來—玻里尼西亞語族（Malayo-Polynesian）中，senyum yang meng-hangat-kan dada-ku意指「讓我內心感到溫暖的微笑」。[24]這些語言不僅彼此非常不同，也跟習慣以溫暖來比喻情感的西方語言截然不同，所以我們很容易認同「情感就是溫暖」想必是一種普遍存在的譬喻。早在二〇一〇年，我就在自己的博士論文中做出這個假設，我指出，根據少數幾個資料來源，這個譬喻是普遍存在的。

結果我又錯了。

我的朋友兼同事科普杰斯夫卡亞—塔姆（Maria Koptjesvkaja-Tamm）是語言學家，她編輯了一本有關溫度譬喻的精彩好書。[25]她對這個主題的研究比我更成功，因為她知道，為了建立普遍性，你必須系統化地調查大量的語言樣本，最好是取自多種不同的語系。科普杰斯夫卡亞—塔姆（朋友都稱她瑪莎）調查了八十四種語言，其中有許多語言來自她編輯的那本書，她也以其他的語言學家所提供的例子來補充她的取樣。

結果發現，不是每種語言都以相同的類別來表達溫度。有些語言對溫度有兩種說法（暖與冷），有些語言有三種說法（暖、冷、熱），有些語言的說法更多。在一些語言中，暖與熱是不同的。許多語言以溫暖來代表情感，但也有一些語言不使用這個比喻。在瑪莎抽樣的八十四種語言中，有三十二種語言缺乏「情感就是溫暖」的概念。此外，有些語言會區分暖與熱，比如英語，但多數語言不做這樣的區別。

看過了夠多的樣本，你會發現使用「溫暖」來譬喻情感，主要是出現在歐亞語言中，尤其是歐洲語言。此外，在抽樣的一些語言中，使用「溫暖」來譬喻情感的表達方式，似乎是從其他語言借來的。有趣的是，「熱」可用來譬喻強度或危險，也可用來形容過度的情緒、極度的渴望、熱情，以及性慾、憤怒、實際暴力、危險魔力等強烈情緒。以「熱」來譬喻憤怒的語言，比用「溫暖」來譬喻情感的語言還多。在一些語言中，「冷」常用來指情感溫暖、激情或熱情的反面，但在另一些語言與語境中，「冷」則是指冷靜、和平、客觀現實或理性。一般認為「情感就是溫暖」是一種普遍存在的譬喻，關於這樣的推論，即使是在使用溫度來比喻各種情感狀態的語言中，「溫暖」所表達的溫度範圍，也不見得是用來表達情感。關於瑪莎取樣的語言，可參閱以下頁面的表格以瞭解概況。

因此，我們可以放心地推論，人類不是普遍透過溫熱的概念譬喻來感知社交溫暖或情感溫暖。顯然，這並不表示那些語言中未把溫熱視同情感／社交溫暖的人，就無法感受到溫熱與社交溫暖。他們肯定也有這種能力，只是他們沒有把譬喻當成一種工具，藉此把身

語系／語族	語言	溫暖＝情感？	位置	暖＝熱？
印歐語系／日爾曼語族	丹麥語、荷蘭語、英語、德語、瑞典語、冰島語	是	歐洲	否
印歐語系／斯拉夫語族	波蘭語、俄語、塞爾維亞語、烏克蘭語	是	歐洲	否
印歐語系／波羅的語族	拉脫維亞語、立陶宛語	是	歐洲	否
烏拉爾語系／芬蘭－烏戈爾語族	芬蘭語、匈牙利語	是	歐洲	否
烏拉爾語系／芬蘭－烏戈爾語族	彼爾姆科米語	是	俄羅斯的烏拉山脈	否
烏拉爾語系／芬蘭－烏戈爾語族	漢特語	是	西伯利亞／俄羅斯	否
阿爾泰語系／突厥語族	土耳其語	是	土耳其	否
阿爾泰語系／突厥語族	巴什喀爾語	是	俄羅斯巴什科爾托斯坦	否
阿爾泰語系／蒙古語族	喀爾喀蒙古語	是	蒙古	否
日本語系	日語	是	日本	否
漢藏語系／漢語族	漢語普通話、廣東話	是	中國	否
南島語系	印尼語	是	印尼	否
阿爾吉克語系／阿岡昆語族	東奧吉布瓦語	是	美國中西部上區、加拿大中部	否
印歐語系／義大利語族	拉丁語	否	義大利	否
孤立語	馬普切語	否	智利中南部、阿根廷西南部	否

語系／語族	語言	溫暖＝情感？	位置	暖＝熱？
瑪雅語系	猶加敦馬雅語	否	墨西哥	否
歐托－曼格語系	森松特佩克查蒂諾語	否	瓦哈卡東南部、墨西哥中南部	否
尼日－剛果語系／古爾語族	格魯納語	否	迦納、布吉納法索	否
印歐語系／希臘語族	現代希臘語	是	希臘	是
印歐語系／羅曼語族	義大利語、法語	是	歐洲	是
印歐語系／伊朗語族	波斯語	是	伊朗	是
印歐語系／印度－雅利安語族	帕魯拉語	是	巴基斯坦	是
印歐語系／印度語族	馬拉提語	是	印度	是
印歐語系／亞美尼亞語族	現代東部亞美尼亞語	是	亞美尼亞語	是
烏拉爾語系／薩莫耶德語族	恩迦納桑語	是	西伯利亞／俄羅斯東北部	是
印歐語系／希臘語族	古典希臘語	否	希臘	是
漢藏語系／漢語族	嘉絨語	否	中國（四川）	是
南島語系／蘇門答臘島西北－堰洲島語族	尼亞斯語	否	印尼	是
印歐語系／以日耳曼語為基礎的克里奧爾語	比斯拉馬語	否	萬那杜	是
南島語系／大洋洲語／南美拉尼西亞語	薩拉庫烏語	否	新喀里多尼亞	是
南島語系／大洋洲語／北萬那杜語	十八種不同的語言	否	萬那杜北部	是

語系／語族	語言	溫暖＝情感？	位置	暖＝熱？
巴布亞語系／東帝汶－阿洛－潘塔爾語	克芒語、布宜語	否	印尼東南部阿洛島	是
巴布亞語系／跨紐幾內亞語系／安加語	門亞語	否	巴布亞紐幾內亞	是
非帕瑪－努干語系／吉姆比尤語族	達拉邦語、比寧基語、剛沃語	否	澳洲	是
愛斯基摩－阿留申語系／因紐特語族	西格陵蘭語	否	格陵蘭	是
納－德內語系／北阿薩巴斯卡語族	庫育空語	否	美國阿拉斯加	是
基奧瓦－塔諾安語系	亞利桑那特瓦語	否	美國、亞利桑那州	是
猶他－阿茲特克語系／努米克斯語族	西莫諾語	否	美國、加州中部	是
波宏語	波宏語	否	秘魯	是
亞非語系／閃語族	阿姆哈拉語	否	衣索比亞	是
尼日－剛果語系／克瓦語	埃維語、希利語、阿寒語、加達語、力克佩語、約魯巴語	否	迦納、布吉納法索、多哥、奈及利亞	是
尼日－剛果語系／古爾語族	格森語、布利語、達加爾語	否	迦納、布吉納法索	是
尼日－剛果語系／阿達馬瓦－烏班吉語族	格巴亞語	否	中非共和國	是
尼日－剛果語系／大西洋語族、曼德語族	沃洛夫語、曼丁哥語	否	塞內加爾	是

體的冷暖感覺轉化為一種概念性的表達，以表示他們覺得社交環境有多熱絡或冷淡。

根據瑪莎從相當大的語言樣本中獲得的資料，我們知道人類文化在「情感就是溫暖」方面是有差異的。這種差異並不表示，對於碰巧只會說西格陵蘭語的格陵蘭人或只會說阿姆哈拉語的衣索比亞人來說，溫暖與情感之間的關聯是斷裂的。我、瑪莎，以及許多研究人員（包括鮑比、安斯渥、哈洛）在嬰兒期的依附、社交體溫調節、成年的社交依附中都看到這種關聯。只因為西格陵蘭語與阿姆哈拉語不把溫暖視同情感，就認為說這些語言的人注定依附關係有缺陷、過著沒有情感的生活，那實在太荒謬了。體溫調節很有可能不是讓人產生依附關係的唯一因素。

因此，雷可夫與詹森在《我們賴以生存的譬喻》中所提出的「概念譬喻理論」，與「情感就是溫暖」不是普遍存在於所有文化的概念，是相互矛盾的。第二章提過，概念譬喻理論也與Cyberball電玩研究的結果，以及那章討論的其他研究結果相互矛盾。此外，概念譬喻理論若要成立，概念譬喻必須普遍存在，但不是先天就有的。雖然表達不見得只能靠語言，但有那麼多的語言都缺乏譬喻，似乎與普遍性的基本論點互相矛盾。簡言之，從薩蒂諾夫與安德森的研究，我們知道大腦根本不是那樣運作的；我們也看到社交行為不是那樣運作的，而且語言上根本沒有跡象顯示概念譬喻理論是正確的。目前我們對內溫型恆溫動物所知的一切，都告訴我們，社交體溫調節的需求是普遍、也是先天的，是多年複雜的演化發展所帶來的，很可能是存在於薩蒂諾夫所描述及安德森進一步闡述的層層堆疊流程中。

不是單靠下視丘

本章的標題「不是單靠下視丘」，可能會讓一些讀者聯想到這是間接引用馬太福音（4:4）與路加福音（4:4）的名言：「人活著不是單靠食物。」那不是我的本意，其實此標題是對環境科學家理查森（Peter J. Richerson）與人類學家博伊德（Robert Boyd）二〇〇五年合著的《不是單靠基因》（*Not by Genes Alone*）致敬。26

理查森與博伊德一開始就提到，儘管人類在許多方面與其他哺乳動物非常相似，但在自然界中已經演化到獨一無二的境界。多數的相似處顯而易見，但有些相似處令人驚訝，例如企鵝與人類都把擠在一起當成社交體溫調節的方式。理查森與博伊德認為，人類與其他動物之間真正具有決定性的行為差異（尤其是創造文化的社會行為），是讓人類有別於地球上其他一切生物的現象。

理查森與博伊德那本書的副標「文化如何改變人類演化」（*How Culture Transformed Human Evolution*），針對文化與人類演化提出一個耐人尋味的觀點，但我們也不能忽視那本書的主標題，「不是單靠基因」當然是指人類的演化不完全是靠基因遺傳的，但我們知道它確實深受基因的影響。人類演化成比其他物種更活躍的動物，也演化出比其他動物更大的大腦（相對於體重的比例），並擁有哺乳動物中最大的大腦皮質（即「高階大腦」，相對於整個大腦的比例）。人類迫切需要幫大腦降溫，三百二十萬年前全球變冷，很可能促成了人腦體積變大的演化。

認知能力的增強，肯定會強化人類適應幾乎每種棲息地的能力，這個特質也讓我們與眾不同。人類的氣候適應範圍之所以那麼廣，是結合生物演化與文化演化的結果。人類為了生存，發明了一系列出奇多元的工具與方法，此後也將持續發明下去。倘若讓每個人獨自生存，如今人類就不會有那麼豐富多元的發明可用了。這種技術的多元性（以及因此擴展的廣大適應範圍）需要極其多元的社交網絡，人類有別於其他生物的另一個特質是，社會、文明、文化這三者的規模、複雜度、合作性。

目前為止，我在本書中一再提到某個看似生物演化與文化演化的交集。理查森與博伊德在人類身上看不到這兩種演化形式的明顯分界，他們認為，在人類的演化過程中，並沒有絕對的路標顯示我們正要結束生物演化並進入文化演化。誠如我反對傳統的笛卡兒身心二元論一樣，理查森與博伊德也反對「先天 vs 後天」這種傳統二元論。他們認為，從生物演化到文化演化的流動不是單向的：文化演化最終會影響天擇，因此有助於基因演化的形塑。所以，文化不完全是人類基因的產物，也不是人類以某種方式建立在自然演化之上的東西。理查森與博伊德描述人類獨特的文化、社會、技術行為是一種演化適應，就像用兩條腿走路一樣。我們必須瞭解一點：行為雖是演化的產物（比如兩足行走），但行為的產物（從修水電到政治）並不是單純直接從基因演化而來，而是基因演化與文化演化之間更複雜地交流的結果。

兩者交流的結果是什麼呢？如今很少人生活在以自然為主的環境中，更遑論是純天然的環境了（不受文化發明與文物影響的「自然狀態」）。理查森與博伊德認為，自然與文化環境透過天擇來塑造人群中的個體生存，因此，這兩種環境都會影響哪些基因會世代相傳。所以，天擇（**natural selection**，又譯「自然選擇」）不僅受到「自然」環境的影響，也受到文化環境的影響。這種說法，歸根結柢是在主張文化是源於人類生物學，而這種說法與溫度調節的關係最為密切。

我們回頭來看一下我們的朋友企鵝。牠們合作的社交行為，促使牠們以擠在一起的方式來分擔維持內溫恆定的任務。多數人應該都能輕易理解，這種社交體溫調節是一種生物演化適應。我們很容易把企鵝擠在一起視為直接源於基因演化的一種社交行為，因為那雖然是一種社交，卻不需要複雜的文化（比如宗教儀式或民族國家）或卓越的技術發明（例如網際網路）。雖然企鵝的行為看起來往往像是卓別林那樣，展現出迷人的擬人化，但企鵝不會建立議會、建設城市、發明網際網路，或在約會APP上往右滑動螢幕以尋找依偎在一起的伴侶；牠們也不太可能發明一種可以加熱身體的腕帶，來取代擠在一起取暖。人類文化的複雜與多元性，如此徹底地調和了人類與自然環境的關係，以至於我們可能很難意識到，家中那個要價兩百五十美元、控制屋內冷暖氣的「智慧型」恆溫器，其實可以遠遠追溯到我們稱為「天擇」的基因演化規則，而且這整個演化過程毫無中斷。

如果你覺得很難理解，人類文化中最現代的表現形式是如何與最原始的生物演化規則相連的，那你或許更難接受這些現代表現形式可能會深深影響我們的基因，但這正是理查森與博伊德的主張。發明中央供暖系統的文化技術，包括最近的數位科技與人工智慧精進，不僅源自於生物演化，也會在持續進行的演化流程中持續影響我們的基因構成。我承認這個說法很複雜，事實上，我認為我們目前所知還不足以證明這點。儘管提出這樣的但書，但隨著時間的推移，當中央供暖系統及其他先進的升降溫技術，如此徹底地調節我們的生活環境時，那些技術無疑將會影響我們彼此之間的互動關係，而我們的互動關係又會進一步影響那些決定基因如何代代相傳下去的行為。

從基因到咖啡，再到科技

一五九三年，伽利略發明了溫度計，促成人類使用溫度計來衡量體溫，威尼斯的醫生桑托里奧（Santorio Santorio）在一六一四年出版的《統計醫學的藝術》（*Ars de Statica Medicina*）中首次說明了這點。桑托里奧的著作經常再版，好幾個世代的醫生都拜讀過他的大作，該書提供了體溫量表，醫生可以用它來比較病人的體溫。顯然，體溫是生理學的重要組成，對健康有重要的影響。最後，醫生得出以下結論：健康的體溫是侷限在一個非常窄的範圍內，無論環境溫度如何，都必須維持在該範圍內。從這項認知可以發現，人類對於體溫調節的重要性，開始出現文化上與認知上的理解。隨著達爾文的著作《物種起源》（*On the Origin of Species*，一八五九年）與《人類的起源與性擇》（*The Descent of Man, and Selection in Relation to Sex*，一八七一年）的出版，演化論逐漸獲得闡述，大家因此推測，內溫機制（動物透過自身的代謝熱能、而不是依賴環境熱量，來維持代謝溫度的能力）可能是構成演化的最重要因素之一。

好的，但我們是如何從擠在一起睡覺取暖，變成創造出如此複雜的現代社會來取暖的呢？我們暫時先回到我最喜歡的那兩間咖啡館，Native和阿爾卑斯咖啡館。兩者都很舒適愜意（gezellig），提供社交和情感上的「溫暖」，讓我感覺就像與家人一起過耶誕節一樣，也可以連結更大、但依然在地的社群。業主的態度與行為、場所的外觀與觀感，以及受到這些場所吸引的人（這群人相當多元，他們可能都有想要體驗社交溫暖及一杯好咖啡或好茶的渴望），都大幅提升了這兩地的舒適愜意氛圍。

別忘了，這兩家咖啡館都是以「熱飲」為主軸所建立的，《宅男行不行》裡的謝爾頓也認為熱飲是「社交禮儀」中不可或缺的萬靈丹。我們已經看到，一些實驗（包括我自己做的）已經證實，光是握著一杯熱飲，就能對社交情感與認知產生明顯的影響。如果就像巴布．狄倫（Bob Dylan）所唱的：「你不需看天氣預報，也可以知道風向」；那麼，你也不需要心理學家來告訴你，一杯熱咖啡或熱茶可以讓你感覺良好，或者至少讓你感覺變得比較好；也不需要心理學家、環境科學家或人類學家來告訴你，這種感覺是真實的——也就是說，是生理的，而不單只是腦中的「領航員」告訴你的。喝你最愛的熱飲，就是會給人一種心滿意足的感覺。

這種滿足感可能源自於對體溫調節的基本生物需求，但我們先思考一下提供這種滿足感所涉及的文化複雜度，尤其是在舒適愜意的咖啡館情境中。首先，茶葉與咖啡豆都不是荷蘭或法國阿爾卑斯山原產的。茶樹與咖啡樹大多是栽種在遠離歐洲的氣候環境中，而且往往是在非常偏遠的種植園裡。大規模地栽種茶樹與咖啡樹，需要高度的社交、商業、經濟、技術組織。此外，收成後也需要大量加工、製造、包裝與運輸。事實上，生產、運輸、行銷、銷售是全球性的事業活動，只有在最高程度的文化組織與社會多元性下，才有可能發生。

為Native和阿爾卑斯咖啡館這種地方供應產品，而且不是隨便任何產品，而是多種特別美味的產品，究竟需要涉及多少人員和組織，這已經超出我的估算能力。該流程涉及的技術，包括農業、科學、商業，更遑論這些產業的廣泛通訊與運輸中所使用的技術了。總之，以茶和咖啡來滿足體溫調節需求，需要一個涵蓋範圍既廣泛又極其多元的社交網絡通力合作。

依附是在出生之後就馬上開始，那時新生兒除了有依附照顧者的能力以外，是完全無助的。成人之所以能適應地球上幾乎任何地方的生活，是因為我們有能力持續地形成依附——不僅是人對人的依附，也透過分工廣泛又複雜的網絡去依附他人（成員把自己的各種需求外包或委託給其他人）。溫度調節方面更是如此。在工業化以前的社會，人與人擠在一起，利用彼此，把體溫調節的任務分擔出去。他們可能也會派家人去收集燃料來生火，或是以有價值的東西去換取別人收集的燃料。隨著文化日益技術化，人們設計並打造出更有效率的溫度調節方法，例如更實用的室內壁爐、爐子，最終發明了複雜的中央供暖系統。把冷空氣加熱的技術，遠比把熱空氣冷卻的技術更早出現。一九〇二年，美國的發明家開利（Willis Carrier）才發明大規模的電氣空調，直到二十世紀中葉才普及。

隨著供暖與冷卻技術的發展，供應燃料變成一門生意。隨著文明日益都市化，取暖的燃料變成一門更加複雜的生意。燃料競爭也變得越來越激烈且複雜，工業以及蒸汽製程與蒸氣運輸方式的演進爭搶著燃料。能源演變成一大經濟「部門」，開採及鑽探化石燃料變成利害關係很高的事業，最後還影響了全球地緣政治。有點年紀的人應該還記得一九七〇年代的「能源危機」，當時由中東石油與天然氣生產國所組成的強大獨占利益聯盟「石油輸出國組織」（OPEC），刻意製造石油短缺，把美國與歐洲當成人質。美國總統卡特（Jimmy Carter）身穿厚羊毛衫，出現在電視上，建議國人調低溫控器，拆下不必要的燈泡，這一切都是為了節約寶貴的化石燃料能源。

到了一九五〇年代末期，許多最先進的國家運用了當時最先進的能源技術——核分裂發電。數十年後，那導致一些近乎災難的後果，例如一九七九年美國賓州哈里斯堡附近的三哩島核洩漏事故；以及真正災難性的後果，像是一九八六年烏克蘭車諾比核事故、二〇一一年日本福島第一核電廠事故。後來，開發出比較良性的先進能源技術，包括太陽能、風力渦輪發電。智慧型數位技術是以較小的規模，應用在家庭與企業的供暖上——二〇一一年推出「智慧型恆溫器」，是使用機器學習演算法來學習使用者的溫度調節習慣，以調節室內供暖與冷卻，達到有效率又經濟的舒適度。最新一代的智慧型恆溫器，是透過網路與WiFi來回應語音指令及遙控。

如前所述，對內溫動物來說，體溫調節對短期生存的重要性僅次於氧氣供應。這也難怪體溫調節是嬰兒依附的一大原因，而「發現火」幾乎已經成為文明開始的同義詞，在世界神話中擁有各種神聖的地位，其中大家最熟悉的，當屬希臘神話中的普羅米修斯（Titan Prometheus）為了人類利益而從天上盜火下凡。體溫調節是生物演化與文化演化的重要核心，雖然其重要性是原始的，但溫度調節在生物演化與文化演化的過程中一直存在，而且它在當代文明中，一直是驅動一些最緊迫的地緣政治議題與先進技術的因素。這種演變是持續的，未曾間斷。

基因演化與文化演化的交融

文化以及文化的產物（我們稱為技術）無疑已經把人類的社交體溫調節加以延伸、精進、細分。不過，文化演化的出現與蓬勃發展，並未讓基因演化流程結束，而是像兩條河流交匯在一起。基因演化是人類社交體溫調節的主要原動力，我們可以從依附現象及共同調節機制中推斷出這點（參見第五章）。此外，基因演化為體溫調節挑選了多種型態適應，但任一種都不足以解決與溫度有關的一切挑戰。

不過，在這些演化適應中，有些適應讓我們能夠、甚至迫使我們啟動文化演化，而文化演化比解剖結構的適應更能有效地解決那些溫度問題。從大腦的大小來看，演化上，大腦增大與骨盆縮小碰巧一起發生，這可能創造出「助產」的必要性——即如今我們所謂的社會、文化、文明的雛形。為了在個體內部充分發育，變大的大腦有著特別廣泛的皮質表面，導致頭部所需要的空間超過子宮的限制。這種基因演化的產物，需要文化演化的輔助，而文化演化既是體積大又有能力的大腦所創造出來的產物，也是讓大腦進一步發展的機制。至於文化演化，不僅影響了個體的大腦表型（phenotype），更以天擇的方式影響物種的大腦基因型（genotype），那種影響程度究竟有多廣大，目前仍是未解之謎。

如果我們接受「文化演化有基因效應」的觀點，就能無止境地推測某個卓越的演化臨界點是否即將到來。在那個臨界點上，文化演化的基因效應（也許可稱為「文化選擇」）將會過度抵銷生物演化的基因效應（真正的天擇／自然選擇）。不過，現在看來，在我們目前的演化狀態下，證據顯示生物驅動的演化仍會持續存在。對生活在技術先進地區的人來說，社交體溫調節必須依賴社交行為，而那些行為會創造、培育、協調一個夠多元的群體，以組織文化、社會與文明；這些社會結構將會衍生出能夠滿足每個人體溫調節需求（及其他需求）的政治、制度、技術系統。不過，人類與企鵝的行為的主要原動力，都是為了同樣的生存必要性：維持溫度恆定。

然而，有些人可能會主張，在企鵝身上發現的社交體溫調節，跟人類的社交體溫調節根本不一樣。企鵝演化是為了適應非常寒冷的氣候，擠在一起的行為對生存而言是絕對必要的，不擠在一起，就不會有今天的企鵝。相較之下，人類是在溫暖的非洲大草原上演化，因此人類在演化過程中沒有必要採取一種社交行為來協調保暖。

這種論點很容易反駁。這種說法之所以有誤，是因為它忽視了一個事實：大草原在夜裡會變得比較冷。隨著地球每次自轉，環境溫度都會發生顯著的變化。

一九七三年八月，布魯克（O. G. Brooke）、哈里斯（M. Harris）與薩爾瓦沙（Carmencita B. Salvosa）發表了一篇論文，提到十二名營養不良的牙買加孩子，年紀介於四個月到十六個月大不等，他們研究這些孩童接受營養不良治療前後的狀況。[27]別忘了，牙買加全年炎熱，夏季與冬季的溫差很小，即使在冬天，白天的溫度也高達攝氏二十七到三十度。不過，夜間溫度是攝氏二十到二十三度。布魯克等人指出：「這些嬰兒的保溫能力與直腸溫度之間的相關性，只有在夜間才顯著」，而且「這些兒童體溫調節失靈的主因，在於他們在寒冷壓力下並未增加生熱量。」

從人類演化初期開始，晝夜溫差就迫使人類不得不做社交體溫調節。證據顯示，當尼安德塔人開始讓嬰兒貼近他們的身體，從而幫嬰兒調節體溫時，嬰兒的存活率就增加了（即使是在高緯度和高海拔的環境中亦然）。[28]還記得現代研究顯示，襁褓中嬰兒的外周溫度，比直接接觸照顧者肌膚的嬰兒低。這些都是社交體溫調節作為一種依附的例子。

我們可從薩蒂諾夫與安德森的研究推論，演化為體溫調節中的階層創新提供了充足的條件，創造出一個由越來越複雜的統合器所組成的系統，最終形成主要的恆溫器：下視丘。然而，體溫調節的演化發展，並沒有隨著這種結構的出現而結束。它和它協調的系統，是我們許多（但不是全部）社交互動的內在聯繫，這些互動不是建立在實體溫暖的認知社交譬喻上，而是建立在恆溫動物必須調節體溫才能生存下去的基礎上。我們所謂的社會與文化，隨著大腦變得更有能力提前預測溫度而演變。事實上，預測及組織社交關係的能力，與預測環境溫度及啟用溫度調節方法的能力，是同步發展的。這就是社交體溫調節的本質，它是源自於演化，而不是認知。

不過，話又說回來，演化本身已經超越了這些根源。它迫使人類文化開始演化，也讓人類文化得以演化，社交體溫調節成了驅動文明多元性的因素，促成五花八門的發明，其中有些與社交體溫調節直接相關，有些與社交體溫調節間接相關。親愛的讀者，我希望你現在已經相信，人類生活中到處都能看到溫度的影響，這種信念可以為下一章提供必要的背景知識。我們將在下一章探索一個至少與恆溫動物的出現一樣古老的重要東西，我們會看到它在現代社交上的應用，以及它所帶來的負擔與解放。

第 七 章

為什麼你該在冷天賣房

溫度對行銷的影響

對多數人來說，房子是我們最大的個人金融資產，是我們做過最重要的買賣決定。認真的買家在採取行動之前，會先研究市場及其趨勢、社區、當地學校、犯罪統計資料、「宜居指數」，以及許多其他面向。然而，根本上，房子只是遮風避雨的住所，它只是我們為自己、家人、賓客管理社交體溫調節的工具罷了。

現今的房子可能有很複雜的調溫功能，不過，儘管購屋者挑選房屋的原因五花八門，一間房子調節溫度的背後意義，主要是源自於演化。想辦法創造及維持溫度恆定是攸關生死的問題，重要性僅次於找到維持呼吸的方法。無論我們搜尋過多少房地產的網站，研究顯示，氣溫下降時，買家會覺得待售的房子更有家的感覺、更溫暖，因此願意支付更高的價格。氣溫下降時，社交體溫調節就像漲潮一樣，一舉推高了水面上的所有船隻。

房地產經紀人可能告訴你，他們不需要心理學家來指教他們如何賣房子。澳洲線上房地產雜誌《房地產》（*Domain*）的文章寫道：「冬季的最佳展示方式……是以壁爐的火堆作為客廳的焦點。」該文的作者確實向一位臨床心理師請教了這點，那位心理學家指出：「那可以讓人感到溫暖，回想起童年的快樂時光，感到舒適、安全、受到關愛。」她接著又說：「覺得溫暖時，通常會感覺良好，感到安心。覺得寒冷時，所有的負面觀感都會湧現，你開始覺得身體不太舒服……那不是買賣房子的最佳時機。」1

那位臨床心理師的說法暗指，有壁爐加溫的房子與屋外嚴寒之間的反差，是有效推銷房子的利器。《房地產》的另一篇文章指出，房市「最積習難改的觀念之一」，是誤以為「春天賣房的成效最好」。該文反駁了這種觀點，指出冬季是「營造躲避風雪的避風港」的大好機會。例如透過以下技巧：「創造暖色系居家……使用時下流行的灰粉色、橄欖色、黃褐色等大地色調」，「即使是最冰冷的室內也會因此暖和起來」；採光應該偏向色譜的「暖黃色」那端，而不是「冷螢光」那端。《房地產》也建議，在「室外的冬季花園或庭院」，設計一個火爐。2

房地產經紀人也告訴我們，要在待售的房子裡營造溫暖的感覺，不是只能靠熊熊熱火來溫暖房間。很多人都知道開放式壁爐其實是效率欠佳的室內取暖方式，但壁爐中熊熊燃燒的烈火所呈現的景象與聲音，確實令人感到溫暖，就像暖色系也有同樣的效果。《房地產》雜誌指出，我們也可以巧妙地運用嗅覺刺激。「利用『香草琥珀香晶體』（Vanilla Amber Aroma Crystals）❸，營造溫暖又舒適的氛圍，幫助潛在購屋者放鬆。記得用真正的香草。」3你可以看到該文作者很隨性地將溫暖視為一種「舒適」的氛圍，有助於潛在買家「放鬆」。

❸ 譯注：這是自製的香晶體，在海鹽晶體上滴入幾種香草精油。

別妄下結論，變數太多了

一位房地產經紀人接受《房地產》雜誌訪問時談到，她在澳洲賣過一棟房子，那棟房子「有一個寬廣的花園露台，冬天面向波濤洶湧的大海，迎著狂風吹拂」。她開了暖氣，但在開放看屋日刻意把暖氣調小，「點燃蠟燭，放一些有情調的音樂。」她告訴《房地產》雜誌，那棟房子「之前的售價是兩百五十萬澳幣，最終是以兩百七十六萬澳幣賣出，成果斐然，我覺得這一切要歸功於在冬天做出那樣溫暖的展示」。

由此可見，在「寒冬」戶外環境的對比下，提供「溫暖」的室內環境能夠有效地提高賣價。或許吧！但是，一如既往，當我們試圖根據心理學原理提出切實可行的現實建議時，往往赫然發現我們生活在一個充滿因果關係的世界裡，深受多種可能變數的影響。

因此，我們應該謹記統計學中所謂的「可解釋變異」（explained variance），而我們通常只能解答其中一些。例如，房地產產業裡，購屋者的購屋時間會受到一些固有的變化所影響，比如熱門假期有較多的閒暇時間看房、總體經濟狀況（景氣好壞）、房貸是否容易取得等等。

此外，冬天雖然可以讓一棟精心陳列的「溫暖」屋子看起來特別有吸引力，但在很多地區，這種賣屋方式需要買家在寒冬中冒著風雪與凍雨去看屋，那很容易令人望之卻步。一間房子或許在冬天看起來價值較高，但要是缺乏前景與競爭出價，就可能會壓低價格。那些因素與溫度無關，卻也會影響一間房子的預期售價。所以，在我們深入研究資料之前，這裡有個免責聲明：除了溫度以外，還有其他變數也對房屋的售價有很大的影響。

對家的依戀是一種體溫調節機制

雖然我們應該認真看待這種涉及多種因果關係的情況，但無論你是想賣屋、還是推銷其他產品、服務、想法或觀點，瞭解背後的演化與文化驅動因素，仍能為你增添一些優勢。知道該從演化與社交體溫調節的哪個角度出發以說服顧客，其實滿實用的。我們也應該注意，不要從單一面向解釋我們與房屋及其他「商品」之間的溫度調節關係。

歷史顯示，人類一直在尋找空間的分界線——從天然洞穴、壁龕、洞室到小屋，最後是房屋——以便把掠食者與大自然的力量隔絕在外，尤其是抵禦要命的酷寒。我認為，生存是一個關鍵的動機，促使人類強化住屋功能，使其超出維持基本生存所需。物質文化的證據也證明了，住屋是用來滿足我們的從屬或歸屬感。一間房子越能夠滿足這種從屬或歸屬感的需求，感覺起來越舒適溫馨，也會越有家的感覺，或者套用依附理論的說法，越容易讓人覺得那是一個「安全的避風港」。許多研究提出以下假說：我們把某個空間分界視為「家」的認知機制，跟早期演化與個體發展時，幫助我們透過其他人來禦寒的生理機制（即依附與恆定體溫調節機制）是一樣的。

早期人類與其他哺乳動物，確實會把體溫調節任務分散給一個群體來承擔，而在社交演化的過程中，房子至少取代了一部分社會分擔的功能。某種意義上來說，這個概念如此明顯，甚至不言而喻。隨著文化發展，房子變成一種方便又有效率的禦寒方式，再加上室內供暖技術的發展，也提供了產生熱能的方法。

為了研究這點，我和以前的學生范艾克（Bram van Acker）與潘托夫萊特（Jennifer Pantophlet），以及其伙伴克瑟雷爾斯（Kayleigh Kerselaers）一起設計了幾個研究，以測試氣溫下降時，房地產廣告中的房屋是否變得更有吸引力。我們想要測試「房子就是家」的概念中、比較沒那麼顯而易見的一面：更具體地說，是它的社交體溫調節功能。我們想知道，環境溫度較低，會不會讓人對房屋產生偏好，就像低溫使人對他人產生依附感，而去租浪漫電影來看[4]或產生懷舊念頭一樣。[5]由於房地產經紀人直覺認為「溫暖」的房子最熱銷，所以我們試著從經驗上驗證，像家一樣的房子，要如何藉由營造「家的感覺」讓我們想要與他人在一起。此外，我們也想調查這種歸屬感能不能滿足體溫調節的需求，以及是否會使人更願意為廣告中的房子支付更高的價格。

我們的推論是，溫度與「家的感覺」之間的關聯，是由我們想與他人在一起的動機所促成的。接著，我們設計了一套研究，裡面包含三個研究，以調查較低溫度如何誘發社會心理學家帕克（Lora E. Park）與馬納（Jon K. Maner）所謂的「歸屬的渴望」，[6]這個歸屬的渴望是由想要打電話給朋友或跟朋友在一起等行為來衡量。從這裡，我們希望進一步知道，這種歸屬的渴望如何促使我們對「感覺像家」的房子產生偏好。為了確保研究結果的準確性與可複製性，我們使用線上協作網站「開放科學平台」（Open Science Framework）來決定我們的假說，並在收集資料之前先暫停一切決定，把探索性的「假說生成研究」與驗證性的「假說檢驗研究」分開。

我們認為，較低的溫度應該會引發一種「歸屬的需求」。此外，溫度也能用來預測一個人覺得一間房子多有家的感覺，以及他願意付多少錢買那間房子。第二個維度因為看似較為「客觀」（因為它提供具體的數字，例如對溫度的感知，而不是「較暖」或「較冷」這種主觀的感覺），也許能佐證一個觀點：待售屋給人的「居家舒適感」渴望，與行動的經濟性有關。本書前面提過，行為生態學以及由此延伸的體現認知，可為行動機會的決策提供資訊，以便權衡行動的效益與成本。例如，面對相同的斜坡時，背負沉重背包的人所估計的坡度，會比沒有背背包的人還陡。一個人所估算的上坡代謝成本（能量消耗），會影響他對角度的「客觀」感知。就像考慮爬坡的旅人會先自問是否負擔得起爬坡的代謝成本一樣，潛在的購屋者雖然想要一個溫馨的家，但也會自問是否負擔得起那些舒適特質的額外成本。

我們在本書中已經看到，體溫調節在人際互動中扮演多麼重要的角色。體溫調節在基因與文化的演化，以及這兩種演化的持續相互交流中，都扮演吃重的角色。尤其，我們已經看到社交體溫調節如何促使我們組織與加入更多元的網絡，創造文化、社會、文明。這一切的核心，都在於我們始終非常需要把核心溫度維持在很窄的範圍內，以達到溫度恆定。雖然如今人類已經開發出許多工具，使富國的人民不再覺得這是如此重要的問題，但這其實是攸關生死的迫切課題。

行動的經濟性，促使人類和其他哺乳動物想辦法把調節代謝能量的任務分擔出去，所以調節溫度的方式變得更有效率，也更好預測。這些社交體溫調節方式，比獨自的體溫調節行為（例如顫抖）更節能，也更有效。隨著文化演化在人類發展中發揮更大的作用，我們開始穿衣，尋找或建造住所，以便以更好預測的方式來調節溫度。即使文化演化層層堆疊、日益複雜，體溫調節的最初演化驅動力仍持續運作，而且大家仍能感受到它們的存在；我們依然把他人視為讓自己不至於凍死的共同標準。但問題是，我們思考自己與房屋的關係，以及自己與許多產品或品牌的關係時，我們的想法大致上跟我們思考自己的人際關係是一樣的。為什麼呢？那是因為有些關係（無論是有生命的實體、還是無生命的實體）不僅會在比喻上影響體溫調節，也會在生理上影響體溫調節。此外，我們也會把個人關係模型投射到產品上。

實際溫度能夠預測買家願意付多少錢 °C

人類組織了人際關係、社會、文明、文化，在很大程度上是為了取暖。即使我與同事認為這是真的，也不表示這就說明了一切。我們針對「家作為體溫調節機制」的概念所做的研究，包含一個初步研究與兩個主要研究。我們先做了初步研究，才進行主要研究。[7] 在初步研究中，我們提出的假說，大致上與傳統的社會認知原理（所謂的「促發」）一致：兩者都認為房子可以塑造出「溫馨」感，因此，觸摸溫暖的東西可以促使我們覺得某間房子是溫馨舒適的。根據其他人以前做的研究結果，這種傳統的預測似乎是很合理的假說。

結果發現，我們又錯了。在我們（未預先登錄）的初步研究中，握著冰冷杯子容易讓人覺得廣告中的房子比較溫馨舒適。與初步研究不同，我們後來預先登錄了兩個主要研究。預先登錄只是在收集資料之前先詳列研究計畫，我們藉由在「開放科學平台」預先登錄，把我們先入為主的假說和實際的資料分開，而這讓我們更加瞭解社交體溫調節的現實經驗。

我們在初步研究的發現，與傳統的社會認知假說截然相反。因此，我們更新了兩個預先登錄研究的假說，也改變了研究程序。為了增加研究的現實感，我們決定走出實驗室與大學的環境，接觸那些比較可能有買房實務經驗的參與者（換句話說，不是大學生）。為了方便、也為了現實考量，我們也決定不以握杯子的方式來促發參與者，而是利用溫暖的室內溫度與寒冷的室外溫度。我們在第二個研究中測試廣告中的房子；在第三個研究中，則是測試每個參與者自己的家，以便測試在不同的溫度下、住家的熟悉感對溫馨舒適感的影響。第二與第三個研究的假說都是：外部／環境的寒冷會讓人對房子產生更大的共同感（sense of communality）；也就是說，外部／環境的寒冷會使參與者覺得房子更舒適。我們也測試了寒冷對於房子的吸引力、購屋意願、房子給人的價值感，有什麼影響。我們預期，每個參與者對歸屬感的需求會影響他與房子的關係。

測試的設計包括「待在戶外」寒冷情境的實驗組、「待在室內」溫暖情境的對照組，以及從寒冷情境「進入室內」的第三組。第三種情境包含一個促發步驟：研究人員告訴第三組，他們「很快就會進入室內」。這是為了讓他們減少自我調節體溫的動機，因為自我調節體溫會減少寒冷的影響。

設立第三組的理論依據，是新加坡國立大學的心理學家張岩（Yan Zhang）與芝加哥大學的心理學家瑞森（Jane Risen）所做的研究，該研究測試了四十三位芝加哥大學的參與者。在芝加哥典型的嚴冬季節，他們詢問參與者（無論是在室外、還是室內），是否喜歡溫馨或熱情的社交活動（比如為心愛的人買禮物）更勝於中性的活動（例如剪個好看的髮型）。參與者當下處於戶外時，會更喜歡溫馨或熱情的社交活動，而不是中性的活動。然而，參與者處於室內時，對溫馨或熱情的社交活動及中性活動的偏好幾乎一樣。張岩與瑞森的其他研究也顯示，當社交目標不再重要時（例如有人告訴你不久就可以進入室內），社交目標（因寒冷而啟動的目標）就會消失。

我讀到芝加哥的原始研究時，覺得目標消失的證據並不明顯，但我們還是決定根據這個研究結果來設計我們的實驗，加以檢測。因此，我們在這項研究中設定的假說是：室外的寒冷情況（相對於室內的溫暖情境和「進入室內」的情境）往往會讓參與者覺得廣告中的房屋更有共同感與吸引力，也會增加他們對房屋的興趣及購買意願。我們又進一步提出一個假說：參與者對歸屬感的需求會造成這些效應。

然而，研究結果跟我們原先的預期不太一樣：關鍵的預測變數完全是「實際的溫度」。不管參與者是否被告知即將進入屋內，也不管他是否有歸屬感的需求，實際的溫度都能預測他是否覺得那間房子更有共同感，更像「安全的避風港」，而這種感覺又可以進一步預測他覺得房子多有吸引力，以及他為房子支付更高價格的意願。

房子也是人

當然，房屋有溫度調節的重要功能，在決定要不要買屋時，這點很重要。不過，消費者也容易把產品擬人化，尤其是那些我們覺得以某種有意義的方式來服務我們的產品。以房子為例，我們可能把窗戶視為眼睛，可能形容房子是快樂的、陰鬱的、莊嚴的、悲傷的等等。我們可能形容房子是友善熱情的，或令人望而生畏的，感覺是溫暖的或冷酷的。我們可能說一間房子有魅力或有個性，或兩者皆無。我們可能會談到房子的靈魂，有些人甚至覺得房子的靈魂就在壁爐。除了這些直接的擬人化例子以外，我們也很容易把房子（和其他產品）視為「幫助」與「保護」我們的東西。

就嚴格的字面意義來說，只有同類生物（無論是人類或其他動物）才有主動積極的能力，可提供幫助或保護。然而，我們常把房子視為家庭或某個家族的化身，例如溫莎王朝（House of Windsor）或羅斯柴爾德家族（House of Rothschild）。一棟房子甚至可以體現一個社會的特徵，例如，易洛魁聯盟（The Iroquois）是六個美洲原住民部落（莫霍克人〔Mohawk〕、奧農達加人〔Onondaga〕、奧奈達人〔Oneida〕、卡尤加人〔Cayuga〕、塞內卡人〔Seneca〕、塔斯卡洛拉人〔Tuscarora〕）所組成的北美聯盟，他們自稱為「侯氏儂嵩泥」（Haudenosaunee），或稱「長屋人」（People of the Longhouse）。在十八世紀，「長屋」是典型易洛魁公共住宅的名稱，一間長屋可容納二十戶以上。長屋也是實際的聚會場所，是易洛魁聯盟的一種議會會堂。「長屋」是一種轉喻詞，用來比喻聯盟本身及其在世界上的地理位置——從「長屋」東北端位於阿第倫達克山脈（Adirondack Mountains）的莫霍克人的土地，延伸到西南端毗鄰安大略湖與傑納西河（Genesee River）的塞內卡人的土地。長屋人的轉喻是形容長屋人會互相幫忙，營造溫馨、安全、遠離危險的情境，就像實際的長屋也提供同樣的東西。

建房或買房時，我們以個人化的規格，概括了城鎮、國家、社會、網絡或文明提供給我們的許多效益。房子是一種社會結構，體現了多種社會功能，從嬰兒與照顧者之間的原始體溫調節，到那些讓我們加入多元社交網絡的複雜關係。相對的，無家可歸的人暴露在各種危險中（包括極端溫度），猶如與社會隔絕，就像荷索那部紀錄片中那隻遠離群體的企鵝一樣。

我們不只把家擬人化，也把許多產品和物件擬人化成溫度調節的工具；在某些情況下，我們甚至把這種擬人化套用於似乎與保暖無關的東西上。二〇一四年，我與學生詹森（Janneke Janssen，他的想法促成這項研究）及同事兼朋友科恩（他的研究啟發了我的多數研究）做了一項研究，我們一起探討了消費者如何與品牌維持「溫馨、信任的關係」。8

「共有品牌」（communal brand）是指與行銷人員所謂的「品牌社群」（brand community）有關聯的品牌；品牌社群是大家基於對產品、商標或品牌的共同依戀而聚在一起的社群。行銷人員認為，共有品牌與個人身分及文化有關。我們這個研究團隊因此設計了一套研究，以驗證一種假說：光是想到共有品牌，會不會提高你感知的溫度。我們從眾包平台「亞馬遜土耳其機器人」（Amazon Mechanical Turk）取了一個很大的樣本來做測試，共兩千五百五十二人；心理學家做研究時很愛上這個網站。在五項研究中，我們發現，想到觀感正面的共有品牌，會讓人估計周遭的溫度較高。比較奇怪的也許是（而且與房子的研究結果非常一致），我們對這套研究做的一些探索性分析顯示，提高參與者的溫度觀感，會使人更願意購買那個品牌，也會增加他們願意支付的金額。

行銷總監也會利用這方面的知識。可口可樂是經典的全球共有品牌，這種飲料通常是在冰涼狀態下飲用，標榜酷夏時飲用讓人神清氣爽。不過，大家最熟悉的可口可樂現代廣告之一，是紅色大型送貨卡車的車身印著白色藝術字體的經典商標，在冬季景致中穿行的形象。這個形象是以點綴卡車的溫暖燈光，讓人聯想到耶誕節的歡樂氣氛，藉此抒解冬季的蕭瑟冰寒感。據推測，該品牌的行銷人員以技巧聞名，他們試圖在品牌與消費者之間培養或強化一種信任又溫馨的關係。我不知道那些行銷人員是否知道，與品牌有關的溫暖感受會反映在身體的溫暖感上，但這確實是真的。我們的研究顯示，消費者與自己認為值得信賴的品牌互動時，他們估計的環境溫度會比其他情況高。也就是說，與消費者關係密切的品牌，會讓消費者的身體感覺更溫暖。

我們於二〇一四年發表論文，這五項研究收集了大量的樣本，為我們的假說提供了更高的可信度，而且更精確。我本來就懷疑「共同性會影響一個人的主觀溫度感受」（即感覺溫暖與否）這個說法，事實證明我們是對的。主觀的溫度感受不受影響，但感知的環境溫度會受影響。

品牌的體溫調節效果呼應了長久以來的看法：品牌可以培養關係，而且通常是像人際關係那樣培養。這表示，與人際關係中的依附及共同調節有關的機制，在我們與品牌的關係中也很活躍。有一些研究專門鎖定收藏**Hallmark**（美國百年香氛品牌）和可口可樂產品與廣告藝術品的人，結果發現，這些收藏者與他們最愛的品牌保持非常深情的關係。一項研究顯示，對狂熱的收藏者來說，「Hallmark像情人一樣」，他們與收藏品之間有一種持久又依賴的關係，其進展的過程類似「約會、意亂情迷、結婚」。[9]

這種明顯的擬人化並不是狂熱的收藏者所獨有的，很多人也會把這種與社會依附有關的深情，直接投射到產品上。密西根大學迪爾伯恩分校（University of Michigan-Dearborn）的商學院行銷教授亞胡維亞（Aaron Ahuvia）是「品牌狂熱」的知名專家，在一項研究中，他採訪了六十九名參與者，其中僅兩人堅稱「愛」只用在人類身上，不會投射到物品或產品上。當他問參與者，對消費品的愛算不算「真實的」，七二％的受訪者回答「算」。[10]其他人的研究也強化了這項小規模研究的結果，一九八八年，南卡羅來納大學的欣普（Terence A. Shimp）與麥登（Thomas J. Madden）開發了一個「消費者－物件狂熱」（consumer-object love）模型，[11]涵蓋了傳統上一般認為只限於人與人之間的愛。瑞金斯（Marsha L. Richins）找出一組描述詞彙，以描述人對品牌的情感依戀，其中也包括「愛」，那是衡量一個人對產品的「熱愛」程度。[12]

品牌個性也是一種產品擬人化，這是指人們用一些描述人格屬性的詞彙，來評價他們最愛的品牌。一個品牌可能被評為「酷」（流行意義上）、創新、動感、真實、實用（現實意義上）、時髦、值得信賴。我們常在一時衝動下評判品牌與他人，心理學家已經證明，做出那種倉促判斷是實用的，甚至是一種臨機應變，因為我們想知道某人是不是有意圖傷害我們、某人有沒有能力那樣做。這與心理學家定義的看人兩大維度有關：「交融」(communion）與「能動性」(agency)。交融（或稱情感溫暖）包含了值得信賴、樂於助人、誠實、合作等人格屬性；「能動性」比較注重能力，包括效率、堅持、活力等特質。我們有時會把這些人格屬性投射到品牌上。

總之，在五項研究中，我們發現，認為一個品牌是共有的，也會導致參與者評估的溫度較高。我們認為，品牌回應了有關行動經濟性的類似心理需求。也就是說，天冷時，我們可能會轉向心理上較溫暖的品牌，以滿足一些內在的歸屬需求。因此，我們之所以偏好值得信賴的品牌，某種程度上也是源自於體溫調節，就像我們之所以依附多元的社交網絡中那些值得信賴的成員，也是源自於幼年對可靠照顧者的依附。品牌似乎能夠為這個看似不斷變化的世界帶來一些穩定性，從而幫助我們更有效地預測未來，這就像是看天氣預報以瞭解未來十天的氣象一樣。

大家常叫心理學家應用其理論觀點，以產生可預測的實際結果。為了創造成功的共有商品，我建議行銷人員自問：設計產品與品牌時，如何讓消費者感到溫暖、進而產生可信度，使產品賣得更好？如何讓產品或品牌促使消費者產生正面的共同感？我覺得最簡單的答案是，不單只是創造一個值得信賴的品牌，還要做到值得信賴。更全面、更複雜的答案是，目前心理學理論與應用之間的關聯不是直接的。在我的研究領域裡，最近有一個觀念遭到推翻了：以往認為挺直的姿勢可讓人面試順利過關，現在發現，其實並不盡然。[13]不過，我們仍能從測試理論預測的強大研究中學習，並從研究結果中做出有理有據的推論。

行銷者必須努力瞭解扎實科學的必要前提，接著要知道該衡量什麼。以「使用社交體溫調節來預測品牌或產品的商業可行性」為例，該衡量的東西是對環境溫度的感知，而且是以實際的度數客觀地表達，並不是以「感覺溫暖或寒冷」之類的主觀方式表達。如果你是行銷人員，想把這點應用在行銷實務上，請注意一點：這些資訊是源自較為複雜的神經調節演化階層，其中溫度只能解釋一小部分的差異。這個變數雖然可以帶給你行銷優勢，但只有在你考慮了所有與銷售產品有關的其他變數之後才有效。

多數人的選擇如何影響個人的選擇，是一個強大的變數——這個變數可以獨立於溫度之外做測試。例如，二〇〇一年，比赫虔達尼（Sushil Bikhchandani）與夏瑪（Sunil Sharma）檢閱了有關金融市場「從眾行為」的研究，他們從一個假說開始研究：從眾是基於一個共同的假設——如果多數人挑了某個選項，那個選項肯定是好的。[14]與此相反的行為——不從眾——則是賦予少數人的選擇更高的價值，他們認為少數人的選擇比較有價值或更有效。

誠如霍耶（Wayne D. Hoyer）與麥欽尼斯（Deborah J. MacInnis）在合撰的大學教科書《消費者行為》（*Consumer Behavior*）中所寫的，行銷者會同時使用從眾性與不從眾性來推銷產品。[15]有些品牌標榜它們受到多數人的喜愛，另一些品牌則宣揚其獨特性，只有獨具慧眼的少數精英才懂得鑑賞。根據我們對體溫調節的瞭解，從眾心理看起來與社交體溫調節有關。唉，偏偏這個主題還沒有可靠的研究，但為了投資者、賭徒、所有的團隊運動（更遑論社會心理學），這些研究絕對有必要儘快寫成文獻。[16]

體溫調節與感性廣告 °C

在我們更充分地瞭解溫度與決策所涉及的生理與心理機制之前，試圖解釋為什麼周遭溫度的冷暖會促成某些決定，很大程度上仍是推測性與試探性的。不過，即便今日的產品銷售在行銷、廣告、公關等領域，變得越來越專業化且複雜，也懂得善用社會學與心理學的知識，但早在這之前，成功的銷售人員憑直覺就知道情感與溫度的關聯，可以幫他們推銷產品。

在二〇一七年的一篇文章中，布魯諾（Pascal Bruno）與同事根據一個普遍的譬喻概念，觀察到大家常以溫暖來表達愛，以寒冷來表達恐懼。[17]不過，他們更進一步指出，他們也注意到商界專業人士會在廣告中訴諸情感上的溫暖與冰冷。這是他們想要探索的主題：是否在特定的條件下，訴諸情感上的溫暖或冰冷比較有效或比較無效？

這些研究人員把溫度恆定（生物系統內部的最佳平衡）視為一種可能塑造社交行為的

力量，類似本書之前介紹過的想法。他們透過實驗室與實地的資料，檢驗了這個假說：某些情緒刺激的效果，不僅取決於身體溫度，也取決於它們在體溫調節中對恆定的作用。他們的結論是，身體寒冷的消費者（在低於最適恆定狀態下運作）比較喜歡情感上的「暖」刺激，而不是「冷」刺激。研究人員的解釋是，因為「冷」刺激會使參與者更偏離最適恆定狀態。相反地，當消費者身體很熱時（在高於最適恆定狀態下運作），他們也會基於同樣理由，而比較喜歡情感上的「冷」刺激。當消費者處於最適恆定狀態時（就像金髮女孩的童話一樣，覺得不會太冷、也不會太熱），他們對情感上的「暖」刺激與「冷」刺激的好感程度差不多。

瞭解到溫度與情感對恆定有類似的影響，布魯諾與同事引用了認知神經學家安東尼歐・達馬吉歐（Antonio Damasio）與漢娜・達馬吉歐（Hanna Damasio）所做的情感研究——情感如何引起身體變化，就像身體因應環境中的溫度變化那樣。[18]

布魯諾與同事招募了四百六十一位學生（四九・七%是女性），把他們分成兩組，一組在室溫舒適（攝氏三十度）的房間裡，另一組在室溫約攝氏十四度的寒冷房間裡。接著，兩組參與者會觀看十一種廣告中的其中一種；有的廣告是情感上溫暖的，有的是情感上冰冷的。在讓參與者看廣告之前，他們先請參與者回答一份問卷以瞭解其心情，問卷的問題是以一到七分來評分（一分表示「一點也不」，七分表示「非常」），這是許多心理學研究採用的李克特量表（Likert-type scale）。如此衡量參與者的情緒，是為了把它當成一個控制變數，以避免「對情感溫暖或情感冰冷廣告的喜愛」增加或減少還有其他可能的解釋。

研究人員請參與者針對六個面向，以一到七分（一是一點也不，七是很高）為指定觀看的廣告打分數，分別是：喜愛度、興趣、說服力、吸引力、廣告被記住的潛力、效果。最後，研究人員要求參與者以一到七分來評估他們對室溫的感覺（一是很冷，七是很熱）。關於情緒溫度，他們是針對廣告讓他們感到的溫暖程度打分數（一是一點也不，七是非常）。結果顯示，無論是觀看情感溫暖的廣告、還是情感冰冷的廣告，所引發的情緒溫度都會顯著影響對室溫的感知。看了情感溫暖的廣告後，參與者覺得室溫明顯較高；接觸情緒冰冷的廣告後，他們覺得室溫較低。

研究人員也發現，身體感到冷的參與者比較喜歡情感溫暖的廣告，而不是情感冰冷的廣告，這直接影響了他們對廣告的態度，以及購買廣告產品的可能性。相反地，待在舒適室溫中的人，因為身體處於最適恆定狀態，看到情感溫暖的廣告與情感冰冷的廣告時，反應差不多（無論是對廣告本身的看法，還是購買廣告商品的可能性）。這個研究結果與研究人員事前的預測一致：參與者在最適恆定狀態下，觀看情感溫暖的廣告與情感冰冷的廣告，反應不會有所不同。

在同一篇論文提及的另一項研究中，布魯諾與同事不僅測試了最適恆定狀態下的反應，也測試了偏離最適恆定狀態更遠的情況，也就是溫度超出或低於恆定範圍、且達到不太舒服的狀態。他們以實地實驗（在戶外看電視廣告，而不是看平面廣告）來驗證實驗室的結果，這可以觀察到參與者在不同室外溫度下對廣告的反應。他們發現，低溫下，廣告的情感溫暖會增加說服力。在接近最適溫度的中等室外溫度下，廣告的情感溫度對說服力沒有顯著的影響。這個結果與室內實驗室的研究結果一致。至於高於最適溫度的室外高溫，則會增強情感冰冷廣告的說服力，降低情感溫暖廣告的說服力。

懊悔的體溫調節成本

我們從本章的例子看到，社交體溫調節與我們感知房屋、產品、廣告的社交溫暖有哪些關聯，以及那對我們的偏好有何影響。無論如何，這些研究最終都涉及財務決策。所有的財務決策都是經濟決策，但不是所有的經濟決策都攸關財務。在社交體溫調節的層面上，上述研究調查的所有決策都是源自於行動的經濟性，亦即我們選擇如何投資稀缺的代謝資源。如果你碰巧是一隻企鵝，你不能以現金換取實體溫暖或社交溫暖，但可以「選擇」把你的代謝資源投資在社交資本上，也就是和一群企鵝擠在一起。現代人可以、也經常投資稀缺的財務資源，以便把體溫調節負擔分給多元的社交網絡去承擔。這種財務決策的驅動力，仍是源自於行動經濟性的生理需求。事實上，財務（花錢與不花錢）是客觀衡量我們如何投資代謝資源的方便指標，當然，這也是社交體溫調節的核心。

在決定採取或不採取行動的流程中，說服是一個階段，但在做完決定後，並未結束那個流程。我們可能為那個決定感到慶幸，也可能後悔。行銷人員與銷售人員都很熟悉「買家懊悔」，那是購物後的感覺，我們可能後悔買下一個後來才覺得太奢侈、太貴、沒必要或某方面不足的產品，因此悔不當初。心理學家認為，買家懊悔是「行動懊悔」這種更廣義情緒的一個子集，那種情緒是源於你不想參與的行為，或源於現在覺得那是個錯誤或糟糕的選擇。此外，也有可能發生「不行動懊悔」，亦即對想做卻沒做的事情感到懊悔，或現在才意識到你該做卻沒做。社交體溫調節在決策後發揮的作用，就像它在決策前發揮的作用一樣。

二〇一七年，羅特曼（Jeff Rotman）等人在一篇文章中提到，行動懊悔會使情感溫暖與實體溫暖產生變化。[19]他們的實驗顯示，廣告中的溫度操控（比如顯示寒冷氣候的廣告）可以改善行動懊悔的情感效果。他們測試了一個概念：若要擺脫行動懊悔的影響，不見得要用到實體產品（比如冷飲），光是想像寒冷的經驗也可以抒解這種懊悔，例如，帶有溫度屬性的廣告可以抒解一些因行動而產生的懊悔。這項實驗背後的建議是，感到懊悔的參與者看到寒帶度假的廣告（比如滑雪假期），會比看到熱帶度假的廣告（例如豔陽下的加勒比海灘）少一些懊悔。

研究人員做了一項線上實驗，為一百一十九位參與者提供某家虛構藥廠的股票資料，這家藥廠名叫偉洛製藥，股價是二・五美元。研究人員提供參與者資金，讓參與者選擇要不要投資那檔股票。為了讓參與者為自己的選擇感到懊悔，研究人員告訴那些選擇投資的參與者，那檔股票已跌至一・二五美元；並告訴那些選擇不投資的參與者，那檔股票已漲到三・七五美元。羅特曼等人測試的樣本中，逾半數（五三・八％）選擇投資並產生行動懊悔；四六・二％的參與者選擇不投資並產生不行動懊悔。

在觸發懊悔的階段結束後，研究人員讓參與者看一份郵輪假期廣告，想像自己在郵輪上並估計在那裡體驗的溫度。其中一半的人是看寒冷環境（阿拉斯加）的郵輪廣告，另一半的人是看溫暖環境（加勒比海）的郵輪廣告。看了廣告後，研究人員請參與者以一到七分的李克特量表，來回答四個有關股票決定的敘述（一分是非常不同意，七分是非常同意），那些敘述包括以下的例子：「我對自己的選擇感到後悔」、「我應該做不同的選擇」。（此外，研究人員也收集了常見的人口統計變數，以及有關快樂的敘述，而那些變數都沒有影響實驗結果。）

結果不出所料，觀看加勒比海廣告的人所估計的溫度（中位數是攝氏十九・六五度），比觀看阿拉斯加度假廣告的人所估計的溫度（中位數是攝氏負一・○一度）高。一如研究人員的預測，在行動懊悔方面，觀看較冷的阿拉斯加郵輪廣告的人，比起觀看較暖的加勒比海郵輪廣告的人，感到更少懊悔。在一至七分的李克特量表中，阿拉斯加組的懊悔中位數是四・五三，加勒比海組的懊悔中位數是五・二一。有趣的是，有「不行動懊悔」的人則正好相反，看加勒比海廣告的人比看阿拉斯加廣告的人感到更少懊悔。

雖然我希望那些實驗的樣本更大一些，但那些研究結果顯示，想像某種溫度情境確實會影響情感體驗。具體來說，那可以降低決策懊悔的程度，但是，想像的溫度情境與決策懊悔的程度之間的關係並不單純。在「行動懊悔」的情況下，研究顯示，想像清涼的環境溫度可以減少參與者的懊悔程度，讓他感覺好過一些；但在「不行動懊悔」的情況下，想像溫暖的環境溫度會減少參與者的懊悔。我認為，這種差異應該促使我們把焦點放在溫度以外，轉而在恆定背景中詮釋溫度的意義，因為重點是行動懊悔與不行動懊悔都會影響恆定。

恆定深受威脅時，可能導致嚴重的虛弱、疾病，甚至死亡。較小威脅（如那些實驗導入的威脅）的潛在後果沒那麼可怕，但還是會讓人感覺不舒服。這對行銷者來說是很重要的資訊，熱門影集《廣告狂人》（*Mad Men*）有一集描寫，該劇的主角——麥迪遜大道的天才德雷柏——為廣告業經常受到攻擊的道德與社會價值辯護：「我覺得一般人買東西是為了讓自己感覺更好。」我可能會換個稍微不一樣的說法：「我覺得一般人買東西是為了幫自己維持恆定狀態。」但話又說回來，我並非行銷專家。

然而，行銷人員常請我們這些心理學家幫他們設計傳訊策略，以宣傳其產品令人「感覺良好」（即恆定狀態）的效益。他們來找心理學家幫忙很合理，科學確實能幫助他們達成目的。不過，問題在於，從生物學與文化的兩個角度來看，人類都是極其複雜的生物。這表示，儘管有了實驗結果，卻仍然無法開出心理萬靈丹。讓人想一下寒冷的地方，可能會減少懊悔的感覺，但那只對行動懊悔有效；如果是不行動懊悔，那麼想想溫暖的地方可能有助於宣傳產品。但問題是：行銷人員要怎麼知道他鎖定的消費者，是懊悔自己有行動、還是懊悔自己沒行動，抑或是根本毫無懊悔呢？

比較另兩項研究可以讓我們更加瞭解，把社交體溫調節的心理見解套用到「實務」或「現實世界」應用上（如行銷）的潛力與侷限性。

齊威伯奈（Yonat Zwebner）與同事連續做了五項實地研究與實驗室研究，以探索他們所謂的「溫度溢價效應」（temperature-premium effect）。這是一個看似直截了當的命題：讓人們接觸實體溫暖，他們更有可能想到情感溫暖，這會觸發正面反應，增加他們對產品的正面評價。[20]

我們來看這五項研究中的第一項。研究人員想知道，在比起實驗室混亂許多的現實世界中，溫度會不會影響產品評估。因此，他們分析了從以色列某個主要比價購物入口網站收集的資料。該網站先把商品分成幾大領域，再分門別類。用戶可以搜尋整個類別或特定產品，也可以比較多位賣家的售價。當買家點擊某個賣家的「購買」按鈕時，就會連到那個賣家的網站。計算某個產品類別的「購買」按鈕點擊次數，就能輕易衡量購物者的意向。齊威伯奈等人分析了八個類別、為期兩年的點擊數據（從二〇一〇年九月到二〇一二年八月，共有六三六四二三九次點擊），他們核對這些資料與每天的溫度，以判斷溫度對每個類別的購買意向有何影響。他們計算每天的平均溫度，做了三次迴歸分析，以找出實體溫暖會不會增加購買意向。

結果一如研究人員的預測，溫度會增加購買意向，但這種「溫度溢價效應」是非線性的。也就是說，隨著氣溫升高，意向增強的幅度會縮小。不過，溫度溢價效應看起來確實存在，即使研究人員控制了假期與季節的影響，這種效應依然存在。

科爾布（Peter Kolb）等人做了另一項研究，他們不看線上購物，而是看實體店家。他們的焦點不是消費者的行為，而是客服，或員工與銷售人員的顧客導向行為。[21]這個研究包含兩項實驗，第一項實驗是在實驗室裡進行，該實驗顯示低溫房間的參與者（大學生，不是專業的銷售人員）比高溫房間的參與者展現出更多顧客導向的行為，也會提供顧客較多的折扣。即使再把較冷與較暖房間的溫度調節到舒適的範圍內，仍會得到同樣的結果。

在第二項實驗中，研究人員測試以其他方式來操弄溫度，是否會增加銷售人員與客服人員的顧客導向行為。這一次，研究人員的測試樣本是一百二十六位服務人員與銷售人員，而不是學生。研究人員使用「語義觸發」來操弄實體溫度，他們要求參與者解一個字謎，目標是從一個字母矩陣中找到十二個指定的單字。他們把參與者隨機分成三組（溫暖組、寒冷組、中性組），三組的字謎都包含同樣六個溫度中性的字，而溫暖組與寒冷組分別加入了六個與溫度有關的字。

研究人員以字謎觸發參與者後，再以「銷售導向—顧客導向量表」（Selling Orientation-Customer Orientation Scale）來衡量參與者的顧客導向程度。這個實驗所使用的版本經過修改，以便同時適用於銷售人員與客服人員。參與者會以一到九分來評估李克特量表上的每個項目（一代表從不，九代表總是）。做寒冷組字謎的參與者所展現的顧客導向程度，比做溫暖組或中性組字謎的參與者高。研究人員因此推論，無論周遭的溫度是多少，透過語義觸發來啟動寒冷的概念，會使經驗豐富的銷售人員與客服人員在自評的顧客導向方面得分更高。

這兩個實驗特別有趣，因為它們證明了實體溫度產生的效應，也可以靠溫度詞彙所觸發的想法來產生，自由地跨越了笛卡兒的身心之隔。與此同時，這些實驗也證明了把心理學實驗套用在實務上的侷限性。研究人員坦言，他們不建議在每天上班一開始，就以溫度相關的東西（字謎之類的）來觸發銷售人員與服務人員。他們頂多只提出比較溫和的建議，例如讓員工喝冰水及穿舒適的衣服，可以避免他們在銷售現場感覺太熱。

對我來說，更有趣的是，利用實際溫度來提高銷售業績時，可能會遇到一種真正的兩難情境。齊威伯奈等人的研究顯示，溫度較高，會促使消費者提高產品的評價並增加購買。然而，科爾布等人則認為，溫度較低會讓客服人員與銷售人員更善待顧客，進而營造出更有可能成交及提高顧客滿意度的客服體驗。

那麼店長該怎麼做呢？把恆溫器的溫度調高以刺激顧客購買，但因此冒著銷售人員可能沒有好好服務顧客的風險嗎？或者，把恆溫器的溫度調低以刺激銷售人員展現最佳服務，但顧客可能變得太冷淡而沒有意願購買呢？

其實，我覺得這不是「我們不能靠心理學家提出實務建議」的初步證據。最終而言，當我們誤以為我們在處理一個簡單的因果關係時（環境溫度與人類行為），這兩項研究結果所暗示的困境才是真實的兩難。事實上，這裡的重點是恆定調節。購買產品是為了滿足短期需求，那包含溫度調節的成分。然而，客服與人際關係的長期社交投資更密切相關，那和恆定狀態更直接、深入地相連。所以，客服是源自依附的社交行為，是把維持生命的體溫調節任務分給其他人去承擔，而那些人的存在與支持是可預測的。

心理學在這裡提供的啟示，可能比銷售或改善客服更加深遠。銷售人員與服務人員的生計，有賴與人建立信賴關係，這是一般人不僅努力去做、也成功做到的事。這是活力社會及豐富文明的基礎，但它不僅止於此。恆定對生存而言非常重要，我們將在下一章看到，體溫調節也是瞭解人類一些嚴重身心疾病的關鍵，或許也是治癒這些疾病的關鍵。

第八章

從憂鬱症到癌症

溫度療法

安娜是巴西聖保羅的老婦人，多年來為憂鬱症所苦。雪上加霜的是，她的身體一直感受到一股揮之不去的寒意，即使天氣十分暖和，她還是覺得冷。天氣真的變冷時，她又比多數人更加難受。她喜歡穿上一層又一層的衣服，把自己裹得緊緊的。她為了憂鬱症去看心理治療師，治療師建議她喝熱茶，她因此養成了喝熱茶的習慣。她發現喝熱茶可以稍稍抒解持續的寒意；她也發現，喝茶讓她的精神振作了一些，即使效果短暫，但不無小補。不過，她並未發現憂鬱與持久的寒意之間有任何關聯。

多數的觀察者可能都看不出兩者之間有多大的關聯，但最近的研究顯示，重度憂鬱症與體溫調節可能有關。實驗證據顯示，操縱體內恆溫器可能證明是治療憂鬱症的有效方法。例如，二〇一三年的一項研究中，十六名罹患嚴重憂鬱症的成人在使用紅外線燈全身加熱一小段時間後，每個人都說心情有明顯的改善。這個療程結束六週後，改善效果依然明顯，足以讓一些患者從重度憂鬱轉為中度憂鬱。[1]

這項研究的樣本非常小，這是可以理解的，畢竟要辨識及招募重度憂鬱症患者來參加心理學研究，本來就很難。研究規模越小，得出的結論越薄弱。本章描述的研究規模大多比較小，因此它們只指出可能的方向，尚無定論。但話又說回來，我們正從更廣泛的範圍，討論「體溫調節對生存與健康而言極其重要」的主題，我們已經多次看到證據顯示，社交體溫調節與更廣泛的身體機能有關。

體溫調節對生存來說很重要，是毫無爭議的事實。酷熱或嚴寒一直是讓人喪命的原因之一，而且那通常是可以避免的。在我目前居住的法國，當大家想起二〇〇三年八月那場熱浪時，依然心有餘悸，據估計當時約有一萬五千人死於酷熱。紐西蘭最近有一份報告顯示，每年冬天有一千六百人因室溫太低而喪命。[2]這一章要談的更廣，我認為我們已經累積了大量證據足以主張：社交體溫調節對我們的整體健康非常重要，除了夏季酷熱與冬季體溫過低可能害人喪命以外，還有一些比較不明顯的影響。

在本章中，我們會看到一些與社交體溫調節相關的作法，有可能會降低罹患憂鬱症、糖尿病、癌症等多種疾病的風險。這些疾病看似截然不同、毫無關聯，但它們有一個顯著的連結：棕色脂肪組織。前幾章提到，棕色脂肪組織與體溫調節有關，而且透過依附機制也與社交體溫調節有關。醫學界認為，增加棕色脂肪是短期內治癒過度肥胖的潛在方法，但研究也顯示出一個截然不同的意涵，而且那個意涵可能更複雜、更長期，後果更嚴重。

我們知道，無論是企鵝還是人類，社交體溫調節對生存而言都是必要的。依附機制讓嬰兒把維持生命的體溫調節任務大多轉給溫暖的母親來承擔，這促成越來越複雜的社交體溫調節，以利人類融入多元的社交網絡中。那麼，接近其他人——形成所謂的社會——是否降低了我們罹病的風險？

體溫調節與健康的關聯

℃

在我們深入討論之前，先複習一些基本術語。體溫過高（hyperthermia）是指身體太熱時發生的事情，也就是說，身體產生的熱量超過失去的熱量。體溫過低（hypothermia）是指身體太冷時發生的事情，也就是說，身體失去的熱量超過產生的熱量。順道一提，覺得冷一定是熱量不夠，因為熱能總是從較熱的地方轉移到較冷的地方。

體溫調節與健康有關，這說法很合理。古希臘的希波克拉底（Hippocrates）已經開始關注體溫調節，他建議：「想學醫的人，一定要研究熱風與冷風，既要研究每個國家普遍都有的風，也要研究某地特有的風。」我要大膽地做一個不太科學的臆測：大部分的孩子都有這樣的經驗，想請假一天不上學，跟母親說自己病了，但母親只伸手摸摸他的額頭，斷定他沒發燒，就把他從床上叫起來上學。長久以來，大家一直把發燒當成身體是否生病或失調的客觀衡量標準。

這是有原因的。人體溫度高於攝氏三十九度，通常會伴隨著疲憊、乏力、全身不適的感覺。體溫一到攝氏四十度，會出現更可怕的症狀，例如昏厥、脫水、嘔吐、頭暈；一旦體溫達到這個門檻，發燒會開始危及生命。體溫達到攝氏四十一度，是真正的醫療緊急狀況。到了攝氏四十二度，可能會出現精神錯亂、抽搐、陷入昏迷。再升至攝氏四十三度，往往會帶來死亡。

當身體吸收的熱量超過散發的熱量時，環境中過多的熱量可能有害。體溫過高可能是環境溫度過高所造成的，體溫達到攝氏四十度時，就會危及生命。[3]劇烈運動也可能導致體溫過高。骨骼肌以最大強度運作時，可使能量消耗量增加二十倍。由於人體的代謝率約二五％，顯然許多能量不是轉化為肌力，而是轉化為熱能，當那些熱能從肌肉轉入血液中，血液循環會提高核心體溫。中暑則與體溫高於或等於攝氏四十度有關，那可能是環境溫度過高、過度勞累或兩者兼有所造成的。

誠如第三章所示，多數恆溫動物對體溫下降的耐受性，高於體溫上升的耐受性，尤其人類更是如此。這種差異解釋了為什麼當體溫上升時、死亡的人數比體溫下降時多，這種不對稱非常明顯。發燒到攝氏三十九度與生病虛弱有關，但體溫介於攝氏三十二度至三十五度之間，算是輕度的體溫過低（主要是讓人顫抖）；體溫介於攝氏二十八度到三十二度之間，算是中度的體溫過低（讓人昏昏欲睡，但不顫抖）。這兩種狀態的極端溫度，分別偏離了正常情況約攝氏兩度與九度。重度的體溫過低是指體溫介於攝氏二十度到二十八度之間，那會使人失去意識。體溫再低下去，則會喪命。一九八八年，研究人員為美國陸軍環境醫學研究所（U.S. Army Research Institute of Enviromnental Medicine）做了一項有趣的研究，並發表論文〈意外低溫〉（Accidental Hypothermia）。該文戲劇性地展示了持久暴露在寒冷環境下的潛在影響：他們觀察一八一二年拿破崙大軍團（Grande Armée）的第十二兵團派出一萬兩千人攻打俄國，最後只剩三百五十人返法，其餘的都死了，主要是死於體溫過低。[4]

不過，一些更微妙的方式也會影響體溫。一些外科麻醉劑會刺激肌漿網（肌細胞內的一種膜狀結構，會參與顫抖及非顫抖性的生熱作用）過度釋放鈣，從而在罕見情況下導致惡性體溫過高。當鈣過量釋放時，它產生的熱量高於人體可排散的熱量。在這些罕見病例中，會發生惡性體溫過高。抗精神病藥物是另一種影響神經系統的藥物，可能引發抗精神病藥物惡性症候群（neuroleptic malignant syndrome），導致高燒，體溫常超過攝氏四十一度。

體溫調節與健康及情感生活的基本關聯，可以在非常基本的生物機制中看到。甲狀腺機能亢進症（甲狀腺激素分泌過多所致）可能因甲狀腺毒性危象（thyrotoxic crisis，有時稱為甲狀腺風暴）而導致體溫過高，發燒可能達到攝氏四十一度。壓力（包括情緒壓力）可能導致甲狀腺機能亢進；長期的壓力甚至可能是自體免疫甲狀腺炎（autoimmune thyroiditis）的原因之一，那會導致許多問題，包括盜汗、心率加快、睡眠障礙。

個人差異也會使人容易受到體溫過低的影響。例如，直接影響下視丘功能的病況也會損及體溫調節（回想一下前面有關溫度調節統合器的討論）。這些病況包括大腦外傷、病理性腦部損傷、帕金森氏症與何杰金氏症（Hodgkin's）等疾病。脊髓損傷（如脊髓斷裂）可能導致患者變成「變溫動物」，無法調節自己的體溫。神經疾病與糖尿病也會導致體溫過低，各種藥物與毒素也會導致體溫過低，包括乙醇，特別是與酒精中毒有關的藥物和毒素。陣發性體溫過低（episodic hypothermia）與大腦某區受損有關，而且常與癲癇症相關。[5]因此，許多狀況可能使我們無法調節或較難調節體溫。在主流文化中，我們常把其中一些狀況歸類為偏向心理因素，而非生理因素。

體溫調節受損的心理後果

°C

關於體溫調節，還有很多因素可以繼續聊下去。一般來說，體溫調節似乎與心理運作有關，或者至少是涉及心理運作的。長期暴露在寒冷中而導致的體溫過低，有時與精神症狀相關，包括焦慮、判斷力受損、言行重複症狀、神經症、精神病。前面提過，我與同事設計的「社交體溫調節與風險規避問卷」（STRAQ-1）顯示，想要自行調節體溫的人往往較焦慮；比較不想找人一起調節體溫的人，人際關係較孤僻；那些比較不想做社交體溫調節的人，也自己坦承健康較差。皮尤（L.G.C.E. Pugh）在一九六六年提交給事故預防醫學委員會的一份報告中，提到來自威爾斯、蘇格蘭、英格蘭的幾種無法調節體溫的病例。通報的低溫事件總共有二十三起，其中二十五人喪生，五人回溫後仍陷入昏迷，五十八人狀況較輕。在狀況較輕的案例中，皮尤提到患者變得感覺遲鈍，有時會先出現焦慮。有些人變得更脫離現實，甚至告訴皮尤，他們覺得自己醉了。他們的伴侶指出，患者變得不理性、易怒、有攻擊性、出奇沉默。[6]

同樣值得注意的是，論文〈意外低溫〉的作者提到，體溫過低的人可能缺乏「恰當的適應行為」，例如，體溫過低的人常出現「反常脫衣」的現象。「為了解決體溫調節失靈的問題，明明快冷死了還脫掉衣服。」[7]酒醉增加了反常脫衣的風險，那可能會導致危險的行為。（下次冬天朋友去酒吧喝多了，請記住這點。）

無論體溫顯著偏離最適範圍會造成什麼可怕的身體後果，我們的感覺可能會對體溫調節產生很大的影響。二〇〇一年的一項研究，試圖找出心理壓力引發核心溫度上升的機制與媒介。該研究的作者解釋，雖然有許多關於「心因性發熱」的案例，但目前還不清楚心理壓力如何（甚至是否）提高核心體溫。我的團隊研究了社交網絡多元性與核心體溫的關係，在那個研究中，我們請參與者自行填寫其壓力程度。由此得出的資料集顯示，壓力對核心體溫的影響，與室外濕度的影響大致相同，無論參與者是否喝了含糖飲料，或是否因為沒帶智慧型手機而感到焦慮。換句話說，在我們取自十二個國家的大型資料集中，壓力並沒有對核心體溫產生很大的影響。[8]

壓力對核心體溫的影響微乎其微，但這個發現與一些動物的研究結果不同，那些研究顯示心理壓力會使非人類的動物核心溫度上升。例如，研究心身醫學和整合生理學的日本研究人員岡孝和（Takakazu Oka）與堀哲朗（Tetsuro Hori）檢閱了幾份「開放空間壓力」（open-field stress）的研究，研究的對象是從籠子裡放出的老鼠。研究人員的結論是，承受壓力後，核心溫度會上升。在這些研究中，核心溫度的升高似乎不是身體活動增加的結果（如顫抖），比較可能是因為體溫調節「設定值」的提升，就像發燒時常發生的那樣。

岡孝和與堀哲朗也檢閱了預期性焦慮的壓力（anticipatory anxiety stress）導致老鼠核心體溫上升的研究。研究人員認為，這種壓力與開放空間壓力不同，因為它受到不同神經傳遞物質的抑制。預期性焦慮的壓力也會產生類似發燒的反應，而那種反應可以透過實驗改變。無論核心體溫升高是開放空間壓力、還是預期性焦慮的壓力所引起的，研究人員的結論是，如此衍生的溫度升高就是發燒。此外，由於發燒反應是可以制約的，岡孝和與堀哲朗推測，人類的心因性發燒可能涉及神經傳遞物質的機制。[9]

誠如我們在囓齒動物身上看到的，壓力與核心體溫的關係非常複雜。不過，相較於人類，這些動物的社交生活簡單多了。因此，我懷疑這種加倍的社交複雜性，是我們發現人類壓力與核心體溫沒什麼關聯的原因；我們只看到太多的統計雜訊。

憂鬱與神經性厭食症

著名的臨床心理師貝克（Aaron Beck）曾寫電子郵件告訴我，他臨床治療的患者常說他們覺得冷。[10]或許沒有人對這點感到意外，畢竟覺得冷與感到憂鬱似乎「很自然」就湊在一起了。然而，這並沒有告訴我們，讓兩者如此明顯相連的生理機制是什麼。

一九七〇年，韋克林（Anthony Wakeling）與羅素（Gerald Russell）做了一項研究，探索十一位罹患神經性厭食症的女性患者的體溫調節。神經性厭食症是一種可能危及生命的飲食障礙，其特徵是自我限制飲食、過激的減肥欲望、非常害怕體重增加（該研究也找來十一位健康的女性作為對照組）。[11]雖然多數的厭食症患者體重過輕，但她們還是認為自己太胖。儘管她們已經吃得很少了，有些人還會催吐或濫用瀉藥。我們知道神經性厭食症可能導致心臟受損、骨質疏鬆症、不孕，或其他與營養不良有關的疾病。

那十一位患者在住院期間於營養不良狀態下接受檢測，隨後又於進食後再次接受檢測；這些測試包括衡量口腔與皮膚的溫度在接受熱刺激與標準膳食之後的反應。研究人員發現，這些患者基本上對任何類型的溫度變化都不太敏感。因此，神經性厭食症似乎與體溫調節能力受損有關。臨床證據與體溫控制失調是一致的，患者的四肢冰涼發青，組織與微血管床受損，常喊冷。事實上，一些嚴重營養不良的人會出現體溫過低的現象，甚至可能致命。

研究這些厭食症族群往往很困難，因為大樣本取得不易；樣本小則意味著，目前為止我們的結論大多只是推測。但我們的理論性推論呼應了一個概念：食物攝取是由下視丘的結構所調節的，下視丘也正是調節溫度的地方。以手術破壞下視丘內的核（名稱是腹內側核〔ventromedial nucleus〕）會導致老鼠暴飲暴食及肥胖；[12]老鼠下視丘的極外側部分（即遠離那個核）雙側受損時，會導致老鼠節食，把自己餓死。[13]新的研究已把這些結果延伸應用到其他物種上，例如，山羊[14]與老鼠[15]的研究都顯示，腹內側核涉及食物攝取的調節。注意，人類大腦中的下視丘很小，所以很難研究。不過，觀察顯示，人類的這個大腦結構出現病變時，可能使人變胖或消瘦。[16]

前面提過，下視丘的一部分在體溫調節中負責扮演主恆溫器的角色；但我們也提過，下視丘不只是恆溫器而已，它也調節多種基本的代謝流程、睡眠、疲勞、晝夜節律與依附行為。這裡需要再次提醒大家，研究人員必須避免陷入反向推論的陷阱。下視丘很複雜，一個神經區域不只負責一種行為或機制。我們知道，身體承受熱壓力時，它的視前區是散熱控制部位。[17]食物攝取與體溫調節之間的關聯不是偶然的，兩者都攸關新陳代謝，也都參與身體能量平衡的間接控制。韋克林與羅素研究厭食症患者時，推測食物攝取調節失靈可能與無法調節體溫有關。

早期關於神經性厭食症的病因，理論是強調心理根源，例如童年遭到性侵、在功能失調的家庭成長所造成的情感創傷。一般認為導致神經性厭食症的其他心理因素，還包括焦慮、孤獨、自卑、憂鬱。以文化身體理想意象為基礎的社會原因，在過去也是重要因素。最近，研究探索了基因因素（這種疾病有很高的遺傳性）以及「下視丘—腦下垂體—腎上腺軸」的過度活躍（導致無法妥善地調節荷爾蒙）。有些人認為厭食症與憂鬱症之間是因果關係，但兩者的關聯其實沒那麼直接。早期的憂鬱症理論就像厭食症理論一樣，把憂鬱症視為一種心理失調，但最近的研究是探索身體失調與社交情境的失調。在這方面，醫學與心理學都穩定地朝著一條漫漫長路發展：持續把神經運作視為身體現象，把大腦、神經系統與其他身體組成視為包含在單一生物的整體內。

以前的理論認為，大腦是所有心理疾病的源頭。這類理論雖然還沒被完全推翻，但越來越多人認為，把情緒障礙（尤其是憂鬱症）視為涉及中樞神經系統、周圍神經系統以及所有影響中樞神經系統的身心失調，可能比較正確。這反映了一種仍持續發展的心理健康觀點，不僅源自於大腦，而且源自一個更大、涵蓋更廣的系統，而那個系統會配合實體與社交環境進行調適。換言之，從身體到中樞神經系統的輸入，在認知與情緒狀態中都扮演關鍵要角。來自周邊的輸入，其中包括溫度感覺訊號，那些訊號可能對幸福感與憂鬱感有很重要的影響。18

傳統上，理論是把焦點放在體溫調節的生理面，也就是達成與維持恆定。不過，最近的研究以證據顯示，調節體溫所涉及的神經機制與情緒狀態的關聯，遠比傳統理論所想的更密切。我們已經看到，接觸實體冷熱與有關社交冷熱的認知及情感行為相關。最近，許多對囓齒動物做的研究顯示，實體溫暖會刺激血清素的分泌；在大眾文化中，這些神經傳遞物質與產生幸福感、快樂感、甚至欣快感有關。這個觀點確實有些道理，雖然生物化學與生理上的現實複雜得多。總之，臨床前的囓齒動物研究顯示，啟動分泌血清素的神經元，身體溫暖後就會產生類似抗憂鬱藥的效果。因此，我們可以推論，溫度感覺通路與掌控情緒的大腦系統會相互作用，無法妥善調節溫度可能與情感疾病（affective disorder）有關。最耐人尋味的是，研究顯示，提供實體溫暖（即啟動溫暖的溫度感覺神經通路）可能有治療情感疾病（包括憂鬱症）的療效。

我們知道，有情感疾病的人，對溫度有不同的感知，對皮膚溫度變化也有不同的反應，他們不見得能調節體溫。有些研究人員甚至認為，膚電傳導程度可能是辨識憂鬱症的特徵。[19]情緒與溫度看似具有許多關聯，不過，根據現有的證據，我認為目前並沒有簡單的生物特徵可以判斷心理症狀。不管有沒有具體的生物特徵，憂鬱症患者似乎都有調節體溫的問題。這現象呼應了貝克在電子郵件中的臆測：憂鬱症患者對溫度的反應確實變了。[20]

對無害的溫度刺激產生負面的情緒反應，可能也與憂鬱症有關，因為憂鬱症會弱化一個人對舒適溫暖的感知，但強化一個人對不舒適高溫的感知。[21]研究也顯示，憂鬱症患者比健康的人更少流汗，可見降溫機制運作不良。二〇〇九年，一項研究綜合分析了三個獨立實驗室的研究結果，總共涉及兩百七十九位憂鬱症患者與五十九位健康的參與者。綜合分析的結果顯示，膚電傳導性較低導致出汗減少，可能是憂鬱症患者自殺風險的一個指標。[22]研究顯示，傳入的熱感應訊號，會刺激血清素合成系統以及與憂鬱有關的大腦區域。[23]這表示，憂鬱症患者的體內降溫機制運轉不良。

二〇〇七年的一項研究，檢視了非典型憂鬱與自我安慰行為之間的關係（例如想吃巧克力之類的療癒美食、想洗熱水澡）。研究結果顯示，社交因素、體溫調節、憂鬱症之間可能有關聯。這些行為是用來對抗皮膚溫度低或社交冷淡嗎？它們可能是為了觸發降溫機制，以降低交感神經與情緒的促發，以及核心體溫嗎？還是這兩種動機都存在呢？回想一下前面的實驗：社交排擠導致皮膚溫度降低，但拿著熱飲又減少了社交排擠的負面影響。我相信身體溫暖可以抒解一些憂鬱感，但真正的解方當然複雜得多。那取決於社交環境、溫度，以及你因應這些因素的方式之間的關係。在未來幾年裡，我相信會有新的技術讓我們詳細研究這些關聯。

調低體溫，增進健康？ °C

霍夫（Wim Hof）生於我的祖國荷蘭，他是聞名全球的冰人。他有雙重職業，一個是極限運動員，另一個是「冰人之道」（Wim Hof Method，簡稱ＷＨＭ）的行銷者。ＷＨＭ結合了強制循環呼吸技巧以及在極度低溫下冥想，以改善身體與情緒健康。這種呼吸與冥想的結合，很像西藏的內火瑜伽（Tummo），內火瑜伽是以藏傳佛教的「熱與熱情」女神命名，譚崔瑜伽師（tantric yogis）用它來掌控身心能量。霍夫以ＷＨＭ締造了多項金氏世界紀錄：在冰下（五十七・五公尺）游泳、在冰上赤腳跑最快的半程馬拉松（兩小時十六分三十四秒）、全身接觸冰（締造十六次世界紀錄，最近締造的紀錄是一小時五十三分十秒）。二〇〇七年，霍夫打赤膊，下半身只穿短褲和鞋子，就去攀登珠峰（海拔七千兩百公尺），但因腳傷未能登頂。[24]

這些成就都很驚人，但霍夫最狂妄的主張是：ＷＨＭ對身體與情緒健康有益，包括改善免疫系統、改善心理健康、提升運動成績、減少壓力、增加活力、睡眠更好、運動後恢復更快、增強意志力與注意力、減少憂鬱、擺脫倦怠、抒解纖維肌痛症（fibromyalgia）與關節炎、改善萊姆病（Lyme disease）殘留的症狀、管控氣喘與慢性阻塞性肺病（COPD）、增強創意、提高耐寒力。[25]我對他標榜的效益深感懷疑，因為任何方法都無法證實那些令人難以置信的效果，更何況那根本毫無可信度。

雖然霍夫確實在商業上推銷ＷＨＭ培訓，但我並不懷疑他的動機或誠信，事實上，我自己也常練習他推廣的冷水澡訓練，而且跟霍夫很熟稔的人也告訴我，他是個優秀、善良又誠實的人。有些科學家亟欲研究自律神經調節機制的意志調節，尤其是暴露在寒冷環境中的運作，而霍夫總是敞開胸懷面對那些科學家，非常樂意合作。霍夫認為他找到了透過溫度來改善身心健康的方法。二〇一八年，穆齊克（Otto Muzik）等人運用功能性磁振造影和正子斷層造影／電腦斷層掃描成像，來研究ＷＨＭ對交感神經系統（主要刺激身體的戰鬥或逃跑或愣住反應）以及肌肉和脂肪組織消耗葡萄糖的方式的影響。功能性磁振造影分析顯示，ＷＨＭ啟動了大腦調節「疼痛／寒冷」刺激的主要控制中心，可能觸發了壓力誘導的止痛反應。此外，研究也顯示，ＷＨＭ會影響大腦的較高階皮質區，亦即與自我反省有關的前腦島和右中腦島。

在不舒服或緊張的刺激下（包括寒冷），WHM活動看似可以促進內在的專注與持久的專心。然而，值得注意的是，研究並未證明WHM可啟動棕色脂肪組織。至於WHM的呼吸技巧，成像研究發現，強迫呼吸增加了肋骨之間肌肉的交感神經活動，那有助於移動胸壁，產生熱量，暖化肺組織，進而暖化在肺微血管中循環的血液。最重要的是，二〇一八年的研究結果，似乎為中樞神經系統對身體的影響（調節霍夫對寒冷的反應）提供了證據。中樞神經系統與自主神經機制有關，周圍神經系統則與自律機制有關。研究人員認為，他們的研究顯示「WHM很有可能讓人對自律系統的關鍵組成部分產生更高階的掌控，可見改變生活方式可能改善多種臨床症狀。」[26]

二〇一七年的一項早期研究使用正子斷層造影／電腦斷層掃描，來衡量霍夫的棕色脂肪組織活動。研究人員發現，他那種類似內火瑜伽的呼吸冥想技巧增加了代謝活動，也增加了非顫抖性生熱能力（NST）。他的NST數據是四〇%，雖然很高，但「不是那麼極端」。首席研究員利希滕貝爾特（Wouter van Marken Lichtenbelt）總結道，這幾乎稱不上奇蹟。他認為，霍夫是藉由「增加生熱」與「運用訓練有素的心理能力（他稱之為「改變心態」）來耐寒以保存身體的核心熱量」，所以能夠承受泡在冰塊裡那種極端的情況。另一方面，報導也指出，霍夫一離開浸泡的冰桶後，也會像一般人一樣開始顫抖。

這些都無法反駁霍夫宣稱的效果，但確實暗示大家應該更審慎地看待他的說法。前面提過，我對一些神經科學領域的研究感到懷疑，而我對WHM的研究也是如此。這兩類研究皆因樣本太小，而難以對其結論產生信心。利希滕貝爾特認為，研究顯示「微冷對健康有深遠的影響」。暴露在極冷的空氣中（攝氏四度，每天二十分鐘），可以增加非顫抖性生熱能力。WHM可能會增加血管收縮的自發過程，此外，WHM似乎確實改善了那些實行者的心理健康，或者至少改善了他們的情緒健康感。利希滕貝爾特指出：「霍夫的許多學生變得非常熱情，在幾乎是生物能的過度換氣過程（bioenergic hyperventilation）中，體驗到從未經歷過的體感。他們也是在挑戰極限，並在經歷極端的身體挑戰後感到放鬆。」不過，他的結論是WHM「對我們健康的影響仍有待證實」，但「人們可能會感覺更健康」。27

關於霍夫這位冰人的傳奇故事，還有最後一則插曲。霍夫有一個同卵雙胞胎的哥哥，同卵雙胞胎有相同的DNA，這為研究人員提供了一個難得的機會來區分先天與後天的影響。霍夫的雙胞胎哥哥過著比較靜態的生活，與「極端」的弟弟形成鮮明的對比，但他有類似的棕色脂肪組織活動，可見較高的棕色脂肪質量與活動是雙胞胎共有的基因特徵，而不是任何特殊活動或訓練的結果。所以，採用WHM之類的養生法來「訓練」自主體溫調節與代謝機制，效果可能很有限。總之，目前沒有關於WHM與後續社交行為的研究，但兩者之間顯然應該有關聯，只是這種關聯是否絕對存在，仍不明朗。

體溫療法 °C

儘管有前述那些但書，但霍夫的經驗確實顯示，溫度也可以產生療效。即便二〇一七年的研究（參與者很少）發現，WHM增加了霍夫的棕色脂肪組織活動，但結果「並不極端」。兩年前發表的一項研究，也無法證明暴露在寒冷溫度中可增加棕色脂肪質量與活動，但這項研究確實顯示肌肉的葡萄糖轉運體（glucose transporter）有變化，為糖尿病的治療提供了希望：十天的冷適應（攝氏十四到十五度）使八位第二型糖尿病患者的胰島素敏感度增加了約四三%。[28]

對冰人的好奇，使大家注意到低溫的效益。另一方面，許多研究也探索了溫暖的可能療效，使用全身熱療去治療憂鬱症患者。全身熱療有時會用來治療萊姆病與轉移性癌症，這種療法會把全身加熱到攝氏三十九度到四十三度之間，或甚至更高的溫度。加熱的方式是使用紅外線艙、加溫室、裹著濕熱毯子，或者讓患者穿著流管裝，熱水在流管內循環。

研究人員已經探索過全身熱療在嚙齒動物身上的運作機制，他們發現，溫度升高會啟動分泌血清素的中腦神經元。這種物質和神經元都與體溫調節冷卻，以及抗憂鬱和抗焦慮的行為效應有關。[29]根據嚙齒動物的研究，一些研究人員認為，人體的全身熱療可以藉由降低核心體溫來減少憂鬱症狀。

為什麼熱能會產生看似降低核心溫度的矛盾效果呢？因為外部加熱可能啟動或敏感化從皮膚和其他身體組織的生物傳感器（biosensor）延伸到中腦區域、再回到周邊的神經迴路。如果憂鬱症患者的「皮膚到大腦到皮膚」的迴路運作失常，他們的體溫調節冷卻功能受損，很可能會導致核心體溫升高。因此，若提高外部體溫，也許可以刺激體溫調節冷卻功能，並產生有益的抗憂鬱反應。

那麼，低溫訓練可以治療或改善多種疾病嗎？加熱身體可以治療或改善憂鬱嗎？還是那涉及了更多的因素呢？

研究人員研究了核心體溫、褪黑激素、睡眠之間的相位關係（phase relationship）與憂鬱症及其嚴重程度有何關聯。他們開始相信，晝夜節律失調（晝夜節律是指約二十四小時就重複一次的睡眠—清醒週期）與非季節性憂鬱症有關。有些人試圖衡量「傍晚褪黑激素開始釋放」（dim-light melatonin onset，這顯示了人體中央晝夜節律器的時間）與「睡眠中期」（midsleep）之間的時間間隔，以判斷失調的程度。這類研究資料顯示，晝夜節律失調可能和憂鬱症有關。

二〇一一年，一項新的研究擴大了研究範圍，涵蓋「傍晚褪黑激素開始釋放」與「最低核心體溫」及「睡眠中期」之間的可能失調。該研究顯示，晝夜節律失調比大家之前所想的還要複雜，涉及更多的系統。研究人員能夠在重度憂鬱症患者身上複製「晝夜節律失調」與「憂鬱嚴重程度」之間的早期關係，但他們也發現，「睡眠中期」和「最低核心體溫」之間的失調與更嚴重的憂鬱有關。此外，他們也找到了初步證據，證明「傍晚褪黑激素開始釋放」與「最低核心體溫」的失調，跟憂鬱症狀的嚴重程度有關聯。30

因此，憂鬱症這種疾病的出現，可能與三種失調有關：晝夜節律與「睡眠中期」、「傍晚褪黑激素開始釋放」、「最低核心體溫」未同步。這番見解應該會加深我們對「下視丘不是身體的恆溫器，而是其統合器」的看法，這個大腦結構的不同區域，竟然與體溫、疲勞、睡眠、晝夜節律、饑餓、口渴、依附行為等多元面向都有關聯，實在相當驚人。此外，我們也知道下視丘裡有一個區域負責調節褪黑激素的分泌。31

癌症、熱能、棕色脂肪組織之間的關聯 °C

誠如前述，體溫調節是一個由因果與回饋迴圈組成的動態系統的一部分，低溫或高溫治療可能會、也可能不會對這個系統有益。唯有廣泛的實驗、試驗、觀察、分析，才能得出可能應用在醫學上的見解。不過，我們面對糖尿病、憂鬱症、癌症（這或許是最緊迫的）等疾病的態度缺乏耐心，因此，把熱療法加入癌症治療庫的潛在好處，看起來充滿了吸引力。

在現代醫學中，癌症與熱能經常一起出現。熱療法是指讓人體組織暴露在高達攝氏四十五度的溫度下，如今越來越多臨床試驗會採用熱療法，其目的是利用熱能來殺死或破壞癌細胞，同時盡量將對健康組織的傷害減到最低。熱能會攻擊癌細胞，破壞癌細胞內的蛋白質與結構，從而有機會縮小腫瘤。目前，熱療通常與更傳統的治療（如放射與化療）並用。雖然局部治療技術是用來治療較小的區域（例如單一腫瘤），但局部熱療也可以應用在整個肢體、器官或體腔。全身熱療正在測試中，用來治療已擴散到全身的轉移性癌症。[32]

熱能也可以用來偵測癌症，高解析度紅外線成像（high-resolution infrared imaging）可用來偵測早期的皮膚癌。[33]目前研究正在測試它能不能取代切片手術，來判斷某個皮膚斑點是惡性還是良性的。由於惡性黑色素瘤（melanomas）的代謝較高、血流量較多，溫度可能比健康皮膚略高，而高解析度紅外線成像似乎有足夠的敏感度，可以偵測到些微的溫度升高。[34]

這些運用熱能來檢測與治療癌症的新興實驗性方法看起來很有前景，但我更感興趣的是代謝與體溫調節失調的影響。事實上，這些機制可能會促進癌症腫瘤的發展與生長。目前為止，這個研究領域中最具啟發性的實驗只在老鼠身上進行。我們知道棕色脂肪在體熱生成與代謝平衡中扮演要角。有兩項老鼠研究特別耐人尋味，因為它們顯示棕色脂肪可能會導致惡病體質（cachexia），那是癌症中常見的消瘦症狀。

二〇一二年的一項研究顯示，癌症惡病體質與癌症相關的厭食症都會出現嚴重的代謝失衡，因此，一般認為在所有癌症中，這兩個因素占了直接死亡原因的二〇%到三〇%。研究人員探索了特定類型的腸道腫瘤如何影響老鼠的棕色脂肪組織，以及干擾細胞中脂質的合成與降解的能力。為了因應這種現象，老鼠體內的棕色脂肪組織會啟動以產生熱能。

此外，體熱生成是發生在晝夜節律的黑暗週期，那段期間體溫通常較低。研究人員因此推論，在啟動棕色脂肪組織以生熱的過程中，這型癌症導致的體重減輕會刺激能量浪費，導致對厭食症產生不適反應。他們進一步指出，由於長腫瘤的老鼠是安置在攝氏二十二度的環境中，那個溫度會對老鼠產生一些低溫壓力，而棕色脂肪組織的啟動，可能是因為罹癌的老鼠無法維持核心體溫。[35]

這項研究意義重大，因為它顯示癌症與代謝、晝夜節律、體溫調節的動態機制有關。也就是說，癌症的消瘦效應與代謝及體溫失調有關。至少在老鼠身上，腫瘤生長和棕色脂肪組織在惡病體質的癌症中都啟動了，造成致命的適應不良後果：身體為了維持生存所必需的熱恆定而自我吞噬。不過，儘管老鼠的研究很有啟發性，但要以這些小動物來推論人類仍有誇大之虞，尤其老鼠的棕色脂肪遠比人類還多。

二〇一六年的一項研究，為了探索人類乳癌的發生與進展，使用脂肪細胞異種移植（adipocyte xenograft，意指將一個物種的器官、組織或細胞移植到其他物種的個體上），把人類的乳癌腫瘤細胞移植到老鼠身上。[36]研究人員把焦點放在那些脂肪細胞的行為上，那些細胞是專門儲存脂肪的，已知會促進乳癌發展。這項移植同時增加了老鼠細胞與乳癌腫瘤細胞中、棕色脂肪標記（BAT marker）的表達。移植所衍生的影響之一是COX-2增加，

COX-2是造成發炎的蛋白質，已知會刺激米色脂肪細胞（beige adipocytes）的形成。以COX-2抑制劑SC236來治療，可以減少腫瘤的生長。

當研究人員在體外（在實驗室裡、身體之外）為老鼠注入誘發棕色脂肪發育的因素時，老鼠的腫瘤變大了。研究人員也發現，來自移植的乳癌腫瘤細胞和來自患者腫瘤組織的異種移植，都顯現棕色脂肪標記，並且含有類似棕色脂肪細胞的細胞。綜合這些發現，再加上證據顯示減少棕色脂肪組織的啟動會縮小腫瘤，以及棕色脂肪組織的啟動可能和乳癌發展有關，研究人員因此推測棕色脂肪或許是開發治療乳癌藥物的一個可能實驗目標。

翌年，即二〇一七年，發表了一項進一步研究棕色脂肪與乳癌關係的人體研究。研究人員發現，棕色脂肪的存在與人類的表皮生長因子「受體2」（HER2）的表達有關。缺少棕色脂肪可能是乳癌的預後（prognostic，治療後的可能結果）。二〇一八年的一項研究找來一百四十二名罹患各種癌症（乳癌、淋巴癌、肺癌、胃腸道腫瘤、黑色素瘤、泌尿生殖器腫瘤、甲狀腺癌、肉瘤／不明原因癌症）的患者，研究發現，活動性癌症（active cancer）患者的棕色脂肪組織活動，比沒有惡性腫瘤、但相對也有棕色脂肪組織的患者更多；[37]這表示棕色脂肪與癌症的進展有關（雖然只有相關性，所以充其量只是暗示兩者有關聯）。正子斷層造影使用氟代去氧葡萄糖（fluorodeoxyglucose，這是一種示蹤物質，可顯示組織中對應於葡萄糖吸收的代謝活動），顯示那一百四十二名癌症患者都有棕色脂肪，但活動性癌症患者的棕色脂肪比無惡性腫瘤患者的棕色脂肪還多。因此，儘管一般常認為棕色脂肪有助於消除肥胖，但棕色脂肪儲存量不見得是好事。誠如二〇一八年那項研究的首席研究人員總結，未來「調節棕色脂肪可能在癌症治療中發揮作用」。

一起生活或孤獨死去 °C

體溫調節的實驗者顯然已達到科學的最新領域，醫學／藥理學領域的研究者也與他們站在一起了。直接的溫度療法（包括身體降溫與加熱），以及治療性的藥物、生物製劑、基因療法的前景都令人振奮。不過，目前還沒有任何人體研究支持棕色脂肪與依附或社交網絡之間的關係，這種研究之所以尚未出現，原因是技術還不夠。目前為止，偵測棕色脂肪的唯一方法是透過放射性追蹤劑，使用電腦斷層掃描，那導致棕色脂肪研究的侵入性太高，無法進行規模夠大的研究。目前，我們只是猜測（雖然是有根據的猜測），比較孤僻、孤立、孤獨的人可能有較多的棕色脂肪。

這意味著，依附一個多元社交網絡可以把體溫調節的代謝負擔分攤出去（但仍需更多的研究來證實），從而減少了對棕色脂肪的需求。這可能很類似一個人連結一個多元網絡，會比實體接近其他溫暖的身體更有效率地滿足體溫調節的需求。如果社交關係確實把體溫調節的代謝負擔分給整個群體，那麼有充分社交關係的個人，若是攝取的卡路里超過其活動所需（包括維持溫度恆定所需的活動水準），他的體重就會增加。相反的，比較孤立的人因為缺乏一個群體幫忙分擔體溫調節的代謝負擔，就可能需要培養及徵用棕色脂肪來保暖。已故的芝加哥大學教授卡喬波（John T. Cacioppo）是社會神經科學領域的共同創始者，他把人對社交連結的渴望比喻成一種迫切的生物驅動力，就像饑餓一樣。[38]

自助策略如WHM溫度訓練、醫療措施、使用高溫或低溫治療，都有可能改善身心健康，但若要達成及維持持久的溫度恆定，則需要與社交網絡有充分的連結。我的好友霍特—隆斯達（Julianne Holt-Lunstad）與同事在二〇一〇年發表了一份寶貴的綜合分析，證實了這點。

研究人員想要量化人們的社交關係與死亡機率之間的關聯，並比較這種死亡機率與其他眾所皆知的健康和長壽基準，例如抽菸、運動、飲酒。霍特—隆斯達與同事分析了一百四十八項研究，總共包含三十萬八千八百四十九名參與者，他們想知道人際關係的強度與壽命之間的關係。他們的發現令人震驚：人們的社交關係複雜度是預測壽命的最強烈因素，甚至比大家常提到的其他風險因素還強，例如每天喝六杯酒、肥胖、不接種流感疫苗、每天抽菸多達十四支等等。下頁圖顯示其預測效果究竟有多強。當然，這不表示你的社交關係綿密，就有資格做一種或各種高風險的行為，但該研究確實顯示，社交關係應該是社會健康措施的一大關注重點。[39]

二〇一五年，霍特—隆斯達與同事發表了另一份大規模的綜合分析，專門檢視孤獨與社交孤立的死亡風險。這項綜合分析的發現，至少和前一份綜合分析的發現一樣令人震驚。研究發現，社交孤立感每增加一個百分點，死亡機率增加二九％；孤獨感每增加一個百分點，死亡機率增加二六％；獨居每增加一個百分點，死亡機率增加三二％。[40]

不同條件下，擁有較低死亡率的機率

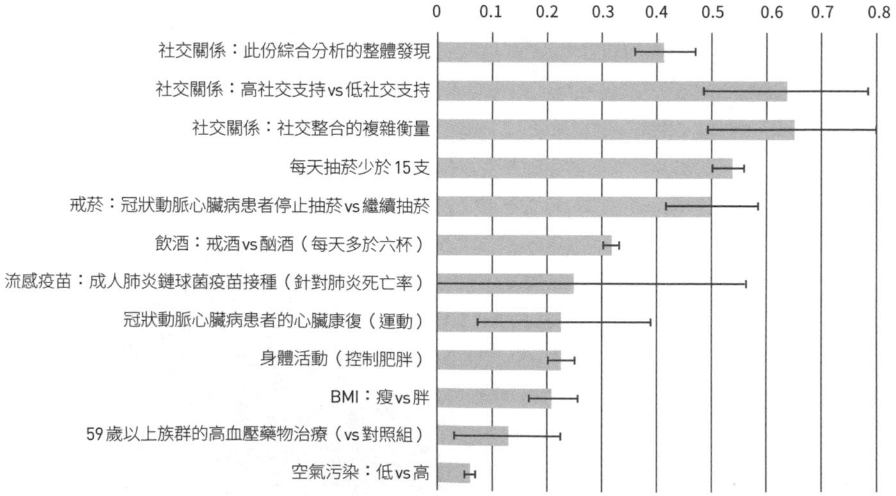

別相信生物標記：冬天真的會讓人更憂鬱？

研究人員常把假說建立在集體經驗、公認智慧、廣泛共用的假設、令人信服的信念驅動力（所謂「常識」）所支持的認知上。接著，他們根據那些假說來設計實驗，最後常得出一個簡化的結論，雖然形式上無可非議。這種方法的缺陷，往往是資料樣本太小所造成的。因此，要糾正這個缺陷，通常需要增加樣本的規模，你可以招募大量的參與者，或是對許多已有的研究資料做綜合分析。無論是以哪種方式彙整大型的資料庫，都會產生一些令人驚訝的結果。

這裡正好有一個例子：季節性情緒失調（seasonal affective disorder，簡稱SAD，又譯「季節性憂鬱症」），最早的報導與命名是在一九八〇年代初期，但早在西元六世紀，哥德學者約達尼斯（Jordanes）就用它來描述斯堪地那維亞人（Scandinavian）。[41]事實上，季節性情緒失調在某種程度上反映了一種普遍的常識觀點：相較於「好」天氣（晴朗、溫暖、明亮）,「壞」天氣（尤其是冬天的寒冷與陰鬱）讓許多人感覺更沮喪。

二〇一〇年，荷蘭的研究人員想要判斷季節性變化導致憂鬱症狀的原因。荷蘭是一個以陰鬱天氣與季節性變化著稱的國家，研究人員是從荷蘭南部（51°15'N）的一項大型篩選專案取得資料（該專案招募參與者來做憂鬱症治療研究）。研究人員從二十一萬七千八百一十六人的樣本中，挑選前十二個月的參與者，總計有一萬四千四百七十八名應答者。他們計算這個樣本裡重度憂鬱症與悲傷情緒（根據《精神疾病診斷與統計手冊第五版》〔DSM-IV〕的分類）的季節性患病率，並把它和每日溫度、日照時長、降雨時長等數值的平均值連在一起。結果，重度憂鬱症與悲傷情緒的季節性患病率，確實顯現出季節性變化，並以夏秋兩季為高峰。

令人驚訝的是，冬季竟然沒有出現高峰，一般認為冬季是季節性情緒失調的主要季節。不過，更令人驚訝的是，天氣狀況與情緒沒有關聯，所以天氣不能解釋研究人員發現的季節性變化。研究人員因此推論：與普遍看法和常識相反，天氣狀況與悲傷情緒或明顯憂鬱看來沒有關聯，即使在荷蘭這種冬天陰鬱的國家也是如此。42

冬天似乎不會普遍造成或直接造成憂鬱。在我們的研究中，也沒有發現參與者聲稱的壓力跟核心體溫有關。一般來說，天氣與情緒之間這種普遍認定的關聯，就是所謂「生物標記」（biomarker）的核心。世界衛生組織（WHO）把生物標誌定義為「可以在人體或其產物中衡量，並影響或預測結果或疾病發生率的任何物質、結構或流程」，[43]這表示生物標記必須是準確、可重複的，而這對心理症候群來說不是那麼容易。二〇一四年，提米米（Sami Timimi）寫道，研究人員尋找可靠的生物標記已久，但始終找不到精神疾病的生物標記。[44]體溫調節、癌症或憂鬱症也是如此，無法調節體溫並不能直接視為憂鬱症的生物標記，現實遠比那還要複雜。以憂鬱症為例，我的同事弗里德（Eiko Fried）於二〇一六年發表了一篇論文，指出衡量憂鬱症的七種工具涵蓋了至少五十二種症狀。[45]因此，如果光是衡量核心體溫就能偵測憂鬱症，那實在非常驚人。

或者，以一種更直覺的方式來說，如果研究人員操縱了溫度，而參與者說他感覺正面積極是因為他覺得比較溫暖，那也很驚人。我寫這段文字時，是在格勒諾布爾（法國夏季最熱的城市之一）的炎熱夏末，這天剛好是雨天。我可以告訴大家，我一點也不覺得鬱悶或沮喪，反而為這麼熱的天氣下了一些雨而感到開心。

社交體溫調節的中心主題，是往溫度恆定的方向調節。正面或負面情緒的體驗是告訴我們，一個人在達到溫度恆定方面做得如何。憂鬱的體驗比這個更複雜，但至少有類似的功能。能夠成功地調節體溫，攸關強大的社交網絡、調節體溫的能力，以及其他變數（如身高、體重、性別）。體溫調節對我們的健康非常重要，確實在我們的生活中扮演要角。我們在第五章學到，社交網絡是調節體溫的關鍵，而且它對生存的重要性比戒掉每天喝六杯酒的習慣更重要。

在本書最後一章中，我們將探討社交體溫調節與場所，包括「民族性」和幸福等概念，因為一般人認為那是溫度與氣候所塑造出來的。我們將會深入探索許多歷史悠久的概念、傳統、普遍認知，我們也會看到，幸福是一個重要、恆久長存、但出奇困難的主題。

第　九　章

快樂的哥斯大黎加人

溫度、氣候與幸福

我們已經討論了溫度對房地產行銷與買賣的影響，但如果請房地產經紀人自己列出三個影響房地產價值的最重要因素，你幾乎一定會聽到底下這種不假思索的反射性回應：「地點、地點、地點。」據傳，這句老生常談是英國房地產大亨薩繆爾勳爵（Lord Harold Samuel）在一九二〇年代率先提出的，事實也證明這句話確實歷久不衰。此話歷久彌新，可見這句房地產行銷格言提到了人類歷史與社交行為的重點：文明史上老早就證實了地理位置與幸福的關聯。一五一六年，英國的社會哲學家、政治家兼殉教的天主教教徒摩爾爵士（Sir Thomas More）以最極端的哲學方式，把這個關聯命名為「烏托邦」，這是其著作的書名，該書是描寫一個想像中的理想島國，但那個概念不是他發明的。在神話、宗教、文學、大眾文化、商業中，一個承諾無限幸福的地方，是很常見的概念。事實上，那個概念帶動了整個度假業的發展。

中國魏晉南北朝時代的詩人陶淵明（西元三六五年？—四二七年）寫了〈桃花源記〉，感性地描寫一片避世隱居的幸福之地，「世外桃源」一詞在中文裡仍與英文的「烏托邦」意義相當。舊約聖經中提到的第一個陸上地點是伊甸園，那裡不僅是烏托邦，更是人間天堂。伊甸園一直是那些在猶太—基督教文化傳統中成長的人，用來衡量夏威夷毛伊島（Maui）、迪士尼樂園、大溪地、拉斯維加斯等度假勝地幸福程度的基準。哥倫布在第三次航向新大陸時（西元一四九八—一五〇〇年），深信自己發現了伊甸園，他從伊斯帕尼奧拉島（**Hispaniola**，這個加勒比海島嶼如今由海地與多明尼加共和國瓜分）寫信告訴他的贊助人卡斯提爾女王伊莎貝拉一世（**Isabella I of Castile**）與其夫斐迪南二世（**Ferdinand II of Aragon**）：「我相信這裡就是人間天堂……這是殿下派我來發現的地方。」這位船長特別提到，這片土地有「非常溫和的氣候」。[1]

哥倫布發現「伊甸園」似乎預示著無限的幸福，但最終卻導致歐洲征服者與美洲原住民之間，以及相互競爭的歐洲征服者之間爆發長達數百年的戰爭。追求「應許之地」，無疑把大家推向了花費、消耗、冒險、大規模屠殺的極端，歷史上這種劇烈活動至少有一部分與氣候有關。我們已經知道，體溫調節的迫切重要性僅次於呼吸，我們也已經瞭解體溫調節與社交關係多麼緊密相連。此外，我們已經看到溫度可能對情感與認知產生深遠的影響，可能讓我們變得更孤獨或更不孤獨、更願意或更不願意投入、更想或更不想購買各種產品，尤其是評估、購買或不買房地產。

因此，讓我們回到一個人們不知從何時開始就一直在問的問題——從探險家到拓荒者，再到一心想征服世界的君主都問過：我們對溫度與幸福感的瞭解，是否意味著氣候「非常溫和」的地方住著比較快樂、比較健康的人呢？

氣候與幸福感

大量研究顯示，氣候會影響我們的情緒與行為。許多人憑直覺或常識認為，憂鬱症與漫長、寒冷、陰鬱的冬天密切相關。然而，在芬蘭，自殺率卻與較高的春季氣溫有關。芬蘭自殺現象的相關分析顯示，與春天自殺率上升有關的，是陽光增加，而不是氣溫下降。再次強調，氣溫不是誘發某種行為的唯一因素（事實上，那項研究明確指出，溫度與自殺人數的關係微乎其微）。在這種情況下，棕色脂肪是可能的解釋，因為經過漫長的寒冬後，棕色脂肪組織的活動可能會在突然變暖的環境中損害體溫調節，從而增加自殺風險。[2]

有研究更直接指出，某些氣候更容易讓人感到幸福。研究顯示，月平均氣溫不偏離攝氏十八度太遠的國家與地區，居民最滿意當地的生活。[3]難道這表示哥斯大黎加、盧安達、哥倫比亞的人比較幸福，俄羅斯、芬蘭、愛沙尼亞的人比較不幸福嗎？難道俄羅斯人都應該逃到哥斯大黎加生活嗎？

先別急！

歷史、神話、常識一直把幸福與地方連結在一起。哥倫布認為伊斯帕尼奧拉島是伊甸園，但這不是因為他瘋了，他只是根據舊約聖經〈創世紀〉（Genesis）和〈以西結書〉（Ezekiel）中強大的共同文化價值得出結論。在我們這個時代，世界各地有關幸福的大規模調查證實，幸福的價值是源自於國族文化。世界價值觀調查（World Values Survey）就是一個很好的例子，那是由歐洲價值觀研究（European Values Study）發展而來的，最早是一九八一年由荷蘭蒂爾堡大學的科霍夫斯（Jan Kerkhofs）與德莫爾（Ruud de Moor）領導進行的（我曾在蒂爾堡大學任職）。這些社會學家想要驗證的假說是：現代經濟與技術變化，改變了工業化文明的價值觀與動機。[4]

一九八一年以來，世界價值觀調查總共完成了六波，而且不斷擴大地理與文化樣本。一九八一年做了第一次調查後，第二次是在一九九〇年至一九九一年進行，第三次是一九九五年到一九九七年，第四次為一九九九年到二〇〇一年，第五次是二〇〇五年到二〇〇七年，第六次則是在二〇一〇年到二〇一四年進行。二〇一七年，啟動了第七波。❹

❹ 編注：由於新冠肺炎疫情的影響，導致調查延宕一年，第七波已於二〇二一年底完成調查。第八波調查預計於二〇二三至二〇二六年間進行。資料來源：https://www.worldvaluessurvey.org/wvs.jsp。

世界價值觀調查的範圍很廣，目前資料是來自近一百個國家、約四十萬名的受訪者。這一百個國家合起來的總人口，幾乎占全球人口的九成，涵蓋了世界上各大文化區中非常貧窮到非常富有的國家，目的是提供一個資料庫，以協助科學家與政策制定者瞭解世界各地人口的信念、價值觀和動機。調查的領導者認為，目前為止得出的結論支持以下的假設：積極的經濟發展、民主化，以及更高的包容度，使人民更深刻地感受到自己有選擇的自由，會帶來更多的幸福感。

事實上，研究人員列出「三十項最重要的發現」，每一項都與幸福感有關。因此，世界價值觀調查的主要見解很可能是：幸福幾乎是所有國族文化的組成部分，雖然這種衡量標準很少出現在國家政策中，至少目前還沒有。

儘管世界價值觀調查沒有專門研究氣候與幸福感之間的關聯，但後續的多項研究顯示，氣候比溫帶更冷或更熱的貧窮國家，會演化出不快樂的「生存」文化；這兩種氣候都對居民的體溫調節有較大的壓力。相對的，這些研究顯示，無論人均收入如何，氣候溫和的國家都會演化出隨和、適度快樂的文化。最幸福的文化是那些展現「自我表達價值觀」的文化——追求自由、社會包容、生活滿足感、公開表達的自由，而不是只追求「生存價值觀」。不過，在氣候比溫帶更冷或更熱的富國，雖然居民面臨較大的體溫調節壓力，但他們依然演化出「自我表達」的文化。

我一點也不懷疑幸福感是一個重要的文化主題，這個見解著名地體現在美國一七七六年《獨立宣言》中，其主筆傑佛遜（Thomas Jefferson）在列舉三項「不可剝奪的」人權時——生命、自由、「追求幸福」——借用了啟蒙時代的哲學家洛克（John Locke）的觀點。重點是，傑佛遜直接從洛克那裡借用了生命與自由這兩個概念，但以「追求幸福」取代了洛克原始主張的第三項權利：財產。

我也相信，氣候對於塑造我們的幸福感有重要意義，但首先，我們必須以更細膩的用語來定義「幸福」。讓我們暫時先接受這個事實：最近的研究顯示，無論富裕與否，隨和文化的適度幸福感與溫和氣候有關；而不幸福的生存文化則與極端氣候有關，但只伴隨著貧窮出現。在富國，極端氣候反而又與最大程度的文化幸福感有關聯。仔細閱讀傑佛遜的文字，你會發現，他不是直接以「幸福」取代洛克主張的「財產」，而是提到對幸福的「追求」，暗示著那不是被動狀態。「追求」意謂付出精力、投入努力與能量，包括在溫度明顯低於或高於中間溫度帶（thermoneutral zone）的氣候中，調節體溫所需的代謝能量。

在探索溫度、氣候、幸福感之間的關係時，我們再次發現自己很容易對溫度與情緒妄下結論，因此對溫度與行為也妄下結論。這裡陳述的研究確實顯示，氣候可能對我們的生活產生影響，但我會解釋為什麼這些影響不像常識與一般所想的那麼強烈或直截了當。希望我們在解釋溫度波動及其對幸福感的影響時，這些見解可以幫助我們做出更有根據的猜測。

溫度是環境的一個面向，往往需要我們刻意去關注與努力因應。有些環境比較容易應付，偏離中間溫度帶最小的環境，消耗的代謝能量很少。然而，溫度極端的環境會對我們構成挑戰，有些人難以因應，但另一些人發明了中央供暖與中央空調等技術。技術需要很高的網絡多元性與社會協作，那可能是我們的體溫調節甚至涉及維持更複雜社交網絡的原因。在組織不善或缺乏某些重要天然資源的社會裡，極端溫度可能帶來極大的痛苦、疾病與死亡。然而，在更發達的社會裡，尤其是可取得策略性資源的社會裡，極端氣候帶來的挑戰加速了科技進步，促進商業發展，進而創造了財富。

然而，隨著時序深入二十一世紀，演化的文化影響造成全球氣候出現前所未有的變化，極端氣候將會帶來新的挑戰。感覺寒冷又悲傷嗎？捧著一杯熱茶至少可以暫時讓你感覺好一些，但那樣做不會提高社會因應氣候變化的能力。文化不是放大的個體，那是科學家與民眾常做的錯誤假設。在個人、社群、國家、全球層面上，我們必須學習有效地因應溫度與體溫調節，這對幸福、健康、長壽來說都很重要，也攸關我們更迫切的生存。

我們應該從詳細瞭解社交體溫調節開始，以便大家一起設計出因應體溫恆定新挑戰的社交方法。溫度不會使我們感到快樂或悲傷、變得富有或貧窮，而是會促使我們去應對、去適應、去發明。政府必須透過抱負宏大的研究計畫，來促使大家更瞭解人類的企鵝本性。這些計畫必須非常詳盡，我們才知道哪些稀缺收入與其他資源可以進行更有效的配置，以便設計與執行社會導向的應對計畫。畢竟，我們不可能為了氣候都搬去哥斯大黎加。

季節性情緒失調

季節性情緒失調是有道理的。如果冬天來臨，空氣中的寒意、落葉、光禿禿的樹枝、鳥兒向外遷徙……令你感到悲傷，你並不孤單。我們可能以為，季節性情緒失調是一種可以「證明」氣候（尤其是氣溫）會讓我們不快樂、甚至陷入憂鬱的典型心理失調。美國的政府機構國家心理衛生研究院（National Institute of Mental Health）把季節性情緒失調定義為「一種隨季節變化而出現及消失的憂鬱症，通常始於秋末冬初，並於春夏時節消失。與夏季有關的憂鬱也可能發作，但遠比冬季發作的季節性情緒失調少見」。國家心理衛生研究院列出一系列症狀，包括一組重度憂鬱症的症狀，並規定需要「符合重度憂鬱症的全部標準且出現於特定季節（冬季或夏季）至少兩年」，才能診斷為季節性情緒失調。[5]

不過，回想一下第八章的研究，研究人員的結論是，氣候似乎與悲傷或憂鬱沒有關聯。就個人經驗來說，我發現這項研究的作者與馬斯垂克大學（University of Maastricht）

和馬斯垂克大學醫院（University Hospital Maastricht）有關聯，這點特別令人信服。如果連在荷蘭這樣天氣變化無常又陰暗的國家工作的研究人員，都無法為季節性情緒失調找到確鑿的證據了，那還能去哪裡找到鐵證呢？

地球上找不到分布比人類更廣的動物了，這個事實證明了人類適應環境的驚人能力，包括氣候可能帶來的新狀況、甚至極端狀況。回想一下第三章的結論，內溫性使人類能夠更靈活地生活在多元環境中，如果你從這個角度去思考體溫調節與憂鬱，那麼氣候與心情之間似乎不太可能有廣泛的關係。由於人類有內溫靈活性，因此我們應該預期人類有潛力適應新的環境溫度，甚至個體的個性都有可能為了因應新環境的要求或熟悉環境的極端狀況而改變。

二〇一七年，韋文琦（Wenqi Wei）等人的研究檢驗了這點。該研究使用從中國五十九個城市收集的資料，以及取自美國一萬兩千四百九十九個郵遞區號地點的資料集，試圖揭開環境溫度與個性之間的關係。研究人員把「溫和」的溫度定義為攝氏二十二度左右，他們發現，在氣溫較溫和的地區成長的人，在與社交和穩定性有關的個性因素（如隨和、認真、情緒穩定），以及與個人成長和「可塑性」有關的因素（如外向、對新體驗的開放心態）上，得分較高。這是相較於氣溫不溫和地區的成長者的結果，他們在這些因素上的得分較低。（請注意，研究人員只把那些在研究地區成長的人納入分析。）然而，韋文琦等人也發現，在氣候不溫和的環境中，個體能在個性層面上適應氣候的要求。

不可否認，關於個性的研究發現，使溫度與心情的關係變得更加複雜。顯然，氣候與個性之間可能存在一種扎實的關係，可見人類是會調適的，但這些效果可能只有在長期狀態下才會影響個性。我必須承認，一開始我對韋文琦團隊的研究感到懷疑。期刊編輯在決定是否要刊登研究之前，常要求科學家對其他人的研究做品管審查。編輯聯繫的審查者通常具有特殊的內容專業，我在此公開坦承，我就是受託檢查韋文琦等人那篇研究的審查者，並建議編輯退稿，不要刊登。我很高興編輯否決了我的意見。不過，我確實要求他們進行額外的分析，作者也照辦了，並（再次！）證明我錯了。

我雖然存疑，但韋文琦等人的研究，確實讓我思考了他們的研究，與我們在第五章中討論的「人類企鵝專案」之間的關係。我們在那項專案中發現，生活地區離赤道越遠的人，社交多元性方面的得分較高。離赤道越遠的地區，氣溫可能沒那麼溫和，至少較低溫的地區是如此。這個研究結果，是否與韋文琦等人的發現互相矛盾呢？他們發現，生活在極端氣候中的個體在親和力、開明度、外向性等方面的得分，低於那些生活在溫和氣候中的個體。我的答案是這兩份研究不一定相互矛盾。你可以從韋文琦等人的研究推論，氣候越溫和的地區，居民越正面；但更有趣的推論是，氣候越極端的地區，居民更容易適應他們的環境。

我從韋文琦等人的研究中獲得的啟示是，那些生活在極端氣候的人，很擅長適應當地嚴苛的天氣和氣候。若想要參與多元的人際關係——從非常親密、充滿關懷的關係，到以互惠為基礎的關係（例如與陌生人的關係），或金融交流關係（例如與你的銀行經理）——你一定要成為一個「好人」嗎？歐洲的資本主義基本上是在荷蘭發明的，身為荷蘭人，對於上述問題，我必須回答「沒必要」。我們知道，南極環境的極端惡劣氣候，促使企鵝聚在一起做社交體溫調節。企鵝擠在一起需要一大群才夠，但現代人利用網絡多元性、而不是網絡規模來創造社交體溫調節。這些群體的多元性促成更複雜的關係；並不是所有的人際關係都需要個體是「好人」，更遑論非常和善了。因此，就網絡多元性是一種對極端氣候的社交適應來說，韋文琦等人的研究與我們在人類企鵝專案的發現是一致的。

人類不會直接或勉強屈服於極端溫度。人類適應的演化天性意味著，人體這種堅持不肯跟著氣溫變化的天性，導致我們很難在溫度與情緒之間，以及溫度與行為之間找到有意義的關聯。技術和其他社交適應，導致溫度與行為之間、以及溫度與個性之間的關係既難以研究，又令人著迷。此外，作為人類企鵝專案的一部分，我們開發了STRAQ-1來衡量個體在社交體溫調節意願上的差異。我們發現，個體在這方面確實有顯著的差異。無論這告訴了我們什麼，它都提醒我們，文化不是個體的放大版，個體也不是文化的縮影，此外，任何個體都不是整個物種的普遍代表。

如果把社交行為加以擴大，納入性行為，會發現隨著氣溫上升，許多昆蟲開始朝一妻多夫制發展，也就是一隻雌性與多隻雄性交配；但有一些物種是隨著氣溫的下降，換交配對象的頻率更高。以實驗室研究廣泛運用的果蠅物種「擬黃果蠅」（*Drosophila pseudoobscura*）為例，一妻多夫制的增加與較低溫度有關，這個物種的雌性在高緯度的地區（即離赤道更遠的地方）更常換交配對象。[6]關於溫度與人類性行為之間的關係，很可惜仍十分缺乏資料。性行為透過運動與肌膚之親，確實是因應氣溫下降的一種方式，但一妻多夫制是不是為女性提供一種在寒冷氣候中因應低溫的方法，目前還不得而知。我們知道薩蒂諾夫的結論是，人類的性行為與體溫調節行為確實是重疊的，但這不是因為任何因果關係，而是因為大腦為多種形式的激勵行為演化出了類似的機制。體溫調節與性行為都是由大腦中相同區域所強烈激發的，即使它們在其他方面幾乎互不相關。

適應與季節性情緒失調有什麼關係呢？統計學家與科學家把主效應（main effect）與其他變數造成的交互作用效應（interaction effect）區別開來。例如，若一個學生考得很差，更努力用功可能是提高成績的主效應，家庭教師也是。降低考試過程中的飢餓感所造成的分心，也許對考試成績有一些影響，但不太可能是主要影響。符合季節性情緒失調診斷的症狀確實存在，但季節性情緒失調不太可能是造成嚴重憂鬱症的主效應。多數人會適應季節性壓力，例如冬季氣溫下降時造成的代謝需求，以及季節性光週期變化（如冬季日照時間減少）可能造成的晝夜節律失調。那些無法充分適應這類壓力的人，確實可能會耗盡能量而產生情緒症狀。

上個世紀末，荷蘭格羅寧根大學醫院（University Hospital Groningen）的研究人員發表了一篇研究報告，探討季節性情緒失調發病率與緯度的關係。該研究的主要假說是「季節性情緒失調是由光週期變化所觸發的」，那應該會呼應以下的狀況：離赤道越遠，光照時間越少，季節性情緒失調的發病率越高。他們檢閱並分析了二十二項研究，發現北美的季節性情緒失調平均發病率是歐洲的兩倍。雖然北美的季節性情緒失調發病率與緯度之間有明顯的正相關，但在歐洲，這種相關性只是一種「趨勢」。儘管科學家常用「趨勢」來表示他們找到一種效應，但這其實意味著沒發現什麼重要的東西。7

一九八九年，羅森（Leora N. Rosen）等人開始研究美國四個緯度地區的季節性情緒失調發病狀況，從北到南的四個地點依次是新罕布夏州的納舒厄市（Nashua）、紐約州的紐約市、馬里蘭州的蒙哥馬利縣（Montgomery County）、佛羅里達州的薩拉索塔市（Sarasota）。研究人員把「季節型態評估問卷」（SPAQ）郵寄給這些地區的人，這項調查的問題範圍很廣，從「一年之中什麼時候你感覺最好，社交最多，減重最多？」到「一年之中何時你午睡最多？」。這項研究的樣本是從電話簿（大家還記得這東西嗎？）中隨機挑選，但男女人數相當。最終，有一千六百七十一名受訪者寄回問卷。（研究人員坦承，這種方法可能造成了過度抽樣偏差，因為寄回問卷的人對季節性問題的興趣，可能比遠離赤道的人更高。）

研究最後推論，在緯度較北的地區，冬季季節性情緒失調和S—季節性情緒失調的比率「明顯較高」。S—季節性情緒失調是指「未達診斷閾值的季節性情緒失調」，通常稱為「冬季憂鬱」，患者本身告知的症狀，比正式診斷季節性情緒失調所需的症狀更少、更輕微。然而，緯度與夏季季節性情緒失調的發病率之間並沒有相關性。有趣的是，冬季季節性情緒失調的相關性，主要是出現在三十五歲以上的人群中。研究人員指出，他們的研究並未清楚顯示，作為季節性情緒失調的一個因素，年齡與緯度有多大的相關性，這也可能與就業機會、生活成本、退休後的資源取得等位置變數有關，[8]因為這些因素都可能影響個人的心理韌性和適應性。

根據這些結果，我們可以推論，緯度對季節性情緒失調發病率的影響「很小」，而氣候、基因脆弱性、「社會文化情境」等因素，對季節性情緒失調發病率的影響更重要。在這項研究中，不同日照時間（相對於緯度）不算是導致季節性情緒失調的主因，剩下的三個候選因素，包括一個地理因素（氣候），以及兩個與人有關的因素：基因與社會文化情境。這跟積極適應地點與氣候要求的必要性是一致的。不過，雖然我們知道許多主效應（網絡多元性、個體對社交體溫調節的渴望有所不同），但我們仍不知道它們是如何交互影響的。然而，我們可以合理地推斷，如果你生活在氣候較冷的地方，去找一個更多元的社交網絡，對你會比較有利。

WEIRD世界vs現實世界

至少早在一九八〇年代末期，季節性情緒失調就已經是大量研究的主題，更是一般大眾的討論話題。許多研究（包括本書引用的）都顯示，季節性情緒失調與溫度、日照、季節性、緯度、天氣或氣候的其他面向有關聯。然而，這些研究也有嚴重缺陷，例如樣本數小、獨立變數不足或完全未納入考量。事實上，我們看到，惠貝斯（Marcus Huibers）與同事做的最大規模研究問了一個簡單的問題：「天氣令我們難過嗎？」最後他們的結論是，根據現有的資料，天氣與憂鬱症之間沒有任何關聯。

這留下了三種可能的解釋。第一，天氣／氣候不是憂鬱症發病率的重要變數，而季節性情緒失調作為可能與天氣／氣候有關的症狀集合，並不是造成嚴重憂鬱症的主效應。第二，天氣可能讓人感到難過、沮喪或出現季節性情緒失調，但我們尚未設計出能夠證明這點的研究。（畢竟，我依然大力支持「找不到證據並不是證明不存在」。）第三，我們不知道第一種解釋或第二種解釋是否正確，因為衡量憂鬱症比我們想像得還要困難，甚至連科學家對於什麼症狀會構成憂鬱症也沒有共識。

一旦我們確定了要研究的症狀清單，就可以處理衡量的問題。科學界都知道，無法有意義地測量一個東西，就無法有意義地研究它。在社會科學領域，我們開發的多數衡量標準是鎖定「WEIRD」族群，通常是在地的大學生。WEIRD是指來自西方（Western）、受過教育（Educated）、工業化（Industrialized）、富裕（Rich）、民主（Democratic）國家與文化的年輕人，大學裡的研究人員通常鎖定他們來做研究，因為學生是最方便的研究對象。[9]

「五大」（Big Five）人格特質——心理學家普遍認為可測試與衡量的人格特質，即開放性、盡責性、外向性、親和性、神經質——並不適用於中低收入國家的人。五大人格特質是為WEIRD國家與文化設計的概念；在中低收入國家，以五大人格特質為基礎的心理測試無法衡量想要的特質，因此不是那麼有效。[10]以WEIRD年輕人為對象所設計的衡量指標，套用在年長者身上，效果也不好。每個特徵內不同指標之間的關係，以及不同特徵之間的關係，在一生中並不是恆定不變的。設計心理測試、問卷、研究時，應該考慮到參與者，[11]不然就會出現我的同事弗里德與弗雷克（Jess Flake）所指出的問題：瞎衡量❺（measurement schmeasurement）。[12]

衡量行為與個性的諸多面向，跟選購長襪不一樣，單一尺寸無法適用於所有人。我們必須針對衡量什麼及如何衡量達成共識，接著必須調整觀測技巧，以適應研究對象。我相信心理學家在衡量自己想衡量的東西這方面做得相當好，但在衡量儀器與統計模型方面，心理學界還沒達到物理界或化學界的成熟度。為什麼還沒呢？誠如你在本書中一再看到的，即便是研究像人類社交體溫調節那樣「簡單」的東西，都需要瞭解身體尺寸、個性、文化，以及你身上有多少棕色脂肪。

以季節性情緒失調的核心關鍵——評估人的情緒狀態——為例，從重度憂鬱症的研究中，我們可以看到心理學衡量的典型問題。弗里德跟我一樣喜歡像Native那樣舒適愜意的咖啡館，他於二〇一六年發表了一篇論文，指出不同研究領域評估憂鬱症的嚴重程度不同。目前有七種常用的量表可評估憂鬱症的嚴重程度，這些量表的內容差異很大，加起來總共有五十二種憂鬱症狀。首先，症狀的數量與種類很多，可見憂鬱症已成為一種籠統涵蓋多種症狀的疾病，定義含糊、甚至特殊。因此，使用一種量表所獲得的研究結果，很可能無法在其他量表上進行複製，更何況是套用在其他的研究族群上！這使得憂鬱症的研究變得非常複雜。

弗里德做了一項內容分析，以評估七個量表的症狀重疊率。他發現平均重疊率非常低，介於〇・二七到〇・四〇。事實上，五十二種不同症狀中，有四〇%只出現在一種量表中，僅一二%的症狀出現在全部七種量表中。特殊症狀出現在某些量表上（比率從〇%到三三%不等），複合症狀出現的比率從二二%到九〇%不等。弗里德並沒有把五十二種症狀歸納整理成少數幾個比較清晰、明確定義的症狀，而是大膽指出，那五十二種不明確症狀的估計可能是保守低估。也就是說，目前七種量表的差異狀態，可能比弗里德的估計還大。這帶來的問題是，不同量表之間的差異大、重疊小（可見沒有共識），容易導致研究結果是特定量表所特有的，使得研究結果難以複製，也很難從結果中歸納出有意義的結論。[13]

憂鬱症的嚴重程度是根據症狀的數量來衡量，那些症狀是用來建立閾值評分，以及判斷一個人應歸類為憂鬱或非憂鬱。如果憂鬱症真的是一種有著普遍認同症狀的單一病症，

---

❺ 譯注：schmeasurement是弗雷克的自創字，意指有問題的衡量方式。衡量者對於概念效度（construct validity）一問三不知，也不在意。心理學研究常出現這種現象。

那樣做是有效的，但弗里德的分析顯示，從「憂鬱」症狀的數量與種類可以看出，大家不僅對於「哪些症狀可以定義憂鬱症」莫衷一是，也對於「哪些症狀是衡量憂鬱嚴重程度的最有效標準」缺乏共識。這不表示憂鬱症既不是有效的標籤，也不是有效的診斷。事實上，憂鬱症既是有效的標籤，也是有效的診斷；但上述亂象確實意味著，這種疾病的治療比我們所想的還要複雜。

弗里德與另一位研究人員內斯（Randolph M. Nesse）引用了「許多研究」，那些研究顯示，悲傷情緒、失眠、難以集中注意力、自殺念頭等憂鬱症狀不僅本身是不同的現象，而且彼此在非常顯著的方面皆不同，從根本的生物性到它們構成的風險，都不一樣。然而，把不同的「症狀」合成一個總分來估計憂鬱症的嚴重度，阻礙了研究，包括找出憂鬱症的生物標記，以便發現、制定或應用更有效的抗憂鬱藥物治療。[14]

十九世紀以前，科學通常稱為「自然哲學」（natural philosophy）。現代科學家一般會堅持自己與任何類型的哲學家是不同的，但無論我們的科學領域是什麼，最好承認我們的智識至少受惠於一大哲學領域：認識論（epistemology，或稱知識論）。哲學的這個分支致力於研究知識和信念的本質，它提醒我們，我們不能理所當然地認為，我們根據觀察的現象所得出的結論是正確的。例如，研究憂鬱症時，我們能準確地描述與衡量現象到什麼程度？我們評估用來辨識及描述憂鬱症症狀的語言到什麼程度？根據涉及的複雜性，我們必須推論，真正努力處理研究背後那些認識論議題的人實在太少了。我們是根據現象來擬合假說，還是僅僅根據文字？

這是弗里德等人在審視憂鬱症研究時所提出的更宏大問題。此外，那麼多科學研究難以複製結果，也跟無法回答這個問題有關。大眾媒體把重製危機視為學術界的道德危機，有如詐欺盛行。遺憾的是，儘管有一些實驗確實是捏造的，但弗里德等人指出，無法複製結果或許更主要是因為無法定義該衡量什麼，以及如何衡量。認識論的目標是盡可能貼近現象，但不迷失在一知半解或定義模糊的主觀術語中。這通常是一個重要的議題，但是，在針對溫度、氣候、地點、情緒、幸福的其他面向之間的關係提出假說時，這點更是明顯。

從被動到適應：人類的強大適應力 °C

我們知道，體溫調節是依賴遍布全身的主要系統，是由較高階的神經系統所協調（如下視丘），並上升到大腦皮質的最高階。它也超越了個體的身體與大腦，延伸到其他人、社交網絡、整個社會，甚至是文明本身，包括技術的建構環境。這也難怪，我們會遇到一個始終如一的發現：我們的世界遠比根據簡單關係的假說所能理解的還要複雜。

讓我們再次思考一下這個社交世界的複雜性，以及為什麼我們無法從個體行為輕易地推論文化。科學家有時會簡化複雜性的特徵，二〇一七年范蘭格（Paul van Lange）等人發表的論文就是一例，該論文把模型名稱簡化成方便好記的縮寫：**CLASH**（**CLimate, Aggression, and Self-control in Humans**，意指「氣候、攻擊、人類的自制」），並且試圖以這個簡單好記的模型來解釋「世界各地的攻擊與暴力」。該論文的假說是，世界呈現出一幅充滿攻擊和暴力的景象，而且其中有「重大差異」。[15]

關於攻擊性的原因，你當然可以考慮多種假說，其一是氣候。這不見得是一個很好的解釋，范蘭格等人對專題論文（target article）的評論證明了這點，但我們姑且就採用這個假說吧。有人提出，氣候較溫暖的地方，居民互動比較頻繁，這是日常活動理論（routine-activity theory）；但也有可能出於其他理論，例如，多種實驗研究顯示溫度升高對暴力行為的影響。[16]典型的解釋是，溫度較高可能使人失控，變得暴躁。CLASH那篇論文背後的簡短故事是，作者單憑這些影響，就覺得把個人行為擴展到文化中是合理的，因此假設生活在溫度較高的氣候中，會讓你更有攻擊性，因為自制力較低。他們的推理是這樣的：較低氣溫和更大範圍的氣候季節變化（這兩點都離赤道較遠）促使個人和群體更關注未來，而不是現在。（回想一下前面我們以巴菲特來比喻緩慢的人生。）因此，該論文的作者提出了一個假說：離赤道較遠的國家，人民更有自制力。

我第一次看到這個假說時，感到懷疑。約莫同一時間，我和同事正在做人類企鵝專案。范蘭格等人自己也主張，需要資料導向的方法來探索他們的假說。那時我們剛為人類企鵝專案加入機器學習，因此正好可以設計一個完美的測試，更重要的是，我們的資料集應該可以更輕易地偵測他們的預測。在我們的資料集中，這種效應應該會放大，因為「資料點」彼此之間有些遙遠：我們只有一個國家真正靠近赤道，所以氣候效應應該會放大，那對范蘭格的假說是有利的。我們使用人類企鵝專案來分析CLASH論文時，收集了十幾個國家的緯度、自制力、許多社會預測因素，這些國家離赤道的距離不一，我們總共分析了一千五百零七位參與者的資料。[17]

我們發現，離赤道的距離對自制力的影響非常微弱。但是，面對那麼大的資料集，你肯定會發現顯著的影響，這主要是過度擬合的結果（如第五章的討論）。這些影響不是真實的，更有意義的作法是比較離赤道的距離和其他變數。判斷自制力高低時，離赤道的距離有多重要？差不多跟會不會說塞爾維亞語一樣重要，換句話說，就是根本不重要。

關於人類發展，我支持比較複雜的論點，例如戴蒙（Jared Diamond）的著作《槍炮、病菌與鋼鐵》（*Guns, Germs, and Steel*）。[18] CLASH模型忽略了本章前面討論的許多因素，亦即影響個人、地區和國家人口行為的廣泛作用、效應、變數。值得注意的是，我們確實找到一個預測自制力的重要因素：人們是否對自己的依附感到焦慮。換句話說，社交環境（而不是氣候）可以預測自制力，進而預測攻擊性。因此，人類文化與心理不是個體的簡單總和，不能歸納成一個全面概括、過於簡化的模型。

此外，別忘了，極端溫度與不快樂之間的關聯，只有在人們無法有效地因應那些氣候要求時，關聯性才存在。我之所以喜歡戴蒙的著作，是因為他指出了非常複雜的歷史發展，包括財富往往是透過歷史偶發事件所累積的：歐洲人與亞洲人比較容易交換資訊，是因為他們是從西方往東方移動，相較美洲的南北跨氣候移動來得容易；歐洲軍隊把細菌帶到美洲，幾乎消滅了整個（更大的）敵對勢力；歐洲人遇到更多可馴養的動物，因此有較多的食物供應。為了更瞭解我們如何更有效地控制自己，必須同時觀察氣候、社交網絡的多元性、我們的財富、個人如何因應氣候，以及運氣。

當然，複雜性不該阻礙我們對卓越科學的嘗試。在本章前面，我們討論了韋文琦那篇有關環境溫度和人類個性的論文，現在，讓我們在其宏大假說的更廣泛背景下，再看一遍那篇論文。該文作者並未主張地理以某種方式創造了地區性人格特質，而是提出以下假說：人類會適應環境，這種適應力甚至會延伸到像人格這樣看似不可改變的固定東西。韋文琦等人認為，因為所有的人都不斷地體驗環境溫度，並對環境溫度做出反應，所以溫度是「與個人習慣性行為模式相關的一個關鍵環境因素」，這很合理。既然如此，溫度肯定也會影響我們所知的人格最基本的面向。

回想一下，研究人員從一個很大的中國樣本及一個更大的美國樣本中收集資料。該文作者接受人格的定義是「影響個體對環境反應的多種特徵的交互集合」，他們主張，所謂的五大人格特徵可歸納成兩個綜合因素，他們稱之為阿爾法（Alpha，包括親和性、盡責性、情緒穩定）和貝塔（Beta，包括外向性、開放性）。阿爾法特質與社會化及穩定性有關，貝塔特質與個人成長及可塑性有關。

研究人員推斷，人類對於溫度舒適有生存上的需求，因此主張溫和的溫度有利於人類到庇護所之外探索，這促成了更廣泛的社交互動與體驗。相反的，過冷或過熱的極端溫度讓人比較不想外出，除非絕對必要才會出去探索。因此，生活在很熱或很冷的氣候中，人類比較少社交，也較少嘗試新活動。該文作者因此預測，在溫和氣溫下成長的人，阿爾法社會化因素和貝塔個人成長因素的得分較高。他們利用大型跨文化的資料集，來佐證區域環境溫度與人格特徵之間的關聯，因此能夠解釋為什麼不同區域的人格有差異，而那些差異是無法用生存方式理論（subsistence style theory）、選擇性遷徙理論（selective migration theory）、病原體盛行理論（pathogen prevalence theory）等舊理論來充分解釋的。從全球氣候變遷的情境下展望未來，研究人員預測，在可預見的未來，人格可能會出現與溫度有關的顯著變化。

那項研究的樣本廣度與深度，說服了我；但同樣有說服力的是，研究人員對那些生活在不溫和環境下的族群所做的結論：他們不是注定像穴居人那樣孤獨終老。該研究的結果與我們對社交體溫調節的瞭解一致，我們已經知道，在寒冷環境中的人不會像無用的室內植物那樣枯萎。在大腦更高階的認知中心所控制的社交體溫調節驅動之下，又受到源於基因演化的文化演化的影響，人們會從建立不同的社交網絡中尋求「社交溫暖」。即使是居住在陰鬱氣候中的荷蘭人，也會從Native、阿爾卑斯咖啡館那樣的地方尋找舒適愜意感，類似的場所在多數文化中都很受歡迎。人們不會屈服於自己碰巧所處的冷熱環境，而是在先天環境中營造出一個文化、社交、技術環境，那遠比擠在一起的企鵝群更有效。

溫和溫度假說（temperature clemency hypothesis）主張，生活在溫和氣候中的人較常外出，享受露天市場與聚會場所，享受古希臘陽光普照的廣場。這個假說並未與社交體溫調節假說相互矛盾，無論是溫和的氣候、還是極端的氣候，人們都會尋求社交。在氣候宜人的地方，大家覺得互動比較容易。溫暖的海灘上，簡直就像派對一樣！但在氣候惡劣的地方，氣溫對體溫恆定構成威脅，因此大家也會尋求彼此，或許還會更迫切、更積極。在這兩種環境中，人們都演化出社會。

還有一個更重要的相似之處，超越了地點與氣候。即使溫和與極端溫度促成不同人格特徵的發展，但這兩種情況都不會逼迫人以某種方式行事。相反的，它們都使人有能力、有動力去適應自己所處的世界。溫度對人類的影響，與溫度對酵母麵糰的影響不一樣，麵糰在溫暖環境中會膨脹，別無選擇，那行動看起來是動態的，但其實是毫無意志的。相反的，人對環境的反應有不同程度的動態適應。每個人各自選擇與啟動了適應的方式，而適應的成敗充分說明了一個人的健康或失調。

後記

笛卡兒是科學革命的關鍵人物，雖然生於法國，但他很明智地在荷蘭共和國度過了他最多產的二十年歲月。我無意讚揚他，也無意忘卻他，但我寫了一本書，猛力反駁他極具影響力的二元論觀點，他主張身心接近但各自獨立，就像「領航員」引導著載著他的「船」，但他不是船的一部分。

是什麼促使我反對笛卡兒的觀點？嗯，就是我研究體溫調節、尤其是社交體溫調節時所學到的一切。最重要的是，把思想與身體分開，等於是假設我們與其他動物非常不同。遺憾的是，我們並非如此。

不是每個人都認同這點，誠如我們在第二章和其他章節所詳細討論的，雷可夫與詹森的概念譬喻理論認為，抽象概念表現在具體的經驗中，因為我們共同經歷它們。他們認為，我們被照顧者抱在懷裡的時候，同時體驗了情感概念與實體溫暖，我們是透過實體的溫暖來學習情感的象徵概念。雷可夫與詹森認為，這是體現認知的明顯例子：一種象徵性的認知概念是透過身體經驗去瞭解的。對他們來說，體現認知是對笛卡兒身心二元論的終極修正。

然而，事實並非如此。因為概念與其實體關聯（反之亦然）雖然是一起經歷的，由此產生的譬喻是心智的產物，但領航員依然是這艘船的指揮者。這必然意味著，社交體溫調節是我們在心智發展過程中獲得的能力。然而，即使我們假設這種習得是發生在嬰兒早期，綜觀行為生態學、生理學、發展心理學的研究結果，它們都不支持社交體溫調節是一種後天習得的機制，而是我們與生俱來的。此外，這也是我們與其他內溫型恆溫動物的共同之處。企鵝生活在南極洲，是社會性動物，牠們不是根據某種概念譬喻來構建社交行為（企鵝懂譬喻嗎？），而是把社交行為當成維持足夠溫暖以便生存下去的方式。個體的神經與生理機制驅動牠們擠在一起，也讓牠們有能力號召大家擠在一起；這些機制創造了複雜的社交行為。這是一種社交體溫調節，不需要概念譬喻。

企鵝無法創造譬喻，但人類可以。然而，說到社交體溫調節，人和企鵝是一樣的。這兩個物種都不需依賴譬喻，就能做那些對體溫調節而言很重要的社交行為。雷可夫與詹森並不承認人類也有企鵝本性。人類可以創造譬喻（而且有些譬喻很妙），並不表示人類的世界經驗都需要靠譬喻來達成，有一些體驗（包括社交體溫調節）不需要概念譬喻就能達到。創造譬喻的能力使人類有別於其他動物，但體溫調節（包括社交體溫調節）這個攸關生死的特質，則讓我們與其他動物直接產生關聯。

＊＊＊

讓我們回到《宅男行不行》的謝爾頓。在第一章中，請注意，謝爾頓並沒有告訴我們，為感到悲傷或沮喪的人提供一杯熱飲可以讓他們振作起來。事實上，他把那個提議描述為「一種非選擇性的社會慣例」。儘管謝爾頓是虛構人物，不是真正的科學家，但他的非選擇性社會慣例，不僅把我們從笛卡兒的身心二元論帶到身心連續性，也從這點帶到身、心與社會之間的連續性。

體溫調節透過一個對人類的深刻見解，連起了分開的身心；社交體溫調節的研究，又把這種連結擴展到個人以外。因此，儘管企鵝擠在一起，人類建立多元的網絡，但在這兩個物種中，這些迥異行為的演化根源與動力是一樣的。大量證據顯示，體溫調節在我們形成及維持人際關係的過程中扮演要角，而且在人類與其他動物身上都是如此。人類是企鵝，但我們是有文化的企鵝。（除此之外，這應該會提醒我們，溫度不是推動社交行為的唯一力量。但再次強調，無論我們多想反向推論「寒冷氣溫會使人變得更有社交力」，都不能這樣做。）

我毫不避諱地承認，我們心理學家經常是錯的。當我說「大量證據」時，我並不否認，不是所有的研究都支持這個主張，我自己也錯了好幾次。不過，我想為自己辯護一下，犯錯是糾正錯誤預測的機會，那又提供了學習的機會。然而，關於社交體溫調節對於建立人際關係的影響，相關證據是充分的，它讓我有信心在應用研究成果時，克服自己的猶豫。我相信並預測，我們可以利用社交體溫調節的見解，以我和同事稱為「社交體溫調節療法」（Social Thermoregulation Therapy，簡稱STT）的方式，把關係療法加以現代化。STT可以把感應器與致動器技術（actuator technologies）整合到成熟的「情緒取向治療」（Emotionally Focused Therapy，簡稱EFT）中，藉此改善現有的關係治療，幫助人們運用體溫調節來提高親密關係的品質。

這樣做的賭注很高。大量研究顯示，良好的人際關係是最能有效預測身心健康與幸福的因素之一。那種關係預示著你的「人生機會」，包括長壽、更強的創意、更高的自尊。目前為止，關於人際關係品質如何影響人生機會的研究，主要是集中在我們所謂「較高階」的層面上——其定義是夫妻面臨的婚姻問題較少、健康狀況較好、對婚姻關係的滿意度較高。

我和同事把焦點從那種較高階的層面，轉向較低階的體溫調節議題，例如，體溫失調所引起的健康問題、體溫調節對社交的影響、社交溫暖對身體溫暖的依賴，以及我們在第五章和其他部分討論的某個較低階動態：共同調節。回想一下，共同調節是描述一個人的持續行動或行為，被其伴侶不斷變化的行動或行為所改變。關於ＳＴＴ，我和同事問道，在親密的伴侶關係中，體溫調節是不是生理共同調節的關鍵？我們認為答案是肯定的。這又帶出第二個問題：能不能開發治療方法，來改善伴侶之間的生理共同調節？目前，我們試圖在研究中找出伴侶是否能透過外周溫度和核心體溫來共同調節彼此，我們準備探索運用ＳＴＴ來補充現有療法是否能幫助人們改善或強化社交生活。

高曼（John M. Gottman）與利文森（Robert W. Levenson）在一九九二年的研究顯示，共同調節對婚姻關係的和諧而言是必要的。他們發現，跟婚姻伴侶正面交流，與較低的離婚率及更好的整體健康有關聯。幾年後，巴特勒與藍道爾推斷，伴侶的觀感、行為、甚至生理，都受到他們之間某種持續互動連結的影響，而這種連結的實際機制仍不明朗。我們已經看到，如果鴕鳥群中有鴕鳥抬起頭來留意掠食者，其他鴕鳥就可以花更多時間低下頭去吃東西。

恆溫動物藉由擠在一起或成群結隊地生活（例如智利八齒鼠），以減輕體溫調節的代謝需求。在人類身上，這種減輕負擔的行為，促進了多元網絡與技術創新的發展。你可以這樣想：你憑直覺知道伴侶在生氣時，你可以藉由討論需要動腦筋或複雜的議題來幫忙消消怒火。或者，如果你的伴侶感到悲傷，你可以擁抱他。我們臆測，溫度變化是人際關係中情緒的基礎。但那究竟是如何運作的？機制是什麼？我們還不確定。

情緒取向治療主要是幫助伴侶改善互動中的共同調節模式。有時一方對另一方的怒火所產生的反應，並不利於任一方的安全感。情緒取向治療會幫伴侶找出那些令人惱火的模式，並改善幸福感。我們猜測，評估伴侶溫度如何隨其外周與核心體溫的變化而改變，可以開始瞭解破壞性的行為與表達模式背後的交互作用。因此，關注溫度調節，就能研究人在婚姻或愛戀關係中的行為方式。這促成了使用STT來補充情緒取向治療的可能性，方法是調整雙方關係的周邊溫度，以增進個人對關係中的社交可預測性的感知。

電子健康領域的科技進步創造出數位穿戴裝置，例如內建溫度感應器的手環，可以用來評估某種關係中共同調節的體溫調節動態。為了知道「社交體溫調節伴侶療法」是否有效，我們需要研究兩種伴侶的體溫調節模式：覺得伴侶關係很好的夫妻vs覺得伴侶關係很差的夫妻（他們甚至可能因為關係差，正在做治療）。如果能透過溫度來區分夫妻關係的好壞，我們認為也可以透過溫度來改善關係。使用智慧演算法，把感應器與操縱皮膚溫度的數位裝置連接起來，是否有可能讓伴侶盡快調整溫度，從而改善伴侶關係的品質呢？整體來說，我們希望這有助於改變夫妻的行為，即使只是改善一點點也不錯。理想情況下，這種操縱將會強化雙方在關係中的安全感與可預測性。這可能促使他們在關係中採取的行動，比較類似巴菲特那樣的長期投資，而不是像華爾街之狼那樣的當沖交易。

目前，利用感應器與致動器把STT的療效應用於情緒取向治療，仍處於早期研究階段，但深具潛力。（請注意，改變溫度並不會把虐待關係變成高效的優質關係。）撰寫本文之際，我們已經使用Embr實驗室（Embr Labs）銷售的Embr Wave手環，讓用戶以電子方式冷卻或加熱身體上某一點來調整皮膚溫度，藉此改善整體舒適度與心情。這是朝著把可穿戴裝置融入日益成長的物聯網（Internet of Things）邁出一大步，物聯網技術已徹底改變了家庭與企業的溫度調節。

停下來，深呼吸，想像一下其中的意涵。對多數人來說，現代的數位時代是一個透過裝置廣泛互連的時代，然而，似乎有越來越多人表示自己感覺與外界更脫節了。一些調查顯示，在美國，覺得孤獨的比例從一一%上升到二六%；四十五歲及以上的人感到孤獨的比例甚至更高，約為四〇%。然而，如果本書內容至少有一〇%正確的話，那麼社交體溫調節可穿戴裝置的普及，將會顯著地擴展目前的通訊技術，讓我們在使用語音與影像的同時，也能發送一些溫暖。當然，我們需要判斷這種遠端溫度操縱技術何時恰當、何時不恰當。透過Skype或FaceTime傳遞一些溫暖，可能對你的終身伴侶或當晚的伴侶有效，但是，當你上網與陌生人進行求職面試時，這種方法可能效果不彰。

無可否認，我對「STT——情緒取向治療」的未來所抱持的樂觀態度，似乎有點不符合我的個性。畢竟，我已經多次表達對心理科學狀況的保留態度與懷疑，但坦白說，我相信目前我們採取的一些措施，可以讓這些心理學見解變得更實用。二〇一一年後出現的重製危機顯示，許多研究結果不夠精確，也不夠普遍。然而，我們確實知道有一些普遍模式是一再出現的。對我來說，這表示我們有能力找出普遍現象，但我們還沒有能力在實驗室之外的「現實世界」中準確地應用心理科學。

這是因為——你猜到了——人類非常複雜。社交體溫調節的普遍原則是真實的，但我們如何、在什麼情況下、可以跟誰一起應用感應器來衡量溫度，以及應用致動器來操縱溫度，則需要做更多的研究才行。我深信，我們在未來五到十年內會熟悉這種應用。如果我在未來那段期間寫出本書的新版，我相信我會向各位報告，根據社交體溫調節原理所開發的療法是如何運作及發揮效果的。

以下是我對此抱持樂觀態度的理由。首先，心理學家制定了複製與資料共用的標準，使這方面的科學變得更可靠。這背後最大的推動力，是來自諾塞克（Brian Nosek）領導的開放科學中心（Center for Open Science）。二〇一七年，我與人共同創立了心理科學加速器（Psychological Science Accelerator，簡稱PSA），那是一個由六十幾國的五百多個實驗室組成的網絡（而且還在增加），它正在為研究人類制訂新的標準，而且每天都在做。我相信，只要PSA獲得相關機構的適切資助，就能在心理學界成為相當於日內瓦歐洲核子研究組織（CERN）或英國生物樣本庫（Biobank）那樣的組織。這個資源將讓我們研究不同國家的人，並獲得相當大的樣本規模，例如，PSA的第一項研究涉及一萬多位參與者。因此，我樂觀地相信，心理學將達到物理學界的精確度，這樣一來，研究人員就可以用常見、通用且中性的語言來陳述資料與分析。若缺乏這項能力，心理學既無法應用，也無法做有意義的評估。

我對此前景感到興奮，那不僅可望大幅解決重製危機，也將為心理學導入前所未有的嚴謹性、準確性、相互理解。這將是一場革命，而且能讓我們應用真正革命性的社交技術，例如STT感應器／致動器，那將能有效地運用社交體溫調節的見解。數位技術不僅會加速這些見解的落實，也會影響我們的互動方式。我希望十年後能帶著這些對社交世界的新見解，再次與讀者分享。

* * *

心理學家越來越善於應用見解，我們在社交體溫調節研究中所做的分析就顯示了這點。這對這個領域來說是一件好事，因為我們必須變得更好，而且要快點做到，目前情況看來日益緊迫。

即使我們仍是動物，但我們的一對一關係促成網絡、社會、文化、技術的出現，最親密的規模立即擴大到全球範圍。人類身為一個行星物種，正處於全球氣候變遷之中，這是我們自己製造的問題。從樂觀的角度來看，人們以最顯著的方式適應氣候。地球真的是我們的家園，我們已經證明人類有能力住在地球上的任何空間。我常聽到有人自信地提出以下說法：科技可以解決科技造成的問題。但那還是有限的，我們無法永遠跟上製造問題的速度。一個房間著火了，最好是想辦法直接迅速把火撲滅；如果我們因為受不了高溫而被迫離開那個房間，最好要體悟火勢可能蔓延並燒毀整棟房子。

演化需要時間，以演化的時間尺度來衡量氣候變化，是非常、非常突然的。基因演化使我們能夠創造文化演化，並隨之創造科學與技術——但科學與技術所創造的環境，加速了氣候變化。氣候變化除了為我們的實體世界帶來問題以外，誠如本書引用的研究所示，也會影響我們彼此相處的方式。幸好，儘管科學與技術造成氣候危機，但它們也可以加快我們的適應力，不僅能採取措施以改善氣候變化所造成的一些最糟影響，也能讓我們適應那些無法改變或迅速改變的東西。我們現在必須採取審慎的行動，建立一種社交理性觀點，讓我們能夠跟著氣候變化而改變——擴大、增強、加速我們的演化適應力。

至於這本書，我希望它藉由提出新的見解（先是對科學探索的宏大抱負，接著是瞭解科學探索的嚴格限制），已經提高了我們集體的適應力，無論那進步有多麼微小都好。傲慢的人無法適應，適應需要謙卑。

除了這個見解以外，我真的希望我已經盡可能向感興趣的人介紹了調節、體溫調節、社交體溫調節在個人生活、親密生活、集體生活中所扮演的強大、重要、普遍的角色。社交體溫調節對生存非常重要，對蓬勃發展也一樣重要。它是一種概念、一種現象、一種機制，它讓我們看到我們身為生物與人類的本質。社交體溫調節讓我們洞悉了真正的自我：我們是需要彼此的生物，並把這種需要轉化為社群與國家、社會與文明。

謝辭

沒有學生是獨自學習的。冒著遺漏許多貴人的風險（但我肯定會漏掉），我會盡量回想。范戴克（Wilco van Dijk）是促使我在社會心理學領域展開職涯的關鍵，他從二〇〇四年開始擔任我在阿姆斯特丹自由大學（Vrije University）的碩士學程輔導員，他是許多人（包括我）在科學界展開職涯的推手。二〇〇六年，我和伊利諾大學香檳分校（University of Illinois in Urbana-Champaign）的柯恩（Dov Cohen）一起合作，在他的推動下，我走出了研究心智的領域（這是心理學的傳統領域），之後，我對身體在我們的感知與行為中扮演的角色越來越感興趣。柯恩是我遇過最有創意的研究者之一，多年來他一直帶給我很大的啟發。

我在烏特勒支大學攻讀博士的期間，舒伯特（Thomas Schubert）常給我許多非常實用的建議，他幫助我變成更好的學者。成為科學家的過程，既需要反駁與爭論，也需要達成認同與協調。我與《我們賴以生存的譬喻》的作者雷可夫與詹森有根本上的歧見，但正是他們發人深省的研究，最早促使我思考身體在思想中扮演的角色，他們也促使我去研讀許多作家的作品。我喜歡閱讀著名身心哲學家希茲—詹史通（Maxine Sheets-Johnstone）的作品，也從卡波雷爾（Linnda Caporael）那裡學到許多有關演化的知識，並受到人類學家費斯基（Alan Fiske）的「線上關係模型實驗室」（Online Relational Models Lab）的刺激與啟發。那讓我接觸了「歐洲社交認知網絡」（European Social Cognition Network），那裡感覺就像一個避風港，我可以在那裡展示我的研究並向他人學習。

二〇一四年，我去造訪維吉尼亞大學的科恩（Jim Coan），那次訪問成了改變我研究的關鍵。在那之前，我從認知觀點思考社交體溫調節：我們如何形成對他人的想法。科恩教我從行為生態學的角度思考社交體溫調節，因為那不僅跟我們腦中的概念有關，更重要的是，跟外包代謝需求有關。結果呢？我開始慢慢地瞭解這個世界了。

我在維吉尼亞州時，諾塞克熱情地邀請我每週去開放科學中心工作一次，那是我的研究的第二個轉折關鍵。科學需要革命，諾塞克與其團隊正在發起一場革命。我永遠感謝他對心理學領域（和我）的無限耐心。他希望及期許科學（和研究人員）都能自我精進，多年來他一直努力投入這點。

二〇一五年在荷蘭的瓦瑟納爾（Wassenaar）擔任研究員時，我與萊斯（Harry Reis）、霍特—隆斯達、科恩、李（Spike Lee）的互動是一段珍貴的回憶。當時我的科學生涯還不突出。除了這幾位以外，林登伯格（Sigi Lindenberg）在我過去五年的社交體溫調節研究中，一直是我的良師益友。他在這項研究的發展中扮演很重要的角色，更提供源源不絕的溫暖。

在瓦瑟納爾之後的那些年，我從與他人的對話及合作中獲益良多。我有許多科學伙伴，包括托普斯（Mattie Tops）與羅波維克（Ivan Ropovik），他們從不同的角度與我分享他們的觀點。

我非常高興，格勒諾布爾大學提供我一個安心的科學家園，我期待未來幾年在這裡進行扎實的科學研究，以及研究社交體溫調節。這個科學家園是由實驗室負責人穆勒（Dominique Muller）與我的合作伙伴所創建的，包括內魯德、杜喬爾（Olivier Dujols）、薩達（Elisa Sarda）、福舍爾（Patrick Forscher）、斯帕拉西奧（Alessandro Sparacio）、克萊恩（Rick Klein）、艾德圖拉（Adeyemi Adetula）（不分優先順序）。我感謝他們所有人的努力、見解、耐心與投入。我很高興這所大學讓我有一個歸宿，雖然格勒諾布爾在夏天酷熱難耐，尤其對我這個來自荷蘭的大型動物來說更是如此。但社交體溫調節有一個永恆的主題，正是人類適應地球上（幾乎）每種氣候的能力，所以我會忍耐。

我也要感謝亞瑟羅德（Alan Axelrod），他在這個研究專案中一直指導我，教了我一些有關社交體溫調節的新見解。而且，多虧有他，我學到許多新的事情，例如，如何解釋我原本以為我已經瞭解、但在他的幫忙下又瞭解更多的概念。此外，我要感謝諾頓（Norton）出版社的編輯杜瓊（Quynh Do），她針對如何在本書中陳述概念，提供了許多明智又實用的建議，也避免我沒完沒了地重複自己的觀點。

我也非常感謝朋友多年來的支持。這裡就不逐一唱名了，謝謝大家。同樣的，我也要感謝我的父母和兄弟，他們在最糟與最好的時候都一直支持著我。我想把本書獻給我的妻子丹妮拉（Daniela），她是我最大的溫暖泉源。沒有她，這本書不可能出版。

演化讓我學到，社交體溫調節是人們覺得有必要建立人際關係的主因之一。生活中還有什麼比人際關係更重要的呢？

PsyArXiv (January 17, 2019), doi:10.31234/osf.io/hs7wm.

13. Eiko I. Fried, "The 52 Symptoms of Major Depression: Lack of Content Overlap among Seven Common Depression Scales," *Journal of Affective Disorders* 208 (2017): 191-97.
14. Eiko I. Fried and Randolph M. Nesse, "Depression Sum-Scores Don't Add Up: Why Analyzing Specific Depression Symptoms Is Essential," *BMC Medicine* 13, no. 1 (2015): 72.
15. Paul A. M. Van Lange, Maria I. Rinderu, and Brad J. Bushman, "Aggression and Violence around the World: A Model of CLimate, Aggression, and Self-Control in Humans (CLASH)," *Behavioral and Brain Sciences* 40 (2017).
16. Craig A. Anderson, "Temperature and Aggression: Ubiquitous Effects of Heat on Occurrence of Human Violence," *Psychological Bulletin* 106, no. 1 (1989): 74.
17. Hans IJzerman et al., "Does Distance from the Equator Predict Self-Control? Lessons from the Human Penguin Project," *Behavioral and Brain Sciences* 40 (2017): e86.
18. Jared Diamond, *Guns, Germs, and Steel: The Fates of Human Societies* (New York: W. W. Norton, 1997).

（注釋請從367頁開始翻閱）

30, no. 1 (2008): 119-73.

4. 有關世界價值觀調查的來歷，可在協會官網上看到：http://www.worldvaluessurvey.org/WVSContents.jsp?CMSID=History。
5. National Institute of Mental Health, "Seasonal Affective Disorder," last revised March 2016, https://www.nimh.nih.gov/health/topics/seasonal-affective-disorder/index.shtml.
6. Michelle L. Taylor et al., "Temperature Can Shape a Cline in Polyandry, but Only Genetic Variation Can Sustain It over Time," *Behavioral Ecology* 27, no. 2 (2016): 462-69, https://www.ncbi.nlm.nih.gov/pmc/articles/PMC4797379/.
7. Peter Paul A. Mersch et al., "Seasonal Affective Disorder and Latitude: A Review of the Literature," *Journal of Affective Disorders* 53, no. 1 (1999): 35-48.
8. Leora N. Rosen et al., "Prevalence of Seasonal Affective Disorder at Four Latitudes," *Psychiatry Research* 31, no. 2 (1990): 131-44.
9. J. Henrich, S. J. Heine, and A. Norenzayan, "The Weirdest People in the World?," *Behavioral and Brain Sciences* 33, no. 2-3 (2010): 61-83.
10. Rachid Laajaj et al., "Challenges to Capture the Big Five Personality Traits in Non-WEIRD Populations," *Science Advances* 5, no. 7 (2019): eaaw5226.
11. Emorie D. Beck, David M. Condon, and Joshua J. Jackson, "Interindividual Age Differences in Personality Structure," PsyArxiv (July 19, 2019), https://psyarxiv.com/857ev/.
12. J. K. Flake and E. I. Fried, "Measurement Schmeasurement: Questionable Measurement Practices and How to Avoid Them,"

43. WHO International Programme on Chemical Safety, "Biomarkers in Risk Assessment: Validity and Validation," *Environmental Health Criteria* 222 (2001), http://www.inchem.org/documents/ehc/ehc/ehc222.htm.
44. Sami Timimi, "No More Psychiatric Labels: Why Formal Psychiatric Diagnostic Systems Should Be Abolished," *International Journal of Clinical and Health Psychology* 14, no. 3 (2014): 208-15.
45. Eiko I. Fried, "The 52 Symptoms of Major Depression: Lack of Content Overlap among Seven Common Depression Scales," *Journal of Affective Disorders* 208 (2017): 191-97.

第九章 快樂的哥斯大黎加人

1. Christopher Columbus, "Third Voyage," in J. M. Cohen, trans., *Christopher Columbus: The Four Voyages* (London: Penguin, 1969), 221, 219.
2. Samuli Helama, Jari Holopainen, and Timo Partonen, "Temperature-Associated Suicide Mortality: Contrasting Roles of Climatic Warming and the Suicide Prevention Program in Finland," *Environmental Health and Preventive Medicine* 18, no. 5 (2013): 349; Reija Ruuhela et al., "Climate Impact on Suicide Rates in Finland from 1971 to 2003," *International Journal of Biometeorology* 53, no. 2 (2009): 167.
3. Christian Bjørnskov, Axel Dreher, and Justina A. V. Fischer, "Cross-Country Determinants of Life Satisfaction: Exploring Different Determinants across Groups in Society," *Social Choice and Welfare*

Tissue and Dysregulated Lipid Metabolism Associated with Cancer Cachexia in Mice," *Cancer Research* 72, no. 17 (2012): 4372-82.

36. Rajan Singh et al., "Increased Expression of Beige/Brown Adipose Markers from Host and Breast Cancer Cells Influence Xenograft Formation in Mice," *Molecular Cancer Research* 14, no. 1 (2016): 78-92.
37. Takaaki Fujii et al., "Implication of Atypical Supraclavicular F18-Fluorodeoxyglucose Uptake in Patients with Breast Cancer: Association between Brown Adipose Tissue and Breast Cancer," *Oncology Letters* 14, no. 6 (2017): 7025-30; Miriam A. Bredella et al., "Positive Effects of Brown Adipose Tissue on Femoral Bone Structure," *Bone* 58 (2014): 55-58.
38. 卡喬波寫了很多關於孤獨的文章，他有一場特別有趣的演講，是他在美國德梅因（Des Moines）的TED演講：https://www.youtube.com/watch?v=_0hxl03JoA0。
39. Julianne Holt-Lunstad, Timothy B. Smith, and J. Bradley Layton, "Social Relationships and Mortality Risk: A Meta-Analytic Review," *PLoS Medicine* 7, no. 7 (2010): e1000316.
40. Julianne Holt-Lunstad et al., "Loneliness and Social Isolation as Risk Factors for Mortality: A Meta-Analytic Review," *Perspectives on Psychological Science* 10, no. 2 (2015): 227-37.
41. Steven D. Targum and Norman Rosenthal, "Seasonal Affective Disorder," *Psychiatry (Edgmont)* 5, no. 5 (2008): 31.
42. Marcus J. H. Huibers et al., "Does the Weather Make Us Sad? Meteorological Determinants of Mood and Depression in the General Population," *Psychiatry Research* 180, no. 2-3 (2010): 143-46.

thod. com/benefits ◦

26. Otto Muzik, Kaice T. Reilly, and Vaibhav A. Diwadkar, " 'Brain over Body': A Study on the Willful Regulation of Autonomic Function during Cold Exposure," *NeuroImage* 172 (2018): 632-41.
27. Wouter van Marken Lichtenbelt, "Who Is the Iceman?," *Temperature* 4, no. 3 (2017): 202.
28. Mark J. W. Hanssen et al., "Short-Term Cold Acclimation Improves Insulin Sensitivity in Patients with Type 2 Diabetes Mellitus," *Nature Medicine* 21, no. 8 (2015): 863.
29. Hale et al., "Evidence for In Vivo Thermosensitivity," 264-78.
30. Brant P. Hasler et al., "Phase Relationships between Core Body Temperature, Melatonin, and Sleep Are Associated with Depression Severity: Further Evidence for Circadian Misalignment in Non-seasonal Depression," *Psychiatry Research* 178, no. 1 (2010): 205-7.
31. Gregory M. Brown, "Light, Melatonin and the Sleep-Wake Cycle," *Journal of Psychiatry and Neuroscience* 19, no. 5 (1994): 345.
32. National Cancer Institute, "Hyperthermia in Cancer Treatment," https://bit.ly/35vZ78H.
33. A. Merla and G. L. Romani, "Functional Infrared Imaging in Medicine: A Quantitative Diagnostic Approach," *2006 International Conference of the IEEE Engineering in Medicine and Biology Society* (IEEE, 2006).
34. Thorsten M. Buzug et al., "Functional Infrared Imaging for Skin-Cancer Screening," *2006 International Conference of the IEEE Engineering in Medicine and Biology Society* (IEEE, 2006).
35. Maria Tsoli et al., "Activation of Thermogenesis in Brown Adipose

Acetylsalicylate," *American Journal of Physiology—Legacy Content* 215, no. 5 (1968): 1160-69.

18. Charles L. Raison et al., "Somatic Influences on Subjective Well-Being and Affective Disorders: The Convergence of Thermosensory and Central Serotonergic Systems," *Frontiers in Psychology* 5 (2015): 1580.
19. Nicholas G. Ward, Hans O. Doerr, and Michael C. Storrie, "Skin Conductance: A Potentially Sensitive Test for Depression," *Psychiatry Research* 10, no. 4 (1983): 295-302.
20. Irina A. Strigo, Alan N. Simmons, and Scott C. Matthews, "Increased Affective Bias Revealed Using Experimental Graded Heat Stimuli in Young Depressed Adults: Evidence of 'Emotional Allodynia,' " *Psychosomatic Medicine* 70, no. 3 (2008): 338.
21. Alexander Ushinsky et al., "Further Evidence of Emotional Allodynia in Unmedicated Young Adults with Major Depressive Disorder," *PloS One* 8, no. 11 (2013): e80507.
22. L.-H. Thorell, "Valid Electrodermal Hyporeactivity for Depressive Suicidal Propensity Offers Links to Cognitive Theory," *Acta Psychiatrica Scandinavica* 119, no. 5 (2009): 338-49.
23. Matthew W. Hale et al., "Evidence for In Vivo Thermosensitivity of Serotonergic Neurons in the Rat Dorsal Raphe Nucleus and Raphe Pallidus Nucleus Implicated in Thermoregulatory Cooling," *Experimental Neurology* 227, no. 2 (2011): 264-78.
24. 這些紀錄可以在霍夫的英文維基百科上找到：https://en.wikipedia.org/wiki/Wim_Hof。
25. 霍夫在他的網站上引用了預期的效益：https://www.wimhofme

吻合。」2012年12月17日：「我對社交排擠的降溫效應之所以感興趣，是來自我對憂鬱症的興趣。我注意到，遭到排擠的參與者感覺到氣氛冷漠，而且溫度確實有所下降。我想知道，社交排擠的經歷會不會誘發更常見的認知偏差，以一種不獲接納、不討喜、不受歡迎之類的感覺表現出來。」

11. A. Wakeling and G. F. M. Russell, "Disturbances in the Regulation of Body Temperature in Anorexia Nervosa," *Psychological Medicine* 1, no. 1 (1970): 30-39.
12. A. W. Hetherington and S. W. Ranson, "Hypothalamic Lesions and Adiposity in the Rat," *Anatomical Record* 78, no. 2 (1940): 149-72.
13. Bal K. Anand and John R. Brobeck, "Hypothalamic Control of Food Intake in Rats and Cats," *Yale Journal of Biology and Medicine* 24, no. 2 (1951): 123.
14. Bengt Andersson and Börje Larsson, "Influence of Local Temperature Changes in the Preoptic Area and Rostral Hypothalamus on the Regulation of Food and Water Intake," *Acta Physiologica Scandinavica* 52, no. 1 (1961): 75-89.
15. C. L. Hamilton and John R. Brobeck, "Food Intake and Temperature Regulation in Rats with Rostral Hypothalamic Lesions," *American Journal of Physiology—Legacy Content* 207, no. 2 (1964): 291-97.
16. C. J. De Vile et al., "Obesity in Childhood Craniopharyngioma: Relation to Post-operative Hypothalamic Damage Shown by Magnetic Resonance Imaging," *Journal of Clinical Endocrinology and Metabolism* 81, no. 7 (1996): 2734-37.
17. Andrew Wit and S. C. Wang, "Temperature-Sensitive Neurons in Preoptic-Anterior Hypothalamic Region: Actions of Pyrogen and

第八章 從憂鬱症到癌症

1. Kay-U. Hanusch et al., "Whole-Body Hyperthermia for the Treatment of Major Depression: Associations with Thermoregulatory Cooling," *American Journal of Psychiatry* 170, no. 7 (2013): 802-4.
2. Philippa Howden-Chapman et al., "Tackling Cold Housing and Fuel Poverty in New Zealand: A Review of Policies, Research, and Health Impacts," *Energy Policy* 49 (2012): 134-42.
3. Harvey B. Simon, "Hyperthermia," *New England Journal of Medicine* 329, no. 7 (1993): 483-87.
4. Daniel F. Danzl and Robert S. Pozos, "Accidental Hypothermia," *New England Journal of Medicine* 331, no. 26 (1994): 1756-60.
5. Danzl and Pozos, "Accidental Hypothermia."
6. L. G. Pugh, "Accidental Hypothermia in Walkers, Climbers, and Campers: Report to the Medical Commission on Accident Prevention," *British Medical Journal* 1, no. 5480 (1966): 123.
7. Danzl and Pozos, "Accidental Hypothermia."
8. Hans IJzerman et al., "The Human Penguin Project: Climate, Social Integration, and Core Body Temperature," *Collabra: Psychology* 4, no. 1 (2018).
9. Takakazu Oka, Kae Oka, and Tetsuro Hori, "Mechanisms and Mediators of Psychological Stress-Induced Rise in Core Temperature," *Psychosomatic Medicine* 63, no. 3 (2001): 476-86.
10. 2012年12月11日，貝克寫給我的電子郵件：「你在《紐約時報》上發表的文章提到，遭到社交排擠後，體溫會下降。我對那篇文章非常感興趣。那個結果與我對憂鬱症的一些看法非常應大小分布，就可以評估研究的可能性有多大。以賭馬的例子來說，我們發現其列出的結果只有十億分之一的機率是真的。Xun Irene Huang et al., "Warmth and Conformity: The Effects of Ambient Temperature on Product Preferences and Financial Decisions," *Journal of Consumer Psychology* 24, no. 2 (2014): 241-50.

17. Pascal Bruno, Valentyna Melnyk, and Franziska V ö lckner, "Temperature and Emotions: Effects of Physical Temperature on Responses to Emotional Advertising," *International Journal of Research in Marketing* 34, no. 1 (2017): 302-20.
18. Antonio Damasio and Hanna Damasio, "Minding the Body," *Daedalus* 135, no. 3 (2006): 15-22.
19. Jeff D. Rotman, Seung Hwan Mark Lee, and Andrew W. Perkins, "The Warmth of Our Regrets: Managing Regret through Physiological Regulation and Consumption," *Journal of Consumer Psychology* 27, no. 2 (2017): 160-70.
20. Yonat Zwebner, Leonard Lee, and Jacob Goldenberg, "The Temperature Premium: Warm Temperatures Increase Product Valuation," *Journal of Consumer Psychology* 24, no. 2 (2014): 251-59.
21. Peter Kolb, Christine Gockel, and Lioba Werth, "The Effects of Temperature on Service Employees' Customer Orientation: An Experimental Approach," *Ergonomics* 55, no. 6 (2012): 621-35.

論文中的一項研究非常感興趣，該研究是關於賭馬與溫度。作者指出，溫度上升時，人們更常押注在勝算最高的馬上。我急著想把這項研究寫進我的書中，作為溫度升高會增加從眾行為的證據，我覺得那是社交體溫調節的顯著表現。然而，我撰寫時，看到同行安德列（Quentin André）在推特上發文，他指出黃的研究中有些統計錯誤。更具體地說，他發現那項研究有「與細微性相關的均值不穩定」（granularity-related inconstancy of means，簡稱GRIM）錯誤。GRIM測試是布朗（Nick Brown）與希瑟斯（James Heathers）所開發的，那很酷，但非常簡單，你甚至可以用它來檢查你讀到的科學論文的準確性。在科學論文中，研究人員常列出他們測試了多少人（樣本大小），以及測試條件下的平均值。最酷的是：每個樣本規模可能只有特定的統計方法。假設你測試了28名參與者，他們都以1至7分回答了問題。在你的報告中，你列出平均分數是5.19，但這不可能是正確的。所有回答的分數是從1到7，因此分數必須介於28到196之間。給出的平均分，最接近5.19的分數是145或146。145除以28是5.17857，146除以28是5.21429，因此平均分數不可能是5.19分。

安德烈計算了黃那個研究的分數，發現了幾個GRIM錯誤。我們目前並不知道是什麼導致那些錯誤，可能是四捨五入的誤差。然而，我們也計算了上一項研究（我最喜歡的：賭馬的真實資料）。為此，我們基本上是比較其他研究的「效應大小」的分布，效應大小會告訴我們效應有多強。以這個例子來說，指的是如果溫度變化一度，從眾行為會發生多大的變化？然後，我們可以拿這個數字去比較截然不同的東西，例如男性與女性的身高差異。如果我們隨後查看這個領域的其他研究的效

8. Hans IJzerman, Janneke A. Janssen, and James A. Coan, "Maintaining Warm, Trusting Relationships with Brands: Increased Temperature Perceptions after Thinking of Communal Brands," *PloS One* 10, no. 4 (2015): e0125194.
9. Jan S. Slater, "Collecting Brand Loyalty: A Comparative Analysis of How Coca-Cola and Hallmark Use Collecting Behavior to Enhance Brand Loyalty," *ACR North American Advances* (2001).
10. Aaron C. Ahuvia, "I Love It!: Towards a Unifying Theory of Love across Diverse Love Objects (Abridged)" (Research Support, School of Business Administration, Working Paper No. 718, 1993).
11. Terence A. Shimp and Thomas J. Madden, "Consumer-Object Relations: A Conceptual Framework Based Analogously on Sternberg's Triangular Theory of Love," *ACR North American Advances* (1988).
12. Marsha L. Richins, "Measuring Emotions in the Consumption Experience," *Journal of Consumer Research* 24, no. 2 (1997): 127-46.
13. Joseph P. Simmons and Uri Simonsohn, "Power Posing: P-Curving the Evidence," *Psychological Science* (2017).
14. Bikhchandani Sushil and Sharma Sunil, "Herd Behavior in Financial Markets," *IMF Staff Papers* 48 (2001): 279-310.
15. Wayne D. Hoyer and D. J. MacInnis, *Consumer Behavior*, 3rd ed. (Boston: Houghton Mifflin, 2004).
16. 事實上，沒有可靠的研究，但有一些關於這個主題的研究。這是我覺得有必要把這件事提出來的原因。2013年，黃（Huang）與同事發表了一份關於社交體溫調節與從眾的論文。我對這份

第七章 為什麼你該在冷天賣房

1. Sue Williams, "Selling a House in Winter: How to Help Buyers Warm Up to Your Home," *Domain*, June 15, 2017, https://www.domain.com.au/news/homes-styled-and-built-for-warmth-shoot-ahead-in-sydneys-winter-property-market-20170608-gwndx7/.
2. Larissa Dubecki, "Why There's a Hidden Advantage for Selling Your Home in Winter," *Domain*, June 9, 2017, https://www.domain.com.au/news/why-theres-a-hidden-advantage-for-selling-your-home-in-winter-20170609-gwdrkw/.
3. "The Sweet Smell of Success: How Aroma Can Help You Sell Your Home," *Mountain Democrat*, July 19, 2011, https://www.mtdemocrat.com/business-real-estate/the-sweet-smell-of-success-how-aroma-can-help-you-sell-your-home/.
4. Jiewen Hong and Yacheng Sun, "Warm It Up with Love: The Effect of Physical Coldness on Liking of Romance Movies," *Journal of Consumer Research* 39, no. 2 (2011): 293-306.
5. Xinyue Zhou et al., "Heartwarming Memories: Nostalgia Maintains Physiological Comfort," *Emotion* 12, no. 4 (2012): 678.
6. Lora E. Park and Jon K. Maner, "Does Self-Threat Promote Social Connection? The Role of Self-Esteem and Contingencies of Self-Worth," *Journal of Personality and Social Psychology* 96, no. 1 (2009): 203.
7. Bram B. Van Acker et al., "Homelike Thermoregulation: How Physical Coldness Makes an Advertised House a Home," *Journal of Experimental Social Psychology* 67 (2016): 20-27.

Cognitive Extension (New York: Oxford University Press, 2008).

21. George Lakoff and Mark Johnson, *Metaphors We Live By* (Chicago: University of Chicago Press, 2008).
22. Zoltán Kövecses, *Metaphor in Culture: Universality and Variation* (Cambridge: Cambridge University Press, 2005).
23. Henrik Liljegren and Naseem Haider, "Facts, Feelings and Temperature Expressions in the Hindukush," in *The Linguistics of Temperature*, ed. Maria Koptjevskaja-Tamm (Amsterdam, Netherlands: John Benjamins, 2015), 440-70.
24. Poppy Siahaan, "Why Is It Not Cool? Temperature Terms in Indonesian," in *The Linguistics of Temperature*, ed. Maria Koptjevskaja- Tamm (Amsterdam, Netherlands: John Benjamins, 2015), 666-99.
25. Maria Koptjevskaja-Tamm, ed., *The Linguistics of Temperature* (Amsterdam, Netherlands: John Benjamins, 2015).
26. Peter J. Richerson and Robert Boyd, *Not by Genes Alone: How Culture Transformed Human Evolution* (Chicago: University of Chicago Press, 2008).
27. Oliver G. Brooke, M. Harris, and Carmencita B. Salvosa, "The Response of Malnourished Babies to Cold," *Journal of Physiology* 233, no. 1 (1973): 75.
28. Cara M. Wall-Scheffler, "Energetics, Locomotion, and Female Reproduction: Implications for Human Evolution," *Annual Review of Anthropology* 41 (2012): 71-85.

G. J. M. Hutschemaekers (Tilburg, Netherlands: Tilburg University Press, 1990), 19-39.

13. Harry C. Triandis, "Culture and Psychology: A History of the Study of Their Relationships," in *Handbook of Cultural Psychology*, ed. S. Kitayama and D. Cohen (New York: Guilford Press, 2007), 59-76.
14. Caroline Gilbert et al., "Huddling Behavior in Emperor Penguins: Dynamics of Huddling," *Physiology and Behavior* 88, no. 4-5 (2006):479-88.
15. K. Bystrova et al., "Skin-to-Skin Contact May Reduce Negative Consequences of 'the Stress of Being Born': A Study on Temperature in Newborn Infants, Subjected to Different Ward Routines in St. Petersburg," *Acta Paediatrica* 92, no. 3 (2003): 320-26.
16. Ruth Feldman et al., "Skin-to-Skin Contact (Kangaroo Care) Promotes Self-Regulation in Premature Infants: Sleep-Wake Cyclicity, Arousal Modulation, and Sustained Exploration," *Developmental Psychology* 38, no. 2 (2002): 194.
17. 關於動物使用工具，最新研究的一個實用概要是Crickette M. Sanz, Josep Call, and Christophe Boesch, eds., *Tool Use in Animals: Cognition and Ecology* (Cambridge: Cambridge University Press, 2013)。
18. Hans IJzerman and Francesco Foroni, "Not by Thoughts Alone: How Language Supersizes the Cognitive Toolkit," *Behavioral and Brain Sciences* 35, no. 4 (2012): 226.
19. Hans IJzerman and Gün R. Semin, "The Thermometer of Social Relations: Mapping Social Proximity on Temperature," *Psychological Science* 20, no. 10 (2009): 1214-20.
20. Andy Clark, *Supersizing the Mind: Embodiment, Action, and*

Performance, ed. Frank E. Marino (Basel, Switzerland: Karger Publishers, 2008), 53: 1-13.

5. Albert F. Bennett and John A. Ruben, "Endothermy and Activity in Vertebrates," *Science* 206, no. 4419 (1979): 649-54.
6. Dean Falk, "Brain Evolution in *Homo*: The 'Radiator' Theory," *Behavioral and Brain Sciences* 13, no. 2 (1990): 333-44.
7. Laura Tobias Gruss and Daniel Schmitt, "The Evolution of the Human Pelvis: Changing Adaptations to Bipedalism, Obstetrics and Thermoregulation," *Philosophical Transactions of the Royal Society B: Biological Sciences* 370, no. 1663 (2015): 20140063.
8. Peter E. Wheeler, "The Thermoregulatory Advantages of Hominid Bipedalism in Open Equatorial Environments: The Contribution of Increased Convective Heat Loss and Cutaneous Evaporative Cooling," *Journal of Human Evolution* 21, no. 2 (1991): 107-15.
9. Steven E. Churchill, "Bioenergetic Perspectives on Neanderthal Thermoregulatory and Activity Budgets," in *Neanderthals Revisited: New Approaches and Perspectives*, ed. Katerina Harvati and Terry Harrison (Dordrecht, Netherlands: Springer, 2006), 113-33.
10. Evelyn Satinoff, "Neural Organization and Evolution of Thermal Regulation in Mammals," *Science* 201, no. 4350 (1978): 16-22.
11. Michael L. Anderson, "Neural Reuse: A Fundamental Organizational Principle of the Brain," *Behavioral and Brain Sciences* 33, no. 4 (2010): 245-66.
12. K. A. Soudijn, G. J. M. Hutschemaekers, and F. J. R. van de Vijver, "Culture Conceptualisations," in *The Investigation of Culture: Current Issues in Cultural Psychology*, ed. F. J. R. van de Vijver and

Threat," *Psychological Science* 17, no. 12 (2006): 1032-39.
20. Tsachi Ein-Dor et al., "Sugarcoated Isolation: Evidence That Social Avoidance Is Linked to Higher Basal Glucose Levels and Higher Consumption of Glucose," *Frontiers in Psychology* 6 (2015): 492.
21. Rodrigo Clemente Vergara et al., "Development and Validation of the Social Thermoregulation and Risk Avoidance Questionnaire (STRAQ-1)," *International Review of Social Psychology* (in press).
22. V. Vuorenkoski et al., "The Effect of Cry Stimulus on the Temperature of the Lactating Breast of Primipara: A Thermographic Study," *Experientia* 25, no. 12 (1969): 1286-87.
23. Hans IJzerman et al., "A Theory of Social Thermoregulation in Human Primates," *Frontiers in Psychology* 6 (2015): 464.
24. Emily A. Butler and Ashley K. Randall, "Emotional Coregulation in Close Relationships," *Emotion Review* 5, no. 2 (2013): 202-10.

第六章　不是單靠下視丘

1. Joel A. Allen, "The Influence of Physical Conditions in the Genesis of Species," *Radical Review* 1 (1877): 108-40.
2. Brett W. Carter and William G. Schucany, "Brown Adipose Tissue in a Newborn," *Baylor University Medical Center Proceedings* 21, no. 3 (2008).
3. Boguslaw Pawlwski, "Why Are Human Newborns So Big and Fat?," *Human Evolution* 13, no. 1 (1998): 65-72.
4. Frank E. Marino, "The Evolutionary Basis of Thermoregulation and Exercise Performance," in *Thermoregulation and Human*

Integration, and Core Body Temperature," *Collabra: Psychology* 4, no. 1 (2018).

14. Tal Yarkoni and Jacob Westfall, "Choosing Prediction over Explanation in Psychology: Lessons from Machine Learning," *Perspectives on Psychological Science* 12, no. 6 (2017): 1100-1122; Hans IJzerman et al., "What Predicts Stroop Performance? A Conditional Random Forest Approach," *SSRN Electronic Journal* (2016); Richard A. Klein et al., "Many Labs 2: Investigating Variation in Replicability across Samples and Settings," *Advances in Methods and Practices in Psychological Science* 1, no. 4 (2018): 443-90.
15. Everett Waters, David Corcoran, and Meltem Anafarta, "Attachment, Other Relationships, and the Theory That All Good Things Go Together," *Human Development* 48, no. 1-2 (2005): 80.
16. Hans IJzerman et al., "Socially Thermoregulated Thinking: How Past Experiences Matter in Thinking about Our Loved Ones," *Journal of Experimental Social Psychology* 79 (2018): 349-55.
17. Brian C. R. Bertram, "Vigilance and Group Size in Ostriches," *Animal Behaviour* 28, no. 1 (1980): 278-86.
18. Tsachi Ein-Dor, Mario Mikulincer, and Phillip R. Shaver, "Effective Reaction to Danger: Attachment Insecurities Predict Behavioral Reactions to an Experimentally Induced Threat above and beyond General Personality Traits," *Social Psychological and Personality Science* 2, no. 5 (2011): 467-73.
19. James A. Coan, Hillary S. Schaefer, and Richard J. Davidson, "Lending a Hand: Social Regulation of the Neural Response to

5. Monica Nunez-Villegas, Francisco Bozinovic, and Pablo Sabat, "Interplay between Group Size, Huddling Behavior and Basal Metabolism: An Experimental Approach in the Social Degu," *Journal of Experimental Biology* 217, no. 6 (2014): 997-1002.
6. Harry F. Harlow, "The Nature of Love," *American Psychologist* 13, no. 12 (1958): 673.
7. Carl Bergmann, *Über die Verhältnisse der Wärmeökonomie der Thiere zu ihrer Grösse* (1848).
8. Richard McFarland et al., "Social Integration Confers Thermal Benefits in a Gregarious Primate," *Journal of Animal Ecology* 84, no. 3 (2015): 871-78.
9. Tristen K. Inagaki et al., "A Pilot Study Examining Physical and Social Warmth: Higher (Non-febrile) Oral Temperature Is Associated with Greater Feelings of Social Connection," *PloS One* 11, no. 6 (2016): e0156873.
10. Pronobesh Banerjee, Promothesh Chatterjee, and Jayati Sinha, "Is It Light or Dark? Recalling Moral Behavior Changes Perception of Brightness," *Psychological Science* 23, no. 4 (2012): 407-9.
11. Dermot Lynott et al., "Replication of 'Experiencing Physical Warmth Promotes Interpersonal Warmth' by Williams and Bargh (2008)," *Social Psychology* (2014).
12. Colin F. Camerer et al., "Evaluating the Replicability of Social Science Experiments in *Nature* and *Science* between 2010 and 2015," *Nature Human Behaviour* 2, no. 9 (2018): 637.
13. Hans IJzerman et al., "The Human Penguin Project: Climate, Social

Physiological Psychology 61, no. 3 (1966): 388.

19. Evelyn Satinoff and Joel Rutstein, "Behavioral Thermoregulation in Rats with Anterior Hypothalamic Lesions," *Journal of Comparative and Physiological Psychology* 71, no. 1 (1970): 77.
20. Michel Cabanac, "Temperature Regulation," *Annual Review of Physiology* 37, no. 1 (1975): 415-39.
21. J. Hughlings Jackson, "On Some Implications of Dissolution of the Nervous System," *Medical Press and Circular* 2 (1882): 411-33.
22. E. Satinoff, "Neural Organization and Evolution of Thermal Regulation in Mammals," *Science* 201, no. 4350 (1978): 16-22.

第五章　鼠媽火辣辣

1. Paul Ekman, Robert W. Levenson, and Wallace V. Friesen, "Autonomic Nervous System Activity Distinguishes among Emotions," *Science* 221, no. 4616 (1983): 1208-10.
2. Stephanos Ioannou et al., "The Autonomic Signature of Guilt in Children: A Thermal Infrared Imaging Study," *PloS One* 8, no. 11 (2013): e79440.
3. Michael Leon, Patrick G. Croskerry, and Grant K. Smith, "Thermal Control of Mother-Young Contact in Rats," *Physiology and Behavior* 21, no. 5 (1978): 793-811.
4. Leigh F. Bacher, William P. Smotherman, and Steven S. Robertson, "Effects of Warmth on Newborn Rats' Motor Activity and Oral Responsiveness to an Artificial Nipple," *Behavioral Neuroscience* 115, no. 3 (2001): 675.

13. 誠如體溫調節比「下視丘是恆溫器」這個概念所能解釋的還要複雜，社交體溫調節也比「分散式恆溫器位於特定的大腦皮質結構」這個最近提出的概念所能解釋的還要複雜。例如，2013年加州大學洛杉磯分校（UCLA）的研究人員稻垣（Tristen K. Inagaki）和艾森伯格（Naomi I. Eisenberger）的論文從功能性磁振造影的研究推論，位於腦島皮質（大腦外層組織的一部分，位於外側溝內，那是把顳葉與頂葉和額葉分開的裂隙）的一種「共同的神經機制是身體與社交溫暖的基礎」。我們將在第五章看到，這是反向推理謬誤的一個例子。在2006年的一篇文章中，波德瑞克（Russell Poldrack）最後的結論是，這種反向推理（我們藉此把大腦區域與特定的認知流程連在一起）是演繹無效的。作為研究人員，我們從反向推理得出結論時必須小心，這種推理過度簡化了參與社交體溫調節的神經機制的位置。例如，社交溫暖和實體溫暖背後的機制，比「功能性磁振造影顯示腦島皮質的啟動有重疊」所能解釋的還要複雜。
14. Claude Bernard, *Leçons sur les phénomènes de la vie commune aux animaux et aux végétaux* (Paris: Baillière, 1879).
15. See W. B. Cannon, *The Wisdom of the Body* (New York: W. W. Norton, 1932), 177-201.
16. Stephen W. Ranson, "Regulation of Body Temperature," *Association for Research in Nervous and Mental Disease* 20 (1939): 342-99.
17. Evelyn Satinoff, "Behavioral Thermoregulation in Response to Local Cooling of the Rat Brain," *American Journal of Physiology—Legacy Content* 206, no. 6 (1964): 1389-94.
18. H. J. Carlisle, "Heat Intake and Hypothalamic Temperature during Behavioral Temperature Regulation," *Journal of Comparative and*

體重約70公斤的40歲男子的靜止代謝率。1937年，哈迪與杜布瓦發表他們的研究報告，以及1982年范格（Fanger）制定「舒適度分析」公式（根據1971年的資料）時，典型的上班族可能大約40歲，是男性，體重70公斤。然而，後來情況已非如此。女性的個頭不僅比男性小，而且代謝也比男性慢，她們至少占勞力的一半。金瑪等人認為，過時的「舒適」模型「可能高估了女性靜止生熱量多達35%」。

8. Christian Cohade, Karen A. Mourtzikos, and Richard L. Wahl, "'USA-Fat': Prevalence Is Related to Ambient Outdoor Temperature—Evaluation with 18F-FDG PET/CT," *Journal of Nuclear Medicine* 44, no. 8 (2003): 1267-70.
9. Thomas F. Hany et al., "Brown Adipose Tissue: A Factor to Consider in Symmetrical Tracer Uptake in the Neck and Upper Chest Region," *European Journal of Nuclear Medicine and Molecular Imaging* 29, no. 10 (2002): 1393-98.
10. 遺憾的是，多年來，棕色脂肪組織的衡量是使用電腦斷層掃描，這種掃描依賴放射性示蹤劑。這種技術昂貴又有侵入性，因此基礎研究難以取得。澳洲的研究人員一直在開發侵入性較低、更便宜的衡量方法。這表示未來幾年，我們會更瞭解棕色脂肪與人類社交行為之間的關係。
11. Lane Beckes and James A. Coan, "Social Baseline Theory: The Role of Social Proximity in Emotion and Economy of Action," *Social and Personality Psychology Compass* 5, no. 12 (2011): 976-88.
12. Nicholas A. Christakis and James H. Fowler, *Connected: How Your Friends' Friends' Friends Affect Everything You Feel, Think, and Do* (New York: Little, Brown, 2009), xvi.

第四章　人也是企鵝

1. Douglas G. D. Russell, William J. L. Sladen, and David G. Ainley, "Dr. George Murray Levick (1876-1956): Unpublished Notes on the Sexual Habits of the Adélie Penguin," *Polar Record* 48, no. 4 (2012): 387-93.
2. Internet Movie Database, "Encounters at the End of the World (2007)," IMDb, https://www.imdb.com/title/tt1093824/.
3. Jonathan Miller, "March of the Conservatives: Penguin Film as Political Fodder," *New York Times* (September 13, 2005), https://www.nytimes.com/2005/09/13/science/march-of-the-conservatives-penguin-film-as-political-fodder.html.
4. Esa Hohtola, "Shivering Thermogenesis in Birds and Mammals," paper presented at the 12th International Hibernation Symposium, "Life in the Cold: Evolution, Mechanisms, Adaptation, and Application," Institute of Arctic Biology, 2004.
5. John Ruben, "The Evolution of Endothermy in Mammals and Birds: From Physiology to Fossils," *Annual Review of Physiology* 57, no. 1 (1995): 69-95.
6. James D. Hardy and Eugene F. DuBois, "Regulation of Heat Loss from the Human Body," *Proceedings of the National Academy of Sciences of the United States of America* 23, no. 12 (1937): 624.
7. 2015年8月3日，《紐約時報》發表了一篇文章談荷蘭的科學家金瑪（Boris Kingma）與利希滕貝爾特（Wouter van Marken Lichtenbelt）的研究。該文指出，多數建築是根據男性代謝率（及某個男性體型）建造的。他們指出該公式的關鍵變數：一名

10. 改編及簡化自：“Table 3. Metabolic Savints (%) Due to Huddling in Mammals and Birds,” in Caroline Gilbert et al., “One for All and All for One: The Energetic Benefits of Huddling in Endotherms,” *Biological Reviews* 85 (2010): 560-61。
11. Luis A. Ebensperger, “A Review of the Evolutionary Causes of Rodent Group-Living,” *Acta Theriologica* 46, no. 2 (2001): 115-44.
12. Julia Lehmann, Bonaventura Majolo, and Richard McFarland, “The Effects of Social Network Position on the Survival of Wild Barbary Macaques, Macaca sylvanus,” *Behavioral Ecology* 27, no. 1 (2015): 20-28.
13. Richard McFarland et al., “Thermal Consequences of Increased Pelt Loft Infer an Additional Utilitarian Function for Grooming,” *American Journal of Primatology* 78, no. 4 (2016): 456-61.
14. Robin I. M. Dunbar, “Functional Significance of Social Grooming in Primates,” *Folia Primatologica* 57, no. 3 (1991): 121-31.
15. Shlomo Yahav and Rochelle Buffenstein, “Huddling Behavior Facilitates Homeothermy in the Naked Mole Rat (Heterocephalus glaber),” *Physiological Zoology* 64, no. 3 (1991): 871-84.
16. Daniel T. Blumstein and Kenneth B. Armitage, “Cooperative Breeding in Marmots,” *Oikos* (1999): 369-82.
17. Jeffrey R. Alberts, “Huddling by Rat Pups: Group Behavioral Mechanisms of Temperature Regulation and Energy Conservation,” *Journal of Comparative and Physiological Psychology* 92, no. 2 (1978): 231.

第三章 企鵝哈利

1. Aaron Waters, François Blanchette, and Arnold D. Kim, "Modeling Huddling Penguins," *PLoS One* 7, no. 11 (2012): e50277.
2. Caroline Gilbert et al., "Huddling Behavior in Emperor Penguins: Dynamics of Huddling," *Physiology and Behavior* 88, no. 4-5 (2006): 479-88.
3. Yvon Le Maho, Philippe Delclitte, and Joseph Chatonnet, "Thermoregulation in Fasting Emperor Penguins under Natural Conditions," *American Journal of Physiology—Legacy Content* 231, no. 3 (1976): 913-22.
4. S. D. McCole et al., "Energy Expenditure during Bicycling," *Journal of Applied Physiology* 68, no. 2 (1990): 748-53.
5. Bernd Heinrich, *The Hot- Blooded Insects: Strategies and Mechanisms of Thermoregulation* (Springer Science and Business Media, 2013).
6. Wouter D. van Marken Lichtenbelt, Jacob T. Vogel, and Renate A. Wesselingh, "Energetic Consequences of Field Body Temperatures in the Green Iguana," *Ecology* 78, no. 1 (1997): 297-307.
7. Natalie J. Briscoe et al., "Tree-Hugging Koalas Demonstrate a Novel Thermoregulatory Mechanism for Arboreal Mammals," *Biology Letters* 10, no. 6 (2014): 20140235.
8. P. J. Young, "Hibernating Patterns of Free-Ranging Columbian Ground Squirrels," *Oecologia* 83, no. 4 (1990): 504-11.
9. A. Fedyk, "Social Thermoregulation in Apodemus Flavicollis (Melchior, 1834)," *Acta Theriologica* 16, no. 16 (1971): 221-29.

Larson）的漫畫《遠方》（*The Far Side*）更好笑。但荷蘭心理學家瓦亨馬克斯（Eric-Jan Wagenmakers）最近領導的一項大規模重製實驗，沒有發現同樣的結果。（如果你對於心理學家如何討論這些問題感興趣，建議你上Facebook追蹤這些討論，有些交流很有趣。）不過，美國的研究人員科爾斯（Nicholas Coles）和同事做的另一項綜合分析鎖定了同樣的概念——所謂的「臉部回饋」（facial feedback）——證實了臉部回饋的一般概念確實是真的。

24. George Lakoff and Mark Johnson, *Metaphors We Live By* (Chicago: University of Chicago Press, 2008).
25. 伯恩斯創作的〈紅玫瑰〉：

喔，吾愛猶如紅玫瑰
六月初綻放；
吾愛猶如樂曲
美妙悠揚；
姑娘如此嬌美，
我深陷情海；
吾愛，我會愛你
直到四海枯竭。
吾愛，我會愛你直到海枯石爛；
只要一息尚存，我愛你永無止息。
我唯一的愛人，我與你道別！
與你暫別兩地！
吾愛，我將歸來，
縱使千里迢迢。

13. Edward L. Thorndike, *Educational Psychology*, vol. 2, *The Psychology of Learning* (1913).
14. John B. Watson, "Psychology as the Behaviorist Views It," *Psychological Review* 20, no. 2 (1913): 158.
15. B. F. Skinner, *Verbal Behavior* (New Jersey: Prentice-Hall, 1957).
16. Kenneth J. W. Craik, *The Nature of Explanation* (Cambridge: Cambridge University Press, 1943).
17. Jay W. Forrester, "Counterintuitive Behavior of Social Systems," *Technological Forecasting and Social Change* 3 (1971): 1-22.
18. 即使是功能性磁振造影也無法提供明確的答案。許多功能性磁振造影研究的參與者太少，因此，目前為止許多功能性磁振造影研究還不夠細膩，無法告訴我們太多。使用更大樣本的研究應該會產生更多實用的資訊。
19. John R. Searle, "Minds, Brains, and Programs," *Behavioral and Brain Sciences* 3, no. 3 (1980): 417-24.
20. Stevan Harnad, "The Symbol Grounding Problem," *Physica D: Nonlinear Phenomena* 42, no. 1-3 (1990): 335-46.
21. William James, "What Is an Emotion?" *Mind* 16 (1884): 188-205.
22. Robert B. Zajonc and Hazel Markus, "Affect and Cognition: The Hard Interface," in *Emotions, Cognition, and Behavior*, ed. Carroll E. Izard, Jerome Kagan, and Robert B. Zajonc (1984), 73-102.
23. 大家普遍認為有一個範例是支持「微笑會帶來更大幸福或快樂」這個概念的關鍵。這個由德國心理學家史特拉克（Fritz Strack）領導的「咬筆」研究，要求參與者咬著一支筆，以便在跟微笑無關的情況下啟動「微笑肌肉」（顴大肌）。這樣做之後（相較於同一肌肉被抑制的情況），參與者認為拉爾森（Gary

4. A. M. Turing, "Computing Machinery and Intelligence," *Mind* 50, no. 236 (1950).
5. Mukul Bhalla and Dennis R. Proffitt, "Visual-Motor Recalibration in Geographical Slant Perception," *Journal of Experimental Psychology: Human Perception and Performance* 25, no. 4 (1999): 1076.
6. Jeanine K. Stefanucci and Dennis R. Proffitt, "The Roles of Altitude and Fear in the Perception of Height," *Journal of Experimental Psychology: Human Perception and Performance* 35, no. 2 (2009): 424.
7. Lera Boroditsky and Michael Ramscar, "The Roles of Body and Mind in Abstract Thought," *Psychological Science* 13, no. 2 (2002): 185-89.
8. Matthew 27:24.
9. *Macbeth* V, i.
10. Chen-Bo Zhong and Katie Liljenquist, "Washing Away Your Sins: Threatened Morality and Physical Cleansing," *Science* 313, no. 5792 (2006): 1451-52.
11. Jennifer V. Fayard et al., "Is Cleanliness Next to Godliness? Dispelling Old Wives' Tales: Failure to Replicate Zhong and Liljenquist (2006)," *Journal of Articles in Support of the Null Hypothesis* 6, no. 2 (2009); B. D. Earp et al., "Out, Damned Spot: Can the 'Macbeth Effect' Be Replicated?," *Basic and Applied Social Psychology*, 36, no. 1 (2014): 91-98.
12. Peter Brian Medawar, *The Limits of Science* (Oxford: Oxford University Press, 1984), 51.

第二章 人類機器

1. René Descartes, *Les passions de l'âme* (Paris: Flammarion, 2017).
2. 這個比喻是出現在笛卡兒的《沉思錄》(*Meditations on First Philosophy*)，〈Meditation VI: Concerning the Existence of Material Things, and the Real Distinction between Mind and Body〉，第13段。現代的讀者可能對這裡使用的「領航員」(pilot) 一詞感到困惑。在1641年的拉丁文原文中，笛卡兒使用nauta這個字 (泛指水手或海員)，但在1647年由呂伊內公爵 (Duke of Luynes) 監督完成的《沉思錄》第一本法文譯本中，是使用pilote這個字：「un pilote en son navire」(船上的領航員)。多數的英文譯本使用pilot這個字，包括維奇 (John Veitch) 於1901年出版的權威版，他譯成「a pilot in a vessel」(船上的領航員)。17世紀，法語單字pilote和英文單字pilot都是「舵手」或「操舵員」的同義詞，即指揮船隻航向的人。這個字的含意比拉丁字nauta更具體，但它是在笛卡兒審核的第一版法語翻譯中引入的，而且顯然出於對其審核的尊重，這個字常用於後來的英文翻譯中。關於這三種翻譯的測試，參見David B. Manley and Charles S. Taylor, *Descartes' Meditations—Trilingual Edition* (Dayton, Ohio: Wright State University, 1996), https://corescholar.libraries.wright.edu/cgi/viewcontent.cgi?article=1008&context=philosophy。
3. A. M. Turing, "On Computable Numbers, with an Application to the *Entscheidungsproblem*," *Proceedings of the London Mathematical Society* s2-42, no. 1 (1937): 230-65. 可線上取得：https://academic.oup.com/plms/article-abstract/s2-42/1/230/1491926，以及https://www.cs.virginia.edu/~robins/Turing_Paper_1936.pdf。

20. J. Steinmetz and T. Mussweiler, "Breaking the Ice: How Physical Warmth Shapes Social Comparison Consequences," *Journal of Experimental Social Psychology* 47, no. 5 (2011): 1025-28.
21. John Bowlby, *Attachment and Loss* (London: Hogarth Press and the Institute of Psycho-Analysis, 1969); Mary D. Ainsworth, "Patterns of Attachment Behavior Shown by the Infant in Interaction with His Mother," *Merrill- Palmer Quarterly of Behavior and Development* 10, no. 1 (1964): 51-58.
22. Hans IJzerman et al., "Caring for Sharing: How Attachment Styles Modulate Communal Cues of Physical Warmth," *Social Psychology* 44, no. 2: 160-66.
23. Mary D. Ainsworth, "Infant-Mother Attachment," *American Psychologist* 34, no. 10 (1979): 932.
24. K. Bystrova et al., "Skin-to-Skin Contact May Reduce Negative Consequences of 'the Stress of Being Born': A Study on Temperature in Newborn Infants, Subjected to Different Ward Routines in St. Petersburg," *Acta Paediatrica* 92, no. 3 (2003): 320-26.
25. Jean M. Mandler, "How to Build a Baby: II. Conceptual Primitives," *Psychological Review* 99, no. 4 (1992): 587.
26. Daniel Roche, *Le peuple de Paris: Essai sur la culture populaire au XVIIIe siècle* (Paris: Fayard, 2014).
27. Great Britain Parliament, House of Commons, *Reports from Committees*: 1857-58, vol. 9: "Irremovable Poor; County Rates (Ireland); Destitution (Gweedore and Cloughaneely)."

(2012): 283-88.

12. K. Uvnas-Moberg et al., "The Antinociceptive Effect of Non-noxious Sensory Stimulation Is Mediated Partly through Oxytocinergic Mechanisms," *Acta Physiologica Scandinavica* 149, no. 2 (1993): 199-204.
13. Yoshiyuki Kasahara et al., "Impaired Thermoregulatory Ability of Oxytocin-Deficient Mice during Cold-Exposure," *Bioscience, Biotechnology, and Biochemistry* 71, no. 12 (2007): 3122-26.
14. Molly J. Crockett, "The Neurochemistry of Fairness: Clarifying the Link between Serotonin and Prosocial Behavior," *Annals of the New York Academy of Sciences* 1167, no. 1 (2009): 76-86.
15. M. W. Hale et al., "Evidence for In Vivo Thermosensitivity of Serotonergic Neurons in the Rat Dorsal Raphe Nucleus and Raphe Pallidus Nucleus Implicated in Thermoregulatory Cooling," *Experimental Neurology* 227, no. 2 (2011): 264-78.
16. E. Satinoff, "Neural Organization and Evolution of Thermal Regulation in Mammals," *Science* 201, no. 4350 (1978): 16-22.
17. Helen Shen, "The Hard Science of Oxytocin," *Nature* 522, no. 7557 (2015): 410.
18. William Glaberson, "After the Arguments: Jogger Jury Weighs a Jumble of Details," Reporter's Notebook, *New York Times*, August 10, 1990.
19. Christine Gockel, Peter M. Kolb, and Lioba Werth, "Murder or Not? Cold Temperature Makes Criminals Appear to Be Cold-Blooded and Warm Temperature to Be Hot-Headed," *PloS One* 9, no. 4 (2014): e96231.

7. Kipling D. Williams and Blair Jarvis, "Cyberball: A Program for Use in Research on Interpersonal Ostracism and Acceptance," *Behavior Research Methods* 38, no. 1 (2006): 174-80.
8. Chen-Bo Zhong and Geoffrey J. Leonardelli, "Cold and Lonely: Does Social Exclusion Literally Feel Cold?," *Psychological Science* 19, no. 9 (2008): 838-42.
9. A. Szymkow et al., "Warmer Hearts, Warmer Rooms: How Positive Communal Traits Increase Estimates of Ambient Temperature," *Social Psychology* 44, no. 2 (2013): 167-76. 這項研究發表不久後，心理學家開始積極地清理自己的研究。這項研究被納入一個由維吉尼亞大學的艾伯索（Charlie Ebersole）所領導的大規模「複製」研究中，該研究名為「許多實驗室3」（Many Labs 3）。我認為，它的效應有多可靠，仍無定論。查理與其團隊似乎無法複製這種效應。我們檢查他們的資料時，發現他們的實驗室（他們試圖在其中複製我們的效應）比原始的實驗室熱得多。根據你將從本書學到的一切，促發效應似乎不太可能在這種炎熱的狀態下啟動。我們重新檢查這種效應時，依然能夠複製效應，但只能在較低溫度下進行。我們的重新分析還有兩點可以批評：第一，我們沒有事先向複製者說明這點（這是科學預測中必需的）；第二，樣本數太小，無法偵測到這種交互作用（這是我們在重新分析中使用的技術，從形式上來講不完全合適的原因）。
10. George Lakoff and Mark Johnson, *Philosophy in the Flesh* (New York: Basic Books, 1999), vol. 4.
11. Hans IJzerman et al., "Cold-Blooded Loneliness: Social Exclusion Leads to Lower Skin Temperatures," *Acta Psychologica* 140, no. 3

注釋

第一章 熱飲、電熱毯與孤獨

1. 事實上，人體對熱與暖的感受器有根本上的差異。溫度感受器可分為低閾值感受器和高閾值感受器。低閾值感受器在比較舒適的溫度下（攝氏15與45度之間）啟動，高閾值感受器通常是在那個溫度範圍以外啟動。溫暖常與舒適連結在一起，熱可能與有害的刺激連結在一起。只要不燙人，熱飲通常可以帶來令人嚮往的整體溫暖感——一種舒服的感覺——而不是很熱的壓力感。
2. Solomon E. Asch, "Forming Impressions of Personality," *Journal of Abnormal and Social Psychology* 41, no. 3 (1946): 258.
3. Lawrence E. Williams and John A. Bargh, "Experiencing Physical Warmth Promotes Interpersonal Warmth," *Science* 322, no. 5901 (2008): 606-607.
4. Arthur Aron, Elaine N. Aron, and Danny Smollan, "Inclusion of Other in the Self Scale and the Structure of Interpersonal Closeness," *Journal of Personality and Social Psychology* 63, no. 4 (1992): 596.
5. Hans IJzerman and Gün R. Semin, "The Thermometer of Social Relations: Mapping Social Proximity on Temperature," *Psychological Science* 20, no. 10 (2009): 1214-20.
6. 巴涅特（Lincoln Barnett）在散文集《宇宙與愛因斯坦博士》（*The Universe and Dr. Einstein*）中寫道，這句話是愛因斯坦說的。

next 311

做個有溫度的人：溫度如何影響我們的生活、行為、健康與人際關係

作　　者—漢斯．羅查．艾澤曼（Hans Rocha IJzerman）
譯　　者—洪慧芳
資深主編—陳家仁
編　　輯—黃凱怡
企　　劃—藍秋惠
協力編輯—曹凱婷
封面設計—陳恩安
內頁設計—李宜芝

總 編 輯—胡金倫
董 事 長—趙政岷
出 版 者—時報文化出版企業股份有限公司
108019 台北市和平西路三段二四〇號四樓
發行專線—(02)2306-6842
讀者服務專線—0800-231-705．(02)2304-7103
讀者服務傳真—(02)2304-6858
郵撥—19344724 時報文化出版公司
信箱—10899 臺北華江橋郵局第 99 信箱

時報悅讀網—http://www.readingtimes.com.tw
法律顧問—理律法律事務所 陳長文律師、李念祖律師
印　　刷—勁達印刷有限公司
初版一刷—二〇二二年七月一日
初版二刷—二〇二二年九月六日
定　　價—新台幣四六〇元
（缺頁或破損的書，請寄回更換）

時報文化出版公司成立於一九七五年，
並於一九九九年股票上櫃公開發行，於二〇〇八年脫離中時集團非屬旺中，
以「尊重智慧與創意的文化事業」為信念。

做個有溫度的人：溫度如何影響我們的生活、行為、健康與人際關係 / 漢斯 . 羅查 . 艾澤曼 (Hans Rocha IJzerman) 作 ; 洪慧芳譯 . -- 初版 . -- 臺北市 : 時報文化出版企業股份有限公司 , 2022.07
368 面 ; 14.8 x 21 公分 . -- (next ; 311)

譯自 : Heartwarming: how our inner thermostat made us human
ISBN 978-626-335-511-8 (平裝)

1. 社會互動 2. 社會心理學 3. 溫度

541.6　　111007614

ISBN 978-626-335-511-8
Printed in Taiwan